《“一带一路”十周年青年发展报告》

编 委 会

“一带一路”十周年
青年发展报告

The Belt and Road 10th Anniversary
Youth Development Report

于洪君　史志钦　主　编
杨东平　刘　洋　执行主编

人民出版社

2018 年 4 月，“丝路青年读丝路”朗诵大会现场

2018 年 12 月，《丝路百科》杂志创刊启动仪式合影

2019 年 1 月，丝路青年论坛应邀参加马来西亚新书推介礼

2019 年 5 月，马来西亚青年与体育部副部长沈志强一行到访丝路青年论坛秘书处

2022 年 1 月，丝路国际智库交流中心专家聘任仪式暨共建丝路青年命运共同体座谈会合影

2022 年 4 月，“鲁迅精神与青年丝路人的时代担当”座谈会合影

2022 年 9 月，《2021 年“一带一路”青年发展报告》发布会暨丝路青年双碳行动圆桌论坛合影

2022 年 11 月，联合国前副秘书长沙祖康（右三）、中国驻釜山总领事馆前总领事刘谨凤（左二）到访丝路青年论坛秘书处

2022 年 12 月，“2022 丝路青年论坛”通过线上线下相结合的形式在北京举行

2023 年 3 月，丝路青年论坛植树节活动合影

目 录

主 报 告

专题报告

序一
为丝路青年高质量参与“一带一路”建设提供智库成果

顾秀莲

党的十八大以来，以习近平同志为核心的党中央从我国对外开放实际出发，与时俱进、守正创新、踔厉奋发，提出和实施了一系列重大战略举措，我国对外开放水平达到前所未有的高度，对外贸易规模稳定增长，结构持续优化，贸易大国地位更加巩固，双向投资协同发展，质量效益逐步提升，国际影响力明显增强，充分彰显了推动建设开放型世界经济和构建人类命运共同体的历史责任担当。

2013 年，习近平主席在出访哈萨克斯坦和印度尼西亚时先后提出共建“丝绸之路经济带”和“21 世纪海上丝绸之路”的重大倡议，旨在传承丝绸之路精神，携手打造开放合作平台，为各国共同发展和繁荣提供新动力。十年来，共建“一带一路”倡议从夯基垒台、立柱架梁的“大写意”到聚焦重点、深耕细作，共同绘制精谨细腻的“工笔画”，取得了世人瞩目的丰硕成果，已成为跨越地理限制、突破文化差异、融合发展需求的开放式、全球性合作平台，朋友圈越来越大，合作质量越来越高，发展前景越来越好。

2017 年 1 月 18 日，习近平主席在联合国日内瓦总部发表主旨演讲时强调：“构建人类命运共同体是一个美好的目标，也是一个需要一代又一代人接力跑才能实现的目标。”2018 年 8 月 28 日，习近平主席给参加

“一带一路”青年创意与遗产论坛的青年代表回信，强调青年是国家的未来，勉励他们为构建人类命运共同体作出自己的努力。十年来，“一带一路”合作倡议受到越来越多的沿线国家青年的了解、认可和参与，随着共建“一带一路”重点项目落地实施，以及中资机构积极拓展沿线国家市场，聘用和培养了大量沿线国家青年人才，不少沿线国家青年也依托“一带一路”建设创新创业，青春在“一带一路”建设中绽放出一朵朵绚丽之花。

丝路青年是“一带一路”建设的亲历者、参与者、见证者和受益者，青年梦想、青年使命和青年担当交织于共建“一带一路”十年。因此，总结丝路青年参与“一带一路”建设的历史机遇、发展历程、主要成效、典型案例，深入反映“一带一路”倡议的历史主动性、发展引领性、建设实效性和时代创新性，呈现丝路青年共建人类命运共同体波澜壮阔的奋斗诗篇，尤为迫切。

丝路国际智库交流中心、丝路青年论坛、丝路百科杂志社组织专家编撰的《“一带一路”十周年青年发展报告》，以“我们这十年：青年梦想、青年使命、青年担当与青年作为”为主题，以习近平主席在“一带一路”国际合作高峰论坛开幕式演讲中提出的“一带一路”建设目标——和平之路、繁荣之路、开放之路、创新之路、文明之路为指引，分领域为读者描绘了波澜壮阔的“一带一路”青春画卷，为共建丝路青年命运共同体，有效发挥丝路青年积极作用推进共建“一带一路”，以及充分发挥“一带一路”平台作用促进丝路青年创新发展，提供了立意新颖、体例完整、逻辑缜密、可读可查的高质量智库成果。这也是编撰专家团队继《2021年“一带一路”青年发展报告》出版后的又一部智库成果。

时代总是把历史责任赋予青年。新时代的丝路青年，生逢其时、重任在肩，施展才干的舞台无比广阔，实现梦想的前景无比光明。从共商共建共赢的原则看，丝路青年是“一带一路”建设的生力军，既要发挥中国青年的主动性、引领性和示范性，也要引导和发挥沿线国家青年的积极作用，形成广泛的理念认同和价值共识，增强共建的合力和效能。希望有更多的国内外智库机构和学者将丝路青年作为研究对象，推出更多实效智库成果，为推动共建“一带一路”高质量发展提供决策参考和理论依据。

序二
共建丝路青年命运共同体，让青春在“一带一路”建设中绽放绚丽之花

陈文玲

习近平主席指出，青年最富有朝气，最富有梦想，是未来的领导者和建设者。国之交在于民相亲，而民相亲要从青年做起。青年是参与共建“一带一路”的生力军、先锋队和主力军，自信、包容、诚实、进取的丝路青年，正成为共建“一带一路”政策沟通、设施联通、贸易畅通、资金融通和民心相通的参与者和受益者。正如习近平主席在2017年首届“一带一路”国际合作高峰论坛开幕式上所说：“一代又一代‘丝路人’架起了东西方合作的纽带、和平的桥梁。”而“丝路人”的中坚力量便是丝路青年，他们构建起了“一带一路”建设的青年命运共同体。党的二十大报告指出，在过去五年和新时代十年的伟大变革中，“我们实行更加积极主动的开放战略，构建面向全球的高标准自由贸易区网络，加快推进自由贸易试验区、海南自由贸易港建设，共建‘一带一路’成为深受欢迎的国际公共产品和国际合作平台。”共建“一带一路”不可能一蹴而就，过去的十年里中国与沿线各国携手创造了人类发展史、世界发展史上的奇迹，但这仅是万里长征开启了第一步，要成就共建“一带一路”跨国经济合作的愿景，就必须一代一代地接续奋斗下去，接力棒要由青年一代传递。

党的二十大报告强调：“青年强，则国家强。当代中国青年生逢其时，施展才干的舞台无比广阔，实现梦想的前景无比光明。……广大青年要坚定不移听党话、跟党走，怀抱梦想又脚踏实地，敢想敢为又善作善成，立

志做有理想、敢担当、能吃苦、肯奋斗的新时代好青年，让青春在全面建设社会主义现代化国家的火热实践中绽放绚丽之花。”这为当代中国青年引领更多丝路沿线国家青年共建“一带一路”提出了新目标新要求：作为“一带一路”建设的中坚力量，丝路青年要参与高质量共建东西方交流的通道、合作的纽带、和平的桥梁的伟大行动，在疾风暴雨中锤炼自己。

丝路青年论坛自2017年9月在北京成功举办以来，一直致力于做好丝路青年民心相通的桥梁和纽带，以“团结、友谊、进步”为宗旨，以服务于共建“一带一路”为使命，以论坛讲坛、人文交流、智库研究、思想宣传四大板块为载体平台，弘扬丝路精神，传播人类命运共同体理念，推动丝路青年积极参与共建“一带一路”。2022年9月，由丝路国际智库交流中心、丝路青年论坛、丝路百科杂志社组织专家编撰的首部丝路青年智库报告——《2021年“一带一路”青年发展报告》，在北京召开了成果发布会，得到了社会各界的广泛认可和广大丝路青年的热烈欢迎，开创了丝路青年学智库研究和相关工作开展的新视角、新领域。

2023年是“一带一路”合作倡议启动十年。丝路国际智库交流中心、丝路青年论坛、丝路百科杂志社继续组织专家启动编撰《“一带一路”十周年青年发展报告》，以“我们这十年：青年梦想、青年使命、青年担当与青年作为”为主题，围绕文化、教育、体育、科技、数字经济、先进制造业及产能合作、现代农业、贸易、基础设施建设、金融投资十个重点领域，总结了十年来丝路青年参与“一带一路”建设的主要成就、典型案例、实践经验和面临的挑战，并提出对策建议，为丝路青年了解、参与、共建“一带一路”提供了翔实的方向、路径和指南，也为“一带一路”沿线国家政府、社会组织、企业参与“一带一路”建设提供了决策参考。

新时代、新征程。中国青年既要在实践中国式现代化、推动构建人类命运共同体、创造人类文明新形态中勇担重责，也要与丝路沿线国家青年一起，踔厉奋发、勇毅前行，共建包容开放的丝路青年命运共同体。期待编委会将《“一带一路”青年发展报告》这一智库报告坚持做下去，持续记载共建“一带一路”波澜壮阔的青年奋斗史，让青春之歌成为共建“一带一路”高质量发展的时代旋律。

序三
丝路青年智库报告为共建“一带一路”提供智力支持

杨东平　刘　洋

党的十八大以来，中国加快建设开放型经济新体制，始终以开放之姿拥抱世界，与世界各国共享市场机遇，为全球经济发展注入动力，不断以新发展为世界提供新机遇，对外开放取得历史性新成就。十年来，中国经济平均增长率为6.6%，对世界经济增长平均贡献率为38.6%。目前，作为世界第二大经济体，中国已成为世界货物贸易第一大国、服务贸易第二大国、使用外资第二大国、对外投资第一大国，成为近200个国家和地区的主要贸易伙伴。

2013年，习近平主席先后提出共建丝绸之路经济带和21世纪海上丝绸之路重大倡议。十年来，作为中国独自向世界提供的首款全球性公共产品、中国经济走向市场化道路并取得巨大成效的产物、中国经济成功参与全球化进程的载体，“一带一路”倡议顺应时代潮流，秉持共商共建共享原则，弘扬开放包容、互学互鉴的精神，坚持互利共赢、共同发展的目标，坚持开放、绿色、廉洁理念，奉行以人为本、造福于民的宗旨，努力实现高标准、可持续、惠民生目标，取得了实打实、沉甸甸的成就，成为沿线国家共同的机遇之路、繁荣之路和幸福之路，对于积极应对百年变局叠加世纪疫情、推动全球经济复苏重振和经济全球化包容发展、维护地区和世界和平、改善全球治理等方面产生了积极影响。

正如中共二十大报告指出的，共建“一带一路”成为深受欢迎的国际公共产品和国际合作平台。世界银行研究报告显示，“一带一路”框架下交通基础设施项目如能全部实施，到2030年，每年有望为全球带来1.6万亿美元的收益，占世界经济总量的1.3%。

融合共赢：共建“一带一路”与各方发展战略对接不断加强

冷战结束后经济全球化的发展不仅让世界各国经济之间你中有我、我中有你，而且让各国民众看到，通过平等互利合作可以实现各自的经济利益。实践证明，“一带一路”建设不是中国一家的“独奏”，而是沿线国家的“合唱”。习近平主席指出：“‘一带一路’建设不是要替代现有地区合作机制和倡议，而是要在已有基础上，推动沿线国家实现发展战略相互对接、优势互补。”截至2023年1月，在全球层面，“一带一路”倡议同联合国2030年可持续发展议程有效对接，形成了促进全球共同发展的政策合力；在区域层面，“一带一路”倡议与《东盟互联互通总体规划》、非盟《2063年议程》、欧盟“欧亚互联互通战略”等区域发展规划或合作倡议有效对接，达成促进互联互通、支持区域经济一体化进程的共识；在国家层面，“一带一路”已经与哈萨克斯坦“光明之路”、俄罗斯“欧亚经济联盟”、蒙古国“草原之路”、土库曼斯坦“复兴丝绸之路”倡议、欧洲“容克投资计划”、柬埔寨“四角战略”、老挝“变陆锁国为陆联国”战略、沙特阿拉伯“2030愿景”、埃及“振兴计划”、塔吉克斯坦“2030年前国家发展战略”、伊朗“四大走廊及跨境走廊”建设等达成对接合作或者共识。

从“大写意”到“工笔画”，从落地生根到持久发展，共建“一带一路”朋友圈越来越大，好伙伴越来越多，合作质量越来越高，发展前景越来越好。截至2023年1月，中国已与151个国家、32个国际组织签署200多份共建“一带一路”合作文件，涵盖投资、贸易、金融、科技、社会、人文、民生等领域。共建“一带一路”已先后写入联合国、二十国集团、亚太经合组织以及其他区域组织的多边机制成果文件。

固本强基：共建“一带一路”十年成效显著

“一带一路”倡议顺应时代要求和各国加快发展的共同愿望，提供了一个以基础设施“硬联通”、规则标准“软联通”、同共建国家人民“心联通”为新发展理念的包容性发展平台，具有深厚历史渊源和人文基础，能够把快速发展的中国经济同沿线国家的利益有机连接和结合起来，通过政策沟通、设施联通、贸易畅通、资金融通、民心相通五大领域齐头并进，由易到难、由近及远，以点带线、由线到面，既有早期收获，也有脚踏实地一步一步干起来的中长期项目扎实推进，实现了基建引领、产业集聚、经济发展、民生改善的综合效应。

其一，设施互联互通不断深化。目前，“六廊六路多国多港”的互联互通架构基本形成，一大批互利共赢项目成功落地，为建立和加强各国互联互通伙伴关系、畅通亚欧大市场发挥了重要作用。比如，中老铁路实现全线开通运营，客货运输量稳步增长；匈塞铁路塞尔维亚境内贝诺段顺利通车；雅万高铁最长隧道实现全隧贯通；瓜达尔港具备全作业能力，正在成为区域物流枢纽和临港产业基地；2016 年中国铁路正式启用“中欧班列”统一品牌，至今形成西、中、东三条运输大通道，打通了 82 条运行线路，通达欧洲 24 个国家的 204 个城市，累计开行 6 万多列，运输货值合计超 2900 亿美元，成为国际物流中陆路运输的骨干方式，在促进亚欧各国之间经贸往来、拉动区域经济社会发展等方面发挥了重要作用。

其二，经贸交流与合作不断发展。十年来，共建“一带一路”国际市场不断开拓，实现了各国互利共赢发展。中国已成为 25 个沿线国家最大的贸易伙伴；辐射“一带一路”的自由贸易区网络加快建设，中国与 13 个沿线国家签署 7 个自贸协定，与欧盟、新加坡等 31 个经济体签署“经认证的经营者”（AEO）互认协议；2013—2021 年，中国与“一带一路”沿线国家进出口总值由 6.5 万亿元人民币增长至 11.6 万亿元人民币，年均增长 7.5%，高于同期整体货物贸易年均增速，占同期中国外贸总值的比重由 25%提升至 29.7%；2013—2021 年，中国对沿线国家直接投资累计

1613亿美元，年均增长5.4%，“一带一路”沿线国家成为中国企业对外投资的首选地；沿线国家在华投资设立企业3.2万家，实际累计投资712亿美元；中国在沿线国家承包工程新签合同额累计约1.1万亿美元，完成营业额7286亿美元，涵盖交通、电力等多个领域。与“一带一路”沿线国家的境外合作工业园区项目稳步推进，成为经贸合作的重要载体。截至2021年末，境外经贸合作区分布在46个国家，累计投资507亿美元，上缴东道国税费66亿美元，为当地创造39.2万个就业岗位。

其三，多元化投融资体系不断完善。十年来，共建“一带一路”投融资渠道不断拓宽，逐步建立起多元、稳定、可持续的“一带一路”投融资体系。包括中国在内的29个国家的财政部门共同核准了《“一带一路”融资指导原则》，中国与国际货币基金组织建立联合能力建设中心，与世界银行、亚洲基础设施投资银行、亚洲开发银行等共同成立多边开发融资合作中心。亚投行、丝路基金等多边金融合作机构相继成立。截至2022年末，亚投行的成员数量由启动运营时的57个增至106个，成员数量仅次于世界银行，覆盖亚洲、欧洲、非洲、北美洲、南美洲、大洋洲，已批准158个项目，累计投资总额超过388亿美元。截至2022年7月底，中国累计与20多个沿线国家建立双边本币互换安排，在10多个共建“一带一路”国家建立了人民币清算安排。人民币跨境支付系统（CIPS）业务量、影响力稳步提升，实现对全球各时区金融市场的全覆盖，能够满足各类跨境贸易、投融资业务等结算需求。

其四，人文科技交流往来不断深入。十年来，“一带一路”人文交流形成了元首外交引领、领导人高访带动、高级别机制示范、双边多边结合、国内国外统筹、中央地方联动、官方民间并举的多元互动新格局。“鲁班工坊”等10余个文化交流和教育合作品牌逐步建立；丝绸之路国际剧院、博物馆、艺术节、图书馆和美术馆联盟、“一带一路”国际科学组织联盟等运行良好，有力增进了不同文化之间的交流理解和认同。“丝路一家亲”行动等持续推进，菌草、杂交水稻等“小而美、见效快、惠民生”的民生援外项目有效增进了沿线国家民众的获得感、幸福感。截至2019年末，中国已与24个“一带一路”沿线国家签署高等教育学历学位互认协议，共计60所中国高校在23个沿线国家开展境外办学，16所中国高校与沿线国家高校建立了17个中国教育部国际合作联合实验室。截至2021年末，中国已与84个共建国家建立科技合作关系，支持联合研究项目1118项，累计投入29.9亿元人民币，在农业、新能源、卫生健康等领域启动建设53家联合实验室。

其五，民生合作项目稳步推进。依托共建“一带一路”平台，中国大力援助沿线国家治穷减贫，提供各种专业技能培训。根据世界银行预测，共建“一带一路”有望使相关国家760万人摆脱极端贫困、3200万人摆脱中度贫困。新冠疫情发生后，中国在统筹疫情防控和经济发展方面取得的成绩获得国际社会公认，与31个合作伙伴共同发起“一带一路”疫苗合作伙伴关系倡议，积极开展抗疫援助，引领抗疫国际合作。2020年，中国向150个国家和13个国际组织提供防护服、口罩、呼吸机等大批防疫物资，向34个国家派遣37个医疗专家组。截至2021年末，中国已累计向120多个国家和国际组织提供超过20亿剂新冠疫苗，其中很大一部分面向“一带一路”沿线国家。

时代创新：惠及世界的全球良治中国方案

共建“一带一路”顺应了全球治理体系变革的内在要求，彰显了同舟共济、权责共担的命运共同体意识，为全球开放合作、改善治理、共同繁荣和构建人类命运共同体提供了中国方案，习近平主席关于推进“一带一路”建设的重要论述也成为习近平经济思想的重要组成部分。

2021年11月19日，习近平主席在北京出席第三次“一带一路”建设座谈会时强调，要稳妥开展健康、绿色、数字、创新等新领域合作，培育合作新增长点。进一步看，根据形势变化，共建“一带一路”在卫生健康、绿色发展、数字经济、科技创新等方面不断为全球可持续发展提供中国标准、中国技术、中国智慧、中国方案。

“一带一路”沿线地区大多为发展中国家，经济发展水平低，卫生支出不足，医疗卫生基础设施薄弱，卫生安全隐患较大，曾接连暴发公共卫生事件。为完善全球公共卫生治理体系，早在2016年中国就正式提出“健康丝绸之路”倡议，加强沿线国家的公共卫生安全合作，联合防止传染病蔓延，提升协同应对能力，推动构建人类卫生健康共同体。

以可持续能源、应对气候变化、陆地生态系统及物种多样性3个联合国可持续发展目标为例，在共建“一带一路”国家中，实现目标的国家分别仅占4.7%、37.6%和2.0%，其中实现陆地生态系统及物种多样性保护目标存在较大差距的国家数量多达94个。近年来，中国正落实碳达峰碳中和等绿色发展战略，践行绿色发展理念，不断深化与沿线国家生态环保合作，推动落实联合国2030年可持续发展议程，携手沿线国家打造“绿色丝绸之路”。

据中国工业和信息化部数据，2017—2021年，中国数字经济规模从27万亿元人民币增长到超45万亿元人民币，稳居世界第二，年复合增长率达13.6%，数字经济占GDP比重已从33%提升至39.8%。中国国家互联网信息办公室发布的《数字中国发展报告（2021年）》显示，中国人工智能、云计算、大数据、区块链、量子信息等新兴技术已跻身全球第一梯队。自2017年正式提出建设“数字丝绸之路”以来，中国持续加强与“一带一路”沿线国家在人工智能、纳米技术、量子计算机等前沿领域的合作，促进大数据、5G、云计算、智慧城市等领域建设，已与17个国家签署“数字丝绸之路”合作谅解备忘录，与23个国家建立“丝路电商”双边合作机制，与周边国家累计建设34条跨境陆缆和多条国际海缆，有效弥合了“数字鸿沟”，为沿线国家创造了新的产业机会和发展空间。

2016年6月，习近平主席在乌兹别克斯坦最高会议立法院发表演讲时再次明确提出，中方倡议成立“一带一路”职业技术合作联盟，培养培训各类专业人才，携手打造智力丝绸之路。十年来，中国和沿线国家的官方机构、高校科研院所、职业院校、智库和媒体成立了大量专门机构，开展了一系列理论创新、咨政咨询、人才培养、资讯传播、人员交流等合作项目，为“一带一路”建设提供了人才和智力支撑。

近年来，世界进入新的动荡变革期，和平与发展面临严峻挑战，部分西方发达国家搞“壁垒”“脱钩”“退群”，扰乱了投资、贸易、产业、金融等市场配置规律和世界经济秩序，新冠疫情也进一步加剧了商品流通、人员流动、资金流转的困难。但是，无论国际风云如何变幻，中国始终是世界和平的建设者、国际秩序的维护者、全球发展的贡献者，始终坚持走和平发展之路、开放包容之路、和衷共济之路。2016年6月，习近平主席在《中俄睦邻友好合作条约》签署15周年纪念大会上表示，着力深化安保合作，携手打造“和平丝绸之路”。和平丝绸之路是以发展促和平促安全，这是被实践证明很有成效的办法。例如，中国是联合国五个常任理事国中向非洲派驻维和部队人员最多的国家；中国与非盟建立了战略对话机制，双方就非洲安全热点问题等重大问题进行沟通协商，达成广泛共识。

使命担当：丝路青年是共建“一带一路”的中坚力量

青年兴则国家兴，青年强则国家强。一代又一代有志青年“以青春之我，创建青春之家庭，青春之国家，青春之民族，青春之人类，青春之地球，青春之宇宙”。青年身上蕴藏着巨大的创造能量和活力，是社会中最有生气、最有闯劲、最少保守思想的群体，蕴含着改造客观世界、推动社会进步的无穷力量。

回顾历史，广大中国青年始终是追求民族独立、民族复兴的勇敢探索者。在新民主主义革命时期，青年踊跃投身反帝反封建革命斗争，为民族独立、人民解放建立历史功勋；在社会主义革命和建设时期，青年满怀“敢教日月换新天”的豪情，到祖国最需要、最困难的地方和行业去，为祖国“四化”建设添砖加瓦；在改革开放和社会主义现代化建设时期，青年发出“团结起来、振兴中华”的时代强音，在各条战线崭露头角，为改变落后的社会生产、实现国家富裕和人民生活小康贡献聪明才智。

中国新时代十年伟大变革为广大青年实现人生梦想指明了更加明确的方向，开辟了更加广阔的空间，创造了更多出彩的机会，擘画了更加光明的未来。新时代的中国青年践行“请党放心、强国有我”的青春誓言，在供给侧改革、科技攻坚前沿、脱贫攻坚战场、抗疫一线等领域冲锋在前，为新时代十年伟大变革贡献青春力量。

中国新时代十年伟大变革充分表明，时代洪流与青年发展之间存在相互牵引、双向塑造、共同推动的内在逻辑关系。青年的成长发展空间来自新时代伟大变革，新时代的蓝图绘就和落地实施也少不了青年，青年的精彩人生与时代际遇和自我奋斗紧密相连。在这波澜壮阔的历史进程中，广大青年的获得感、幸福感、安全感不断增强，青年获得了历史上最好的发展时期，青年整体发展状况处于历史上最好的发展水平。

国务院新闻办公室于2022年发布的《新时代的中国青年》白皮书显示，中国青年发展水平整体优先于经济社会发展进程，多项核心指标达到中高收入国家平均水平：支撑青年发展的物质条件显著改善，青年精神文化生活丰富多彩，青年的健康水平向好向强，青年受教育水平大幅提升，青年就业的机会更加充分多样。中国青年报社社会调查中心发布的一项有3012名青年参与的调查显示，受访青年对过去十年感触最深的是“国家强起来了”，93.8%的受访青年为成为国家发展的参与者和建设者深感自豪。

中国式现代化新征程又为广大青年施展才华、建功立业提供了新的大平台、大舞台。习近平主席在中共二十大报告中强调，当代中国青年生逢其时，施展才干的舞台无比广阔，实现梦想的前景无比光明。全党要把青年工作作为战略性工作来抓，用党的科学理论武装青年，用党的初心使命感召青年，做青年朋友的知心人、青年工作的热心人、青年群众的引路人。广大青年要坚定不移听党话、跟党走，怀抱梦想又脚踏实地，敢想敢为又善作善成，立志做有理想、敢担当、能吃苦、肯奋斗的新时代好青年，让青春在全面建设社会主义现代化国家的火热实践中绽放绚丽之花。

“好风凭借力，送我上青云。”在这个青年大有可为、大有作为的新时代新征程，广大青年的发展平台和舞台只会越来越大，奋斗道路只会且行且宽。广大青年要勇担时代使命和重任，敢于筑梦追梦，心怀“国之大者”，争做“强国一代”，踔厉奋发，成为经济高质量发展、社会文明进步、社会主义民主政治建设、社会主义文化大繁荣、美丽中国、人类命运共同体的践行者。

十年来，发生在中国青年翻天覆地的新时代伟大变革，随同共建“一带一路”的深入推进，同样发生在了沿线国家青年身上。“一带一路”建设为沿线国家更多青年人才提供了改变命运、成就自我、服务发展、奉献祖国的时代际遇。作为“一带一路”建设的中坚力量，一大批科学家、工程师、建造工人、医生、教师、设计师、产业工人等各行业丝路青年用智慧和汗水共同打造出一个个“超级工程”“示范工程”“民生项目”，绘就出一幅幅“一带一路”的精美工笔画。

广受赞誉：共建“一带一路”得到越来越多沿线国家青年的青睐

从中国与“一带一路”沿线国家有关机构的公开调查看，受访丝路青年普遍对共建“一带一路”持正面看法，对自身在这一历史机遇中抱有良好预期和期待。

2017年，中国青年报社会调查中心联合问卷网对2000名18—35岁青年进行的一项调查显示，65.6%的受访青年对“一带一路”创造就业增长点有信心，55.7%的受访青年认为“一带一路”对自己未来的生活选择影响大，82.1%的受访青年期待未来有更多国际人才交流计划。2022年6月，由南非伊奇科维茨家庭基金会委托开展的《2022年非洲青年调查》显示，77%的受访者认为中国是在非洲大陆最具影响力的非洲以外国家；76%的人表示中国对其国家和生活发挥的影响是积极正面的；中国对非洲大陆基础设施建设的投资与支持、物美价廉的商品、为非洲产品提供出口机会、为当地人民创造就业等是非洲青年肯定中国对非积极影响的主要原因。

十年来，一个个共建“一带一路”成果的取得，离不开沿线国家青年积极响应和热情参与，他们对“一带一路”的了解和认同，是这个国际公共产品广得人心、得道多助的关键。

中国和意大利分处古丝绸之路两端，曾经谱写友好往来、相知相交的历史篇章。很多意大利青年读着马可·波罗、利玛窦、艾儒略等曾经传播中华文化的历史名人的故事长大，他们发自内心认同中国提出的“一带一路”倡议。罗马国立住读中学是意大利第一所将汉语作为第一外语纳入必修课体系的公立中学。2019年，在习近平主席访问意大利前夕，该校校长雷亚莱和8名高中学生致信习近平主席，表达了从事中意友好事业的良好意愿。习近平主席在回信中说：“你们立志促进中意青年思想对话和文化交流，促进中意人民友谊，我对此十分赞赏。希望你们做新时代的马可·波罗，成为中意文化交流的使者。”

2020年4月，就读于北京科技大学的52名巴基斯坦留学生给习近平主席写信，讲述了自己在中国留学的经历和感受，表达了对中国抗击疫情的支持和学成后为增进中巴友谊作出贡献的愿望。5月，习近平主席回信鼓励他们多同中国青年交流，同世界各国青年一道，携手为促进民心相通、推动构建人类命运共同体贡献力量。

2021年6月，来自32个国家的45名北京大学留学生代表给习近平主席写信，讲述了他们在中国学习生活的体会感悟，表达了对在中国共产党坚强领导下中国取得伟大成就的由衷赞许，对中国共产党以人民为中心发展思想的高度认同。习近平主席回信鼓励他们更加深入地了解真实的中国，把想法和体会介绍给更多的人，为促进各国人民民心相通发挥积极作用。

2022年，以“新时代新发展：中国共产党与南部非洲六姊妹党的探索与交流”为主题的尼雷尔领导力学院南部非洲六姊妹党中青年干部研讨班在坦桑尼亚举行。全体学员联名向习近平主席致信，表达传承中非友谊、深化中非合作的坚定决心。习近平主席在回信中强调：“中非是休戚与共的命运共同体，中非人民长期友好的希望寄托在青年一代身上。希望你们自觉肩负起时代赋予的职责和使命，积极投身中非友好事业，传承弘扬中非友好合作精神，为构建高水平中非命运共同体贡献青春力量。”

智力支撑：《“一带一路”青年发展报告》助力共建“一带一路”高质量发展

智力支撑是共建“一带一路”高质量发展的关键环节。2015年10月，中国国务院发展研究中心与来自27个“一带一路”沿线国家的40余家知名智库以及联合国开发计划署、联合国工业发展组织、经合组织发展中心等国际机构，在西班牙马德里共同发起成立“丝路国际智库网络”。2016年2月，由中共中央对外联络部牵头的“一带一路”国际智库合作联盟启动。2016年6月，习近平主席在华沙出席丝路国际论坛时提出，智力先行，强化智库的支撑引领作用，加强对“一带一路”建设方案和路径的研究，在规划对接、政策协调、机制设计上做好政府的参谋和助手，在理念传播、政策解读、民意通达上做好桥梁和纽带。

近年来，“一带一路”建设成为中国有关智库机构和专家学者的重要研究领域，推出了大量智库成果。其他有关国家每年也有数十本“一带一路”主题的专著出版，在国际平台和媒体发布数百份“一带一路”专题报告、上千篇论文。值得关注的是，青年问题在上述智库成果中相对不多，尤其是丝路青年在共建“一带一路”第一个十年的整体性、系统性研究则更少，这与丝路青年在共建“一带一路”中的生力军、先锋队、主力军地位和作用并不相符。因此，加强丝路青年主题的智库研究、咨政建言尤为迫切和重要。

《“一带一路”十周年青年发展报告》是丝路国际智库交流中心、丝路青年论坛、丝路百科杂志社继《2021年“一带一路”青年发展报告》后推出的又一部关于丝路青年主题的智库报告。总的看，本书的编撰出版具有如下价值和意义。

其一，十年回顾，成果总结。丝路青年是共建“一带一路”的亲历者、参与者、见证者和受益者，青年梦想、青年使命和青年担当交织于“一带一路”十年建设。通过资料梳理、问卷调查、实地考察、网络调研等多种方式，本书编撰形成1篇主报告和7篇专题报告，对丝路青年发展情况进行总结评估、历程回顾、案例解读、挑战分析和建言献策，填补国内外有关智库成果空白，为共建丝路青年命运共同体提供高质量的智库成果。

其二，智力支撑，引领示范。丝路青年论坛自2017年9月在北京成功举办以来，一直致力于做好丝路青年民心相通的桥梁和纽带，通过论坛讲堂、人文交流、智库研究、思想宣传四大板块为载体平台，弘扬丝路精神，推动更多丝路青年积极参与共建“一带一路”。其中，《2021年“一带一路”青年发展报告》是丝路国际智库交流中心、丝路青年论坛、丝路百科杂志社组织专家编撰的首部丝路青年智库报告，由人民出版社出版，并形成了一系列智库成果，于2022年9月9日在北京召开成果发布会，得到了政、产、学、研、投、媒等各界的高度评价和广大丝路青年的广泛认可，开创了丝路青年学智库研究和相关工作开展的新视角、新领域。随着本书等系列智库报告编撰、出版、发布、发表等相关工作的持续开展，有望打造一批具有国际影响力和实效作用的品牌智库成果。

其三，决策参考，谋划未来。面对百年未有之大变局，本书充分把握青年工作和青年事业的发展规律，针对存在的各种问题与新挑战，总结分析丝路青年在参与“一带一路”建设中的需求、机遇和挑战，为深化丝路青年合作，推动共建“一带一路”高质量发展提供全方位、针对性决策建议，也为深化“一带一路”青年发展问题研究进一步搭建“四梁八柱”的理论框架，并围绕成果编撰、出版发布、研讨传播、项目实施等系列工作推进，进而打造“一带一路”品牌智库。

主 报 告

第一章
文化铸魂：中国与“一带一路”沿线国家青年文化交流合作十周年

“观乎人文，以化成天下。”文化是一个国家、一个民族的灵魂，文化兴则国运兴，文化强则民族强。文明的繁盛、人类的进步，离不开求同存异、开放包容，离不开文明交流、互学互鉴。作为通商互信之路、经济合作之路、文化交流之路、文明对话之路，古代丝绸之路见证了东西方商品、技术等贸易合作的历史，同时文化交流也贯穿于其发展的全过程。东西方文化在交流互鉴中互为补充，不断融合发展，彰显出“和平合作、开放包容、互学互鉴、互利共赢”的丝路精神。

习近平主席指出，文明因多样而交流，因交流而互鉴，因互鉴而发展。文明交流互鉴是古丝绸之路留下的精神财富，民心相通应该成为“一带一路”建设国际合作的重要组成部分。接过历史的接力棒，秉承和而不同、互鉴互惠的理念，中国应持续做好与“一带一路”沿线国家文化交流互鉴，助力民心相通，推动“一带一路”行稳致远、历久弥新，构建文化交融的命运共同体。“国之交在于民相亲，民相亲在于心相通。”民心相通是“一带一路”建设的社会根基，是共建“一带一路”高质量发展的民意基础，而文化的交流交往交融与互鉴互通则是促进民心相通和增进互信的重要途径。

第一节 中国与"一带一路"沿线国家青年文化交流合作综述、成效与典型案例

作为一项沟通多元文明、众多族群和国家的合作倡议，共建"一带一路"能否获得成功，从根本上取决于能否跨越各种藩篱，搭建起民心相通的桥梁和纽带，特别是能否建立起纵横交织的文化融合和社会交流网络。十年来，中国将文化交流作为共建"一带一路"的先手棋，坚持以文载道、以文传声、以文化人，不断提升中华文化国际影响力，推动中华文明与各国文明平等交流、和合共生，以"一带一路"为主题的各类艺术节、博览会、交易会、论坛、公共信息服务等文化交流平台建设逐步规范化、常态化和品牌化，政府统筹、社会参与、市场运作的整体发展机制和跨地区、跨部门、跨行业的文化交流合作态势正在形成，中国与"一带一路"沿线国家的文化交流合作形式越来越新、内容越来越多、规模越来越大、影响越来越广，一座民心相通之桥正在中国与沿线国家之间搭建起来。

一、人文交流成为中国特色大国外交重要支柱

习近平主席指出，要以创造性转化、创新性发展传递深厚文化底蕴，以大道至简彰显悠久文明理念，以热情好客展现中国人民的真诚友善，以文明交流促进世界各国人民相互理解和友谊。文化、旅游、教育、科技、体育、卫生等领域的人文交流具有人文性、长期性和持续性的特点。人文交流是新时代中国特色大国外交的重大创新，与政治互信、经贸合作一道，共同构成了中国大国外交的三大支柱，为共建"一带一路"注入了"稳定剂""黏合剂"，也为中国与沿线国家的政治和经贸外交保持了人文温度，"各美其美，美美与共"的中国理念不断深入人心。

（一）中国是世界少有的从国家战略高度谋划人文交流、由中央政府搭建全面人文交流机制平台的大国

2012年11月，中共十八大报告提出“扎实推进公共外交和人文交流”，人文交流首次进入中国执政党的最高战略谋划。2017年7月，中共中央全面深化改革领导小组第三十七次会议审议通过了《关于加强和改进中外人文交流工作的若干意见》，这是中共中央首次针对如何加强和改进中外人文交流工作制定的专门文件，明确提出重点支持汉语、中医药、武术、美食、节日民俗，以及其他非物质文化遗产等代表性人文项目走出去。2017年10月，中共十九大报告指出“加强中外人文交流，以我为主、兼收并蓄”。2022年10月，中共二十大报告指出物质文明与精神文明相协调相契合的重要性，强调以人文交流推动民心相通相融，促进各国人民相知相亲，共同应对各种全球性挑战。

十年来，中国以元首外交为引领，积极践行交流互鉴的文明观。习近平主席高度重视、亲自部署、亲自推动对外文化交流工作，发出了实施亚洲旅游促进计划、亚洲文化遗产保护行动、促进“一带一路”人文交流等重大倡议；提出了举办中国意大利文化和旅游年、中国法国文化旅游年、中国希腊文化和旅游年、中国西班牙文化和旅游年、中日文化体育交流促进年、中韩文化交流年、中英共同纪念汤显祖和莎士比亚逝世400周年、墨西哥“中国文化年”等与“一带一路”沿线国家文化交流合作的重大举措；出席了南非“中国年”、中拉文化交流年、中埃（及）文化年、中缅文化和旅游年、金砖国家文化节、上合组织峰会文艺演出、中非合作论坛文艺演出、第二届“一带一路”国际合作高峰论坛欢迎晚宴文艺演出、中俄建交70周年纪念大会文艺演出、葡萄牙“东风西韵——紫禁城与海上丝绸之路”展览等重要活动；为斯里兰卡、澳大利亚、巴基斯坦、新加坡、柬埔寨、越南等“一带一路”沿线国家中国文化中心揭牌；向第三届和第四届阿拉伯艺术节、中国—老挝旅游年、中国—太平洋岛国旅游年、中日高级别人文交流磋商机制首次会议、中国文莱旅游年、中国意大利文化和旅游年、2021“一带一路”·长城国际民间文化艺术节、“意大利之源——古罗马文明展”开幕式等文化活动致贺信贺词。

十年来，中国搭建了全覆盖的中外人文交流机制。2000年11月，中俄两国在总理定期会晤机制框架内成立中俄教文卫体合作委员会。①此后，中国又陆续建立了中美（2010年5月）、中英（2012年4月）、中欧（2012年4月）、中法（2014年9月）、中印尼（2015年5月）、中南非（2017年4月）、中德(2017年5月)、中印(2018年12月)、中日(2019年11月)等高级别人文交流机制。这些机制覆盖了联合国安理会常任理事国、重要区域一体化组织和“一带一路”主要新兴国家、人口大国等。据不完全统计，十年来，中国与合作国共开展了超过30次高级别人文交流机制会议。

（二）中国与“一带一路”沿线国家政府间文化交流合作不断扩展

十年来，中国在“一带一路”沿线国家设立了17个中国文化中心，各机构每年举办“欢乐春节”“中国旅游文化周”“天涯共此时——中秋节”“云·游中国”等活动，全方位展示中华优秀文化，塑造“美丽中国”整体旅游形象，为推动中外文明交流互鉴、促进民心相通发挥着积极作用。

十年来，人文交流双边、多边合作机制不断扩展，中国已与157个国家签署文化和旅游合作政府间文件，累计签署的文化交流执行计划800余个；上合组织成员国文化部长会晤、金砖国家文化部长会议、中国—东盟文化部长会议、二十国集团旅游部长会议、亚太经济合作组织旅游部长会议、中国—中东欧国家文化合作部长论坛、文明古国论坛部长级会议等16个多边文化和旅游合作机制稳步运行；城市间人文交流机制日益巩固，例如，当选“东亚文化之都”的中日韩各城市开展深度交流合作，澜湄旅游城市合作联盟加快发展。

十年来，中国持续深化与联合国教科文组织、联合国世界旅游组织的战略合作，积极参与文化和旅游领域国际公约事务，推动国际文化和旅游规则朝着更加公平、正义、多元、开放的方向发展。中国列入联合国教科文组织非物质文化遗产名录、名册项目已达43个，总量居世界首位，中国特色的非遗保护理念、方案、实践为世界提供了借鉴。中文成为联合国

① 中俄教文卫体合作委员会于2007年更名为中俄人文合作委员会。

世界旅游组织官方语言，有力提升了该组织作为联合国专门机构的完整性和权威性。浙江余村、安徽西递村入选联合国世界旅游组织首批“最佳旅游乡村”，“绿水青山就是金山银山”等理念成为世界旅游发展的共识。中国与印尼、缅甸、塞尔维亚、新加坡、沙特等“一带一路”沿线国家签订了文化遗产合作文件。中国、哈萨克斯坦、吉尔吉斯斯坦“丝绸之路：长安—天山廊道的路网”联合申遗成功。

十年来，中国对外文化传播能力和水平全面提升，面向世界有力传播中国声音。“中国文化网”英文版及海外社交账号、海外中国文化中心和驻外旅游办事处网站及海外社交账号等平台构成了对外文化传播网络和新媒体矩阵，为讲好新时代中国故事提供了与时俱进的表达方式。“一带一路”新闻合作联盟建设积极推进，截至2019年4月，丝绸之路沿线民间组织合作网络成员已达310家，成为推动民间友好合作的重要平台。

十年来，中国积极开展文化领域对外援助与支持，彰显负责任大国形象。通过对外人力资源培训，为广大“一带一路”沿线国家培养了大批非物质文化遗产保护、图书馆管理、剧场管理、舞台艺术、文物修复、动漫设计、旅游管理等领域人才。通过举办“汉学与当代中国”座谈会和实施青年汉学家研修计划，大力支持国际汉学和中国研究的发展。通过向沿线国家提供小额文化援助，带动各国文化事业进步，丰富各国人民文化生活。

二、中国各级政府将文化交流作为“一带一路”建设政策规划的重要内容

（一）中央政府层面的“一带一路”文化交流合作制度设计不断完善

文化交流合作作为民心相通的重要载体与核心内容，在中国政府部门出台的有关政策规划中多有明确要求，并从谋篇布局的概念性规划转向落实重点项目、重点任务的实操性部署。

例如，2015年3月，中国国家发展改革委、外交部、商务部联合发布的《推动共建丝绸之路经济带和21世纪海上丝绸之路的愿景与行动》

提出了“一带一路”文化交流合作的愿景框架和重点行动：“传承和弘扬丝绸之路友好合作精神，广泛开展文化交流、学术往来、人才交流合作、媒体合作、青年和妇女交往、志愿者服务等，为深化双多边合作奠定坚实的民意基础。开展城市交流合作，欢迎沿线国家重要城市之间互结友好城市，以人文交流为重点，形成更多鲜活的合作范例。”其中，“青年交往”作为重点行动得以明确，而青年群体在文化交流中的独特作用也得以彰显。

“十三五”时期（2016—2020年）是共建“一带一路”的“推进建设”期，文化交流合作聚焦在“建立机制、搭设平台、谋划项目、培育品牌”。《中华人民共和国国民经济和社会发展第十三个五年规划纲要》提出了“共创开放包容的人文交流新局面”的重点任务，包括：办好“一带一路”国际高峰论坛；发挥丝绸之路（敦煌）国际文化博览会等作用；构建官民并举、多方参与的人文交流机制，互办文化年、艺术节、电影节、博览会等活动；鼓励丰富多样的民间文化交流，发挥妈祖文化等民间文化的积极作用；联合开发特色旅游产品，提高旅游便利化。

“十四五”时期（2021—2025年）是共建“一带一路”的“推动高质量发展”期，也是中国面向2035年建成文化强国、提升文化软实力的第一个五年，文化交流合作更强调要构建多元互动的全方位、多层次、宽领域人文交流格局，以及协调平衡国内各方参与“一带一路”文化建设的步伐和力度。《中华人民共和国国民经济和社会发展第十四个五年规划和2035年远景目标纲要》提出了“架设文明互学互鉴桥梁，深化文化艺术领域人文合作”的重点任务，并明确要求密切加强青年交流。

进一步看，原文化部是中国“一带一路”文化交流合作的主要牵头部门。2017年1月，文化部“一带一路”工作领导小组成立，由部长担任组长。“政府主导，开放包容；交融互鉴，创新发展；市场引导，互利共赢”成为中国与“一带一路”沿线国家文化交流合作的基本原则。

2016年12月，《文化部“一带一路”文化发展行动计划（2016—2020年）》发布，提出了“一带一路”国际交流机制建设计划、“一带一路”国内合作机制建设计划、“一带一路”沿线国家中国文化中心建设计划、“一带一路”文化交流合作平台建设计划、“丝绸之路文化之旅”计划、“丝绸之路文化使者”计划、“一带一路”艺术创作扶持计划、“一带一路”文化遗产长廊建设计划、“丝绸之路文化产业带”建设计划、动漫游戏产业“一带一路”国际合作行动计划、“一带一路”文博产业繁荣计划和“一带一路”文化贸易拓展计划等12项子计划，为“一带一路”文化交流合作绘制了路线图。

2021年7月，文化和旅游部发布《“十四五”“一带一路”文化和旅游发展行动计划》，提出了主题艺术精品创作、文化遗产保护传承、公共文化服务体系建设、文旅产业国际合作、旅游产品供给、文旅科技成果推广、非物质文化遗产交流合作、规范出境和边境旅游市场秩序等推动“一带一路”文化旅游高质量发展的八大重点任务。

（二）地方政府积极谋划和部署“一带一路”文化交流

中国一些省市也在积极部署地方层面的与“一带一路”沿线国家人文交流，并作为发展开放型经济、提升区域国际形象的重要举措。

例如，《北京市推进“一带一路”高质量发展行动计划（2021—2025年）》将“成为世界文明交流互鉴的重要桥梁”作为主要目标之一，重点任务包括：高水平建设雅典中国文化中心，开展“一带一路”倡议、北京冬奥会和冬残奥会、世界文化遗产、时尚购物等主题推介；不断丰富欢乐春节、北京之夜、魅力北京、北京优秀影视剧海外展播季等品牌活动内容；在北京国际电影节、北京国际音乐节、北京国际旅游节、世界剧院北京论坛、中国（北京）国际视听大会等活动中增加“一带一路”元素；吸引共建“一带一路”国家知名院团和艺术家在京演出；推动“北京设计”走向世界。

根植于同国际广泛深入的合作基础，上海定位为“一带一路”文化交流合作的联结枢纽和关键节点。2017年10月，《上海服务国家“一带一路”建设发挥桥头堡作用行动方案》发布，提出依托上海国际文化大都市建设，发挥好重大“节、赛、会”作用，搭建更多文化艺术交流机制和平台，全面提升与沿线国家（地区）的文化交流合作水平。

值得关注的是，中国西部省区市发挥历史文化和地理区位优势，将文化交流作为促进与“一带一路”沿线国家全方位合作的重要桥梁，并推动内陆开放型经济高质量发展。

表 1.1 西部省、自治区、直辖市“一带一路”建设政策规划对文化交流的战略部署

序号	省区市	政策规划	文化交流合作战略部署
1	重庆	《重庆市“十四五”“一带一路”文化和旅游发展行动计划》	构建友好联动新机制，建设交流推广新平台，打造具有重庆特质的国际化文旅产品，提高国际传播能力，提升公共服务国际化水平。
2	四川	《四川文化融入“一带一路”战略实施意见（2017—2020年）》	积极推广巴蜀文化，引进国外优秀文化，全方位提升四川文化领域开放水平。
3	陕西	《陕西省推进建设丝绸之路经济带和21世纪海上丝绸之路实施方案（2015—2020年）》《陕西省“十四五”深度融入共建“一带一路”大格局、建设内陆开放高地规划》	发挥历史文化优势，谋划建设“一带一路”国际文化旅游中心。
4	甘肃	《新时代甘肃融入“一带一路”建设打造文化制高点实施方案》	推动甘肃敦煌文化、长城文化、黄河文化、始祖文化、红色文化、民族民俗文化成为“一带一路”文化的重要标志和优秀代表，扩大“交响丝路·如意甘肃”的国际知名度和影响力。
5	宁夏	《关于融入“一带一路”加快开放宁夏建设的意见》《宁夏回族自治区推进“一带一路”和内陆开放型经济试验区建设“十四五”规划》	办好中阿博览会、中国宁夏（国际）葡萄酒文化旅游博览会等展会，实施“丝绸之路影视桥工程”“丝路书香工程”等项目，深化沿线国家和阿拉伯国家与宁夏的文化交流合作。
6	西藏	《西藏自治区关于推进“一带一路”建设的意见》	推进与周边国家旅游文化交流合作。
7	新疆	《丝绸之路经济带核心区文化科教中心（教育部分）建设规划（2016—2020年）》	打造丝绸之路经济带上的文化枢纽、中华文化传播基地。
8	内蒙古	《内蒙古自治区“一带一路”文化发展行动计划》	加大草原文化“走出去”步伐，增强草原文化国际影响力。
9	云南	《云南省文化厅“一带一路”文化发展行动计划》	在文化交流、遗产保护、文艺创作、文化旅游等领域开展区域性合作，积极参与海外中国文化中心建设，打造“七彩云南·周边行”等云南重点交流品牌。

续表

序号	省区市	政策规划	文化交流合作战略部署
10	贵州	《贵州省文化厅关于贯彻落实〈文化部“一带一路”文化发展行动计划（2016—2020年）〉的实施方案》	就贵州文化融入“一带一路”的机制建构、平台建设、产业合作、人文交流、品牌打造等做了具体谋划。
11	广西	《广西参与建设丝绸之路经济带和21世纪海上丝绸之路实施方案》《广西参与建设丝绸之路经济带和21世纪海上丝绸之路的思路与行动》	加强与东盟国家的文化体育等民间交流。
12	青海	《青海省参与建设丝绸之路经济带和21世纪海上丝绸之路实施方案》《青海省深入推进“一带一路”建设高质量发展实施意见》《青海省丝绸之路文化产业带发展规划及行动计划（2018—2025）》	加强与沿线国家文化交流合作。

案例 1.1

陕西：发挥历史文化优势，谋划建设“一带一路”国际文化旅游中心

陕西是中华民族和中华文明的发祥地之一，2000多年前，西汉使者张骞从长安（今西安）出使西域，开辟了闻名于世的丝绸之路，搭建了东西方文化交流的桥梁，而后唐玄奘也是从长安出发，沿着丝绸之路到印度求法取经。当时的长安，各国使节代表团、商团、学者纷至沓来，成为国际化大都市。

“一带一路”倡议提出后，陕西成立了推进“一带一路”建设工作领导小组（办公室设在省发展改革委），印发实施《陕西省推进建设丝绸之路经济带和21世纪海上丝绸之路实施方案（2015—2020年）》，提出打造“一带一路”国际文化旅游中心的主要目标，并每年制定出台年度行动计划（工作要点）。2021年10月出台的《陕西省“十四五”深度融入共建“一带一路”大格局、

建设内陆开放高地规划》进一步提出要建成中华文明—丝绸之路旅游核心区，成为彰显华夏文明的历史文化首选地。

十年来，陕西参与“一带一路”文化交流成效显著。“丝绸之路：长安—天山廊道的路网”成为首例跨国合作、成功申遗的世界文化遗产项目，丝绸之路国际电影节、艺术节及西安丝绸之路国际旅游博览会规模和影响力逐年增强，通过主办丝绸之路旅游部长会议等大型国际会议和旅游专场推介活动、建立京沪陕中国入境旅游枢纽合作机制，陕西文化旅游国际知名度得到全面提升。

三、中国与“一带一路”沿线国家文化交流合作不断走深走实

十年来，中国与俄罗斯、尼泊尔、希腊、埃及、南非、赞比亚、克罗地亚、意大利、柬埔寨、葡萄牙等“一带一路”沿线国家共同举办文化年、艺术节、旅游节、电影节、音乐节、文物展、图书展等活动，形成了“丝路之旅”“中非文化聚焦”等10余个文化交流品牌，打造了丝绸之路国际艺术节、丝绸之路（敦煌）国际文化博览会和敦煌行·丝绸之路国际旅游节、“一带一路”·长城国际民间文化艺术节、海上丝绸之路国际艺术节等一批大型文化节会；丝绸之路国际剧院联盟、博物馆联盟、艺术节联盟、图书馆联盟、美术馆联盟相继建立，截至2022年8月，成员单位达539家，覆盖92个国家和2个国际组织；包含音乐、美术、演艺、文化遗产、图书馆等领域内容的“文化丝路”计划使沿线国家民众享受公共文化产品和服务更加便利。

值得关注的是，中国文化和旅游部聚力打造“欢乐春节”“美丽中国”等全球化文化品牌，推进“艺汇丝路”“丝绸之路文化之旅”“拉美艺术季”“澜湄旅游城市”“上合组织成员国艺术节”“金砖国家艺术节”“阿拉伯艺术节”“意会中国”“中非文化聚焦”“中俄文化大集”等专项文化交流项目品牌建设。例如，“欢乐春节”活动已连续举办13年，成为中国与世界人民共享传统节日的重要桥梁。

案例 1.2

“一带一路”文化交流部分品牌活动和项目简介

丝绸之路国际艺术节作为中国政府批准的首个“丝绸之路”主题的国家级综合性国际艺术节，由文化和旅游部、陕西省人民政府共同主办，沿线国家有关机构协办，自2014年创办至今已成功举办8届，并永久落户陕西。

丝绸之路（敦煌）国际文化博览会、敦煌行·丝绸之路国际旅游节（简称“敦煌文博会”）是中国唯一以“一带一路”国际文化交流为主题的综合性博览会，分别举办了六届和十一届。

“一带一路”·长城国际民间文化艺术节由中国河北省人民政府、文化和旅游部共同主办，以民间文化艺术团和民间传统技艺传承人为交流活动主体，传播、传承“一带一路”与万里长城共同承载的世界文化遗产价值和精神财富。首届艺术节于2021年举办。

海上丝绸之路国际艺术节由中国文化和旅游部、福建省人民政府联合主办，每两年一届，永久落户泉州市。

“艺汇丝路”艺术展由中国文化和旅游部指导，中国对外文化交流协会、联合国教科文组织驻华代表处、中国美术馆、丝绸之路国际美术馆联盟共同主办，展示沿线国家艺术家作品。

丝绸之路国际剧院联盟由中国对外文化集团公司倡议发起成立，联盟成员来自中国、美国、英国、法国、俄罗斯等21个国家和地区及2个国际组织的56家成员单位，年演出场次超过3万场，年观众总量超过2400万人次。

丝绸之路国际博物馆联盟由中国博物馆协会、国际丝绸之路研究联盟、丝绸之路国际博物馆友好联盟共同发起成立，现有成员单位166家，中国以外的沿线国家机构占比66.9%。

丝绸之路国际艺术节联盟由上海国际艺术节倡导成立，共有

32个国家和地区的124个艺术节和机构加入。

丝绸之路国际图书馆联盟由中国国家图书馆、中国图书馆学会以及孟加拉国、白俄罗斯、文莱、保加利亚等24个沿线国家的图书馆联合发起成立。

丝绸之路国际美术馆联盟由中国、俄罗斯、希腊、匈牙利、乌克兰、越南等18个沿线国家和地区的国家美术馆和知名美术机构联合发起成立。

四、丝路青年参与“一带一路”文化交流合作成效显著

丝路青年是民心相通的重要力量，“一带一路”建设的根基在民众，希望在丝路青年。总的看，“一带一路”沿线国家青年对中国的偏见少，对中华文明和中国文化普遍感兴趣，有独立的价值观和主见，是积极参与“一带一路”文化交流合作的主要力量、引领力量。

丝路青年是“一带一路”文化交流合作的倡议者、参与者和见证者，不少品牌活动设置了青年议题、青年论坛、青年展览等专项活动。中国及部分沿线国家政府、社会组织、企业、媒体等组织了一系列艺术夏令营、志愿服务、影像展、文化旅游等青年题材的文化交流活动，规模和影响力越来越大，正搭建起丝路青年广泛互动交流的友谊之桥。

案例1.3

习近平主席给“一带一路”青年文化交流活动的部分致辞、贺词、贺信、回信

2013年11月，根据中越两国领导人共同发表的《联合声明》精神，第二届中越青年大联欢活动在中国广西举行。习近平主席在致活动的贺信中强调，中越两国人民长期友好的未来和希望寄托在两国青年身上，把中越友好的接力棒接过来、传下去，是中

越两国青年义不容辞的使命和责任，希望两国青年争当中越传统友谊的传承者、友好合作的生力军。

2014 年 3 月，中俄青年友好交流年在俄罗斯圣彼得堡举行。中国国家主席习近平和俄罗斯总统普京专门致信祝贺。习近平主席在贺信中表示，我和普京总统共同决定今明两年举办中俄青年友好交流年，是要推动中俄全面战略协作伙伴关系继续在高水平上运行，促进中俄世代友好，带动双方各领域务实合作。举办这项活动是两国领导人着眼中俄关系长远发展采取的重大举措。青年是国家的未来，是中俄关系和中俄两国人民友谊的未来。希望两国青年与时代同步，顺应中俄全面战略协作伙伴关系发展大势，把自己的梦想融入推动中俄两国共同发展、共同繁荣的事业中来，为中俄两国和两国人民的友好事业和美好未来作出积极贡献。

2015 年 4 月，在出席第十五届中越青年友好会见活动[①]时，习近平主席寄语两国青年要做中越传统友谊的传承者、中越友好合作的推动者、中越关系未来的建设者，提出除面对面交流外，可以运用互联网等增进相知相识相交，深入了解对方，多发出正面声音，努力传递正能量，不断增进两国人民相互理解，推进两国互利合作。

2016 年 7 月，首届亚非青年联欢节在北京召开。习近平主席在贺信中指出：亚非国家拥有世界上最多的青年人口，亚非合作振兴的未来和希望在青年。亚非青年是维护世界和平、促进共同发展的重要力量。希望亚非青年传承和弘扬万隆精神，加强交流互鉴，增进相互了解，推动互利合作，为实现亚非振兴梦想，为促进亚非人民福祉，为人类和平与发展奉献青春。

2018 年 5 月，“一带一路”青年创意与遗产论坛在湖南长沙

---

① 自 2000 年以来，在中越两党两国领导人的支持和关怀下，中国共青团中央与越南胡志明共青团中央连续合作举办了 21 届中越青年友好会见活动。

和江苏南京举办，来自51个国家的73名青年代表参加了论坛。部分青年代表向习近平主席写信汇报了自己参加论坛的感悟，并就“一带一路”建设提出了看法和建议。习近平主席在回信中勉励他们为构建人类命运共同体作出自己的努力。

2019年10月，由中国科学技术协会与浙江省人民政府共同举办的首届世界青年科学家峰会在温州召开，习近平主席向大会致贺信，指出：科技的未来在青年。开展科技人文交流，推动青年创新合作，是各国共同愿望。希望与会嘉宾围绕“汇聚天下英才 共创美好未来”主题，交流思想，互学互鉴，筑牢友谊基石，扎紧合作纽带，让更多青年科技人才施展抱负、成就梦想。

“国际青年领袖对话”项目是由中方智库机构发起的中外青年交流机制。2021年，该项目的36名外籍青年代表给习近平主席写信，祝贺中国共产党百年华诞，讲述了他们在中国各地走访的体会感悟，表示希望发挥桥梁作用，更好促进中外交流对话。习近平主席在回信中鼓励他们加强交流互鉴，为推动构建人类命运共同体贡献青春力量。

2022年7月，世界青年发展论坛在华召开。习近平主席在贺信中指出，各国青年要弘扬和平、发展、公平、正义、民主、自由的全人类共同价值，以实际行动推进全球发展倡议，助力落实联合国2030年可持续发展议程，共同谱写世界青年团结合作的时代新篇章。

目前，中文已纳入沙特国民教育体系，共有9所大学设立中文相关专业，累计培训300多名本土教师，组织1100多名大学生参加“汉语桥”线上冬令营，支持1000多名大学生参加国际中文教师奖学金在线研修班。100多位来自沙特的青年中文学习者和爱好者给习近平主席写信，分享学习中文的收获和感悟，希望进一步了解中国，立志成为促进沙中友好的青年使者。2022年12月，习近平主席复信沙特中文学习者代表，鼓励沙特青年学好中文，为增进中沙、中阿友谊作出新的贡献。

匈中双语学校是中东欧地区唯一一所使用中文和所在国语言教学的公立全日制学校。2009年10月，时任中国国家副主席习近平访问匈牙利期间，曾到匈中双语学校考察。2023年春节前夕，该校学生胡灵月、宋智孝代表全校学生致信习近平主席和夫人彭丽媛教授，按照中国风俗拜年，讲述在校学习中文12年的感受，表达将来到中国上大学、为匈中友好作贡献的愿望。习近平主席在复信中鼓励匈牙利青少年更多了解中国，做传承发展中匈友好事业的使者。

（一）中国共产主义青年团努力为推动构建人类命运共同体凝聚全球青年力量

中国共产主义青年团（以下简称“中国共青团”）是中国共产党领导的先进青年的群团组织，肩负着组织、引领、服务青年的职能，在号召、动员、引导青年群体领会“一带一路”精神、参与“一带一路”建设中扮演着重要角色。青年对外交往和文化交流是中国共产党领导下中国青年运动的重要组成部分，“积极发展同世界各国青年组织的交往和友好关系，积极参与推进‘一带一路’建设”写入了《中国共产主义青年团章程》。一百多年来，中国共青团高举和平与发展旗帜，与各国青年组织开展交流合作，积极参与国际青年运动和世界青年事务，发挥青年外事工作在政党外交、民间外交、公共外交中的独特作用，镌刻下团结、友谊、合作、进步的国际篇章。

新民主主义革命时期，中国共青团与青年共产国际、世界民主青年联盟、国际学生联合会等国际性青年组织密切合作，在参与世界社会主义青年运动的同时，积极争取国际社会对中国革命的支持。社会主义革命与建设时期，中国共青团加强与社会主义国家和亚非拉国家青年组织的友好交往，支持第三世界国家青年争取民族解放的正义斗争，突破坚冰与西方国家青年组织开展交往，为增进国际社会对华认知、打破西方对华封锁发挥了重要作用。改革开放和社会主义现代化建设时期，中国共青团广泛拓展交往渠道和对外合作领域，举办中日青年友好联欢、中法青年大规模交流、“国际青年年”等青年国际交流活动，实施了出国研修、环境保护、志愿服务、经贸交流、创新创业等国际合作项目，有力服务了国家外交、经济建设和人才培养。

中国共产党第十八次全国代表大会以来，中国特色社会主义进入新时代，中国共青团多领域、多渠道、多层次实施“中国青年全球伙伴行动”，着力提升青年外事工作大局贡献度和中国青年组织国际影响力，着力培养国际化青年人才，与100多个国外青年组织建立交往关系。①

一是以服务元首外交为引领，高质量实施习近平主席亲自倡议的亚非青年联欢节、上合组织青年交流营、中国—中亚青年艺术节、“未来之桥”中国—中亚青年领导人研修交流营、中非青年志愿服务论坛、上海合作组织青年科技创新论坛、世界青年发展论坛等青年人文交流项目，配套举办中越青年友好会见、二十国集团青年会议、金砖国家青年峰会②等青年人文交流活动。

二是积极引领中外青年参与“一带一路”建设，面向东盟、上合、中东欧、拉美等地区开展机制化交流研修项目，举办“一带一路”青年故事会、中俄青年创业孵化器交流项目、“丝路孵化器”青年创业计划、“一带一路”青年创客国际论坛等创新类活动，建立上合组织青年创业交流基地。

三是以参与全球治理为舞台，推荐、支持中国青年组织和青年代表参与联合国、二十国集团、金砖、上合等多边机制，形成了多个凝聚丝路青年共识的成果文件。围绕“中国共产党建党百年”举办“我和我的党”青年党员全球对话，与中共中央对外联络部合作举办针对南亚、拉美、非洲、中亚、中东欧等地区的青年政党干部交流活动。

---

① 国务院新闻办公室2022年4月发布的《新时代的中国青年》白皮书指出，在“中国青年全球伙伴行动”框架下，中国与100多个国际组织及外国政府青年机构、政党和非政府青年组织建立交流合作关系。

② 金砖国家青年峰会是金砖国家合作机制下青年领域重要活动。中国是2022年金砖国家青年峰会的轮值主席国，本届峰会在北京设主会场，上海、杭州、长沙、深圳、成都设分会场，来自51个国家和29个国际组织共约300名中外青年代表通过线上线下的方式参加，并共同倡议《北京友好城市青年携手共建青年发展型城市行动宣言》。

案例 1.4

“一带一路”大学生暑期社会实践专项行动：探索青年服务国家发展、国家助力青年成长的双效模式

2015 年 7 月，中国共青团中央学校部、教育部新闻办、新浪微博等机构联合组织了“一带一路”大学生暑期社会实践专项行动，这是第一次中国范围内的“一带一路”青年行动。而后，该专项行动每年组织开展，招募、遴选一批高校团队和首席专家，围绕“丝路新世界·青春中国梦”主题开展规模化调研，并采取网络众筹的方式吸纳社会资源支持。

通过为期两个月的实践锻炼，各团队完成一本社会调查报告（以《“一带一路”青年观察白皮书》为报告统一名称），拍摄一部反映大学生看到的丝路变化与参与实践心路历程的纪录片。以 2017 年的专项行动为例，1.2 万余名大学生、1300 多支社会实践团队分别对中国 30 多个省市、20 多个“一带一路”沿线国家进行了走访调研，共完成社会调查报告等文字材料 3800 余篇、实践照片 1.1 万余张、纪录片 1488 部。

2016 年 5 月，中国共青团中央与对外经贸大学共同成立中国首个“一带一路”青年行动机构——中国大学生“一带一路”协同发展行动中心，旨在促进大学生把个人成长与国家发展紧密结合起来，带动中国高校围绕“一带一路”倡议开展专项社会实践行动。

（二）中华全国青年联合会引领开展“一带一路”青年文化交流活动和项目

中华全国青年联合会（以下简称“全国青联”）成立于 1949 年 5 月 4 日。全国青联是中国共产党领导下的中国基本的人民团体之一，是以中国共产主义青年团为核心力量的各青年团体的联合组织，是中国各族各界青年广

泛的爱国统一战线组织。

十年来，全国青联牢牢把握各族各界青年大团结大联合的主题，多领域、多渠道开展青年国际交流，推动更多青年参与“一带一路”建设，深入开展沿线国家青年交流、人才培训、务实合作项目，在多边机制和国际舞台传播中国青年声音，不断扩大中国青年的“朋友圈”。

全国青联主办、承办的部分“一带一路”重要青年文化交流项目如下：

2015 年 4 月，习近平主席在亚非领导人会议上倡议举办亚非青年联欢节，“未来 5 年邀请 2000 名亚非青年代表来华参加青年联欢节”，旨在增进亚非青年之间的理解与合作，推动亚非命运共同体建设。自 2016 年起，亚非青年联欢节由中国共青团中央和全国青联连续举办，邀请亚非国家青年代表就经济、文化、“一带一路”等议题进行互动交流。

“未来之桥”中国—中亚青年领导人研修交流营由习近平主席在中国同中亚五国建交 30 周年视频峰会上倡议开展，旨在促进各国青年传承友好、共创未来。首届活动由全国青联主办，配套召开了“一带一路”美丽乡村国际青年论坛。

青年交流是上合组织合作的重要内容。2009 年 5 月，上合组织成立了青年委员会。近十年来，各成员国依托这一平台开展了青年论坛、大学生艺术节等青年文化交流活动，并共同设立“上海合作组织大学”①。2015 年 7 月，习近平主席在上合组织乌法峰会上宣布中方将举办上海合作组织青年交流营。2016 年以来，上合组织青年交流营在内蒙古、北京、上海、青岛、深圳等地举办，开展了科技企业参访、传统文化展览、创新故事交流等系列活动。另外，2018 年，上合组织成员国元首理事会第十八次会议通过了《上合组织成员国元首致青年共同寄语》及其实施纲要。

2021 年 9 月，习近平主席在上合组织成员国元首理事会第二十一次会议上宣布中方将举办青年科技创新论坛。2022 年 5 月，由上海合作组

① 目前，上海合作组织大学项目院校有来自上海合作组织 5 个成员国（哈萨克斯坦、中国、吉尔吉斯斯坦、俄罗斯、塔吉克斯坦）的 82 所院校组成。上合组织大学毕业生毕业时除获得本国高校文凭外，还可以获得各成员国都认可的上海合作组织大学毕业证书。

织睦邻友好合作委员会、全国青联、广东省人民政府主办，深圳市人民政府承办的首届上海合作组织青年科技创新论坛召开。另外，全国青联与上合国家青年组织还共同开展了上合组织青年交流营、上合组织青年创业国际孵化器等机制化项目，十年来累计邀请1200余名上合青年来华交流。

在2022年6月举办的全球发展高层对话会上，习近平主席宣布中国将举办世界青年发展论坛。2022年7月，世界青年发展论坛在华成功举办，来自100个国家的2000余名中外青年代表一致通过《青年优先发展国际倡议》。为将青年代表的理念共识转化为行动成果，世界青年发展论坛组委会和全国青联倡议发起全球青年发展行动计划。行动计划得到国际劳工组织、联合国教科文组织、联合国人口基金、联合国驻华系统的大力支持，每年选拔、展示和推广100个青年发展行动项目。

2021年11月，习近平主席在出席中非合作论坛第八届部长级会议开幕式时，宣布举办中非青年志愿服务论坛，旨在加强中非青年在志愿服务领域的国际合作，推动中非青年携手落实全球发展倡议和联合国2030年可持续发展议程。2022年12月，全国青联等主办的首届论坛在北京开幕，来自40个国家和国际组织的200余名中外青年代表参加。

二十国集团青年会议是二十国集团领导人峰会的官方配套活动之一，旨在为成员国青年代表提供研讨国际经济、共商全球发展的平台。中国是2016年二十国集团领导人峰会主席国，二十国集团青年会议作为正式配套活动于2016年7月在北京、上海举行，由全国青联主办，复旦大学承办，103名来自二十国集团成员国、嘉宾国和国际组织的青年代表共同形成《二十国集团青年会议公报》，提交2016年二十国集团领导人峰会筹委会，为二十国集团领导人提供政策参考。

亚欧青年领导人交流营由李克强总理在2021年第十三届亚欧首脑会议上倡议。首届交流营由全国青联、世界青年发展论坛组委会主办，举办了亚欧青年绿色发展论坛、“云参访”杨凌智慧农业谷、“一带一路”青年故事会年度会议等活动。

案例1.5

“一带一路”青年故事会：搭建丝路青年心灵相通的桥梁

“一带一路”青年故事会由全国青联等机构主办，中国青年报等机构承办，自2017年开始，通过会议、短视频、撰文等线上线下形式，一大批丝路青年分享了自己身边的“一带一路”故事，展现了丝路青年的青春风采和实践创新案例，国内外媒体持续报道，成为丝路青年文化交流合作的重要品牌项目。以下列举“一带一路”青年故事会讲述的6个涉及丝路青年文化交流的典型案例：

操着一口流利乌尔都语（巴基斯坦国语）的中央广播电视总台亚洲非洲地区语言节目中心青年记者朱熹曾经在巴基斯坦常驻采访，策划播出了上百个乌尔都语版的直播和视频产品，被巴基斯坦多个主流电视台和巴基斯坦军方媒体机构ISPR的官方账号播放转发。她的社交媒体账号上的很多粉丝都是在中国生活、工作、学习的巴基斯坦青年，他们经常在朱熹的直播下留言互动。

作为第二大出口国，越南咖啡以其独特的做法和口味在世界咖啡版图上占有一席之地。中国青年梅天宇与越南姑娘阿英观察到中国市面上没有一家主打越南咖啡的品牌，随即创办Vsmooth Coffee。每年，梅天宇团队会多次往返越南咖啡庄园，帮助咖农采用科学理念和先进技术生产加工咖啡，并采取线上销售、企业定制、开实体店的方式在中国经营。梅天宇团队还在越南胡志明市设立分部，为中国企业拓展越南市场提供市场调研、商务翻译等服务；在胡志明市开办中文培训班，从基础语言学习到中国文化传播，让更多越南青年爱上中文、爱上中国。

塔吉克斯坦青年李明智参与创办了上合国家青年平台，经常和各国青年聚会，还会通过国际视频连线的方式，把远在世界各地的青年汇聚在一起，讨论策划各种有意义的活动。2022年，他们首次在北京举办了纳乌鲁兹节[①]，吸引了来自18个国家的青年参加，让很多丝路青年对上合国家文化风情产生了兴趣。后来，他们又在中国传统的除夕夜，邀请了很多上合国家青年一起吃年夜饭，“我们希望各国青年可以走进、体验中国的传统节日”。李明智夫妇都是塔吉克斯坦人，他们去过很多国家，最后却选择把家安在中国，并坚持让自己的儿子学习中文。

2015年，俄罗斯青年斯科里科娃·斯维特兰娜参加中俄友好青年交流年闭幕式，与100位俄罗斯青年领导人访华，第一次踏上了中国的土地。后来由于工作的原因，她开始频繁与包括中国在内的许多国家接触，也参与了金砖国家青年论坛、上合组织青年领袖大会、中俄百名青年领袖交流会、中俄青年企业家大会、中俄青年科学家大会等活动的组织工作。为了留在中国工作，她在北京语言大学学习了一年中文。如今，她在世界旅游城市联合会担任联络部高级经理，日常工作是促进中国与俄语国家有关城市的旅游交流合作。

摩尔多瓦青年李潇潇随同学来中国考察之后，决定在重庆长期生活，自称是“重庆妹子”，讲一口流利的重庆话。作为摩尔多瓦的舞蹈专业人员，她在抖音里面晒生活点滴、舞蹈作品、参演的中国影视作品、介绍祖国摩尔多瓦的短视频，引起了中国网友对摩尔多瓦的关注，成为一名“网络红人”，视频作品获赞近2000万人，拥有粉丝200多万人。

韩国青年林珍希在温州大学就读创业教育方向硕士留学生期间，发现非洲来华留学生找不到体现自己文化和认同感的服饰，随即组建创业团队，联合中国服装供应商，设计并生

① 纳乌鲁兹节是中亚、中东、高加索、巴尔干等地区的重要节日之一，标志着大地回春、新年伊始。

产出具有非洲文化特色的服饰，获得不少非洲来华留学生的订单，该项目成功入选2019年全国二十佳创业故事。林珍希还面向中国学生开设了韩语课程，她会在课前和中国朋友一起提前准备课程内容，然后在1小时30分钟的课程中，用1个小时教授韩语，30分钟讲述韩语歌曲、影视剧等韩国文化，受到中国学生的欢迎。

（三）各类各级共青团、青年联合会积极开展丝路青年文化交流活动和项目

十年来，中国各类各级共青团、青年联合会积极开展“一带一路”宣讲进校园、青春大讲堂、青年友好交流以及“一带一路”志愿服务联盟①等活动和项目，引导丝路青年深化对“一带一路”的认识，鼓励丝路青年积极参加“一带一路”交流与实践活动。

例如，云南省各级共青团持续推动云南与周边国家青年的友好交流，连续开展澜沧江—湄公河青年友好交流，中国—东盟青年企业家交流，中缅青年、中老青年友好会见，“庆祝中老铁路全线通车青年行”，云港澳台青年圆桌会议等活动，连续举办9届香格里拉青年论坛，持续开展留学生文化周和中外大学生社会实践周活动，为《生物多样性公约》缔约方大会第十五次会议（COP15）、中国—南亚博览会、中国国际旅游交易会、中国—南亚合作论坛、澜湄合作论坛等重大活动组织青年志愿服务，共派出青年志愿者超过2万人。

作为中国省级共青团、省级青联面向“一带一路”沿线城市青年组织开展的首个多边活动，由共青团江苏省委、江苏省人民政府外事办公室、江苏省青年联合会联合多家国内外青年组织共同主办的2021“一带一路”沿线城市青年发展国际会议于2021年11月在南京召开，并推出“人文

---

① “一带一路”志愿服务联盟是在共青团北京市委、中国国际经济技术交流中心、中国民间组织国际交流促进会、北京市外事办、联合国志愿人员组织、北京市志愿服务联合会等机构组织的“一带一路”志愿服务论坛暨第二届国际志愿者交流营上倡议发起，致力于鼓励“一带一路”沿线国家志愿组织开展合作项目。

交流品牌塑造计划”，推动建立沿线城市青年组织、青年间的常态化交流机制。

“中国青年梦想季”由共青团海南省委、丝路规划研究中心、中国青年报社等联合主办，在“中国（海南自贸港）青年筑梦大道”青少年动员引领服务平台的基础上，吸引丝路青年到海南就业创业，已举办2届活动。“一带一路”青年发展论坛是第二届“中国青年梦想季”的主题活动，发布了《“一带一路”青年发展主题倡议》，倡议关心青年，共同营造青年友好的发展环境，鼓励青年到海南追逐梦想。

（四）各级政府积极推动和开展“一带一路”青年文化交流

1. 中央政府部门积极推动和开展“一带一路”青年文化交流

十年来，中央有关部委、部门结合行业特点、专业领域和承担的“一带一路”建设主要任务，积极推动和开展丝路青年文化交流活动和项目。

例如，2022年11月，中国外交部驻香港特派员公署、香港“一带一路”总商会联合主办的首届“一带一路”青年发展高峰论坛在香港举行。来自香港青年联会、香港菁英会、香港华菁会、香港政协青年联会等26家机构的300多位青年代表参加了论坛。论坛上成立了“国际青年侨商协作平台”，以团结爱国爱港的青年侨商，主动对接国家发展战略。

2018年9月，由中国国际贸易促进委员会、广西壮族自治区人民政府主办的“一带一路”青年领袖论坛在广西南宁举办，来自中国和东盟各界的青年企业家、青年创客、重点企业青年高管、专家学者等约350人参会。本次论坛是第15届中国—东盟商务与投资峰会框架下举办的重要活动。

2019年4月，由中国科技部主办，中国科学技术交流中心、深圳市龙华区政府等承办的“一带一路”科技人文交流青年论坛在深圳召开。作为第十七届中国国际人才交流大会的重要活动，来自巴基斯坦、苏丹、埃及、埃塞俄比亚、缅甸、秘鲁等沿线国家的青年人才齐聚论坛，分享各自在中国工作的难忘经历。

2. 地方政府积极参与和开展“一带一路”青年文化交流活动

十年来，在中国各地区各城市的友城合作、人文交流等项目中，青年议题、青年活动成为其中重要项目，成为文化交流与传播的亮点。

例如，北京市政府部门举办了“社会治理·青春先行”中外青年系列对话活动、“她的北京·Her Beijing”主题对外传播平台等知名品牌活动，以多种形式长线培养与国际友好城市之间的“青年友谊使者”，既解决了公共外交中政府色彩过强的问题，又克服了民间外交过于松散自发的不足。其中，共青团北京市委、北京市政府外办等机构共同主办的“未来领袖·青春使者”国际青年夏令营自2014年起已开展6届，来自60多个国家的千余名青年参与其中，通过组织中外大学生共同开展课题研究、社会实践等项目，引导各国青年深入了解北京历史文化、全面感知中国现代化建设成果。

为促进粤港澳青年更好地融入，广东省中山市推进粤港澳大湾区建设领导小组办公室出台《中山市港澳青年创新创业基地思想文化交流建设工作实施方案》，开展“一对一”结对交流、文化沙龙、VR教学课堂等系列文化交流活动，把港澳青年创新创业基地打造为港澳青年了解内地的“第一扇窗”、投身湾区的“第一座桥”。目前，中山市已孵化港澳青年创新创业项目超过450个，涵盖人工智能、信息技术、新型服务业等领域，带动青年就业超过2000人。

案例1.6

集聚全球青年力量，助力山东高质量发展：山东省各级政府推进“一带一路”青年文化交流

山东省在全国率先启动全省域青年发展友好型城市建设工作，按照“一市一品牌”“一市一特色”的原则，开展一系列国际青年交流项目，并把2022年确定为“山东省国际青少年交流年”。以下列举其中4个山东省开展的国际青年交流项目：

近年来，山东省以上合组织青岛峰会和上合示范区落户青岛为契机，发挥主场外交优势，连续承办三届上合组织青年交流

营，开展青年企业家合作洽谈会、地方经贸合作推介会、青年文化论坛等配套活动，促成上合组织青年创业交流基地（青岛）、中俄青年创业孵化器落地实施。新冠疫情发生以来，山东省有关部门线上持续举办上合组织青年创业国际孵化器项目推介会、中国·山东（青岛）海归创新创业峰会平行论坛等活动，与上合组织成员国青年组织、青年企业家、青年学生的友好往来与务实合作并未因疫情而阻断。

山东省人民政府、中国人民对外友好协会、中华全国青年联合会、中国宋庆龄基金会自2022年起联合主办国际青年交流大会，常设“黄河湾国际青年经济论坛”，推出“黄河赤子”卡通形象，创建永不落幕的国际青年交流盛会。2022年大会采用“线上＋线下”“主会场＋分会场”方式，在济南设主会场，在北京市、山东省内16市设分会场，全程线上直播。

2021年，山东省人民对外友好协会和山东省青年联合会共同发起“全球青年伙伴计划”倡议，鼓励中外青年“互加好友”，通过邮件、信函、视频连线等方式交流互动，开展文化、体育、艺术、科技、娱乐等线上交流活动。

在中国驻南联盟被炸使馆旧址之上建设的贝尔格莱德中国文化中心是西巴尔干地区首家中国文化中心，见证了用鲜血和生命铸就的中塞友谊。山东省人民对外友好协会和山东高速集团以贝尔格莱德中国文化中心为依托，合作建设中国（山东）—中东欧青年交流合作基地，展示山东对外开放形象，扩大山东与中东欧地区青年人文交流与经贸合作。

案例1.7

香港特区政府：以青年人文交流强化中国对外交往枢纽角色

十年来，香港特区政府积极参与“一带一路”建设，并联系政府不同司局部门设立“一带一路”工作组，全力落实有关规划和项目，开展了一系列青年人文交流项目。

香港特区政府设立“一带一路”奖学金，资助沿线国家学生来港留学，并推出交流资助计划，鼓励和资助本地学生到沿线国家交流。

香港特区政府持续举办中国“一带一路”沿线省市学生交流计划，在国际考试中加入沿线国家语言考试，资助非政府机构举办“一带一路”主题交流活动，让学生认识“一带一路”。

香港特区政府于2016年推出“一带一路”交流资助计划，以配对方式资助非营利机构、慈善团体等举办供香港青年参加的“一带一路”沿线国家交流活动，包括单向、双向或多边交流，目的在于提升香港青年对“一带一路”的认识。

香港特区政府将双边工作假期计划扩展至“一带一路”沿线国家，使香港青年能在节假日赴沿线国家短暂生活，体验当地文化风俗。

香港特区政府与多个沿线国家政府部门建立文化交流合作，在香港、中国大陆和海外举办表演、展览、论坛等活动，推广香港文化；邀请沿线国家的青年艺术家和文艺团体在香港举办表演和展览活动，以及参与文化艺术交流活动。

（五）“一带一路”沿线国家和地区社会各界积极开展青年文化交流

高校、国际组织、行业协会、青年社会组织、企业等机构具有专业性、公益性、志愿性、平等性等属性，利于沟通民心、增进理解，营造友好的社会氛围，是促进丝路青年参与“一带一路”建设的关键社会力量和重要桥梁纽带。十年来，“一带一路”沿线国家社会各界结合自身职能和专业领域，开展了一大批丝路青年文化交流活动和项目。

例如，“国际青年领袖对话”项目由全球化智库和当代中国与世界研究院于2020年共同发起，旨在为不同文明、不同国家、不同领域的国际青年搭建交流思想、互学互鉴、增进友谊的对话平台，主要活动包括“全球发展共同体”国际青年智汇行动①、国际青年中国行②、国际青年英才对话论坛③。

自1988年以来，联合国教科文组织就致力于开展古丝绸之路上丰富的历史与共同遗产的研究和推广，建立了专门项目——丝绸之路项目。为促进丝路青年文化交流，联合国教科文组织丝绸之路项目开展了“一带一路”青年创意与遗产论坛④、“丝绸之路青年之眼”国际摄影大赛⑤、丝绸之路青年研究奖学金⑥等多个品牌活动。

“一带一路”国际青年论坛是入选中韩文化交流年的重点项目，由韩国“一带一路”研究院、韩中文化友好协会、中国驻韩国大使馆与承办城市相关机构共同主办，每年在韩中两国轮流举办。论坛致力于为全球青年提供就“一带一路”国际合作以及国际社会的热点话题进行自由讨论、深入对话的平台。目前论坛已举办八届，累计有120多个国家的青年参与。

2016年，招商局港口集团充分发挥其海外布局的核心优势，推出“共筑蓝色梦想—21世纪海上丝绸之路优才计划”。该计划作为面向各国港航

① “全球发展共同体”国际青年智汇行动以“全球发展的青春智慧与力量”为主题，面向丝路青年征集推动全球发展方面的创新提案，并邀请资深人士对提案作品给予专门指导，评选出的十佳提案。

② 国际青年中国行围绕开放创新、生态保护、脱贫攻坚、文明交流等不同主题，邀请在华的各国青年开展参访和交流活动，2021年，该活动在贵州、广东、四川、江西、陕西、河北、上海、浙江8省直辖市开展。

③ 国际青年英才对话论坛为“国际青年领袖对话”项目的年度活动，于每年7—8月举行，邀请国内外杰出青年代表和国际知名专家学者、意见领袖汇聚一堂，围绕“青年智慧：科技创新与卫生健康”“青年力量：气候变化与生态治理”“青年方案：全球化与多边合作”等开展对话交流，并集中展示智汇行动十佳提案和国际青年中国行精彩纪录。

④ “一带一路”青年创意与遗产论坛由联合国教科文组织驻华代表处、中国联合国教科文组织全国委员会以及中国地方政府共同举办，旨在为丝路青年提供参与创意产业、遗产保护等领域的发展平台。2017年至今已举办三届论坛和1场特别对话会。

⑤ 联合国教科文组织在2018年首次发起“丝绸之路青年之眼摄影大赛”，至今举办四届，获奖作品陆续在中国、阿曼、土库曼斯坦、阿富汗、俄罗斯、阿塞拜疆、土耳其、法国等沿线国家的教科文总部展出。

⑥ 联合国教科文组织于2021年发起了“丝绸之路青年研究基金”倡议，旨在动员青年学者对丝绸之路共同遗产进行研究，每年向35岁以下的青年学者提供12笔1万美元的研究基金。

业青年才俊构建的人文交流平台，采用室内授课、室外调研相结合的模式，多形式、多维度开展系列主题活动和学习交流，已成功举办9期，共有来自46个国家的266名学员参加。

案例1.8

复旦大学：青年文化交流成为澜湄合作靓丽名片

澜湄流域是“一带一路”的交汇之地，亦是亚洲乃至全世界最具有发展潜力的地区之一。2016年3月，中国、柬埔寨、老挝、缅甸、泰国和越南六国领导人在海南三亚共同出席澜湄合作首次领导人会议，澜湄合作进程全面启动，并将青年文化交流合作作为优先推动领域。

2015年以来，复旦大学积极投身于与澜湄六国高校的智力合作，先后举办玉树澜湄源头寻访活动、国际青年夏令营、澜湄青创赛等活动，构建六国高校合作网络，建设澜湄青年交流基地，持续推动澜湄青年合作机制化。

2019年7月，澜湄青年交流合作中心成立，秘书处设在复旦大学，致力于打造区域内人文交流、青年发展、高等教育合作的国际平台，取得了良好成效。例如，澜湄六国大学生共同参与跨国河流治理与环保合作，老挝留学生将广西百色的农业发展经验带回本国进行推广，六国大学生就咖啡加工现代化展开讨论等。2020年，澜湄青年交流合作中心邀请各国高校联合设计实施《澜湄青年创新发展三年行动（2020—2022）》，主要包括创新创业教育行动、国际社会实践行动、创新人才培养行动和智慧成果共享行动四方面内容。

2021年3月在复旦大学召开的首届澜沧江—湄公河青年交流校地合作论坛上，澜湄青年在线平台正式上线。六国高校师生可在手机和电脑终端上通过该平台展开沟通交流、在线学习、课程培训、举办赛事等事宜。

表 1.2 十年来以“一带一路”青年为主题的部分较有影响力的品牌文化交流活动和项目

序号	活动 / 项目名称	主要主办单位	时间
1	青年汉学家研修计划	中国文化和旅游部、中国社会科学院	2014 年至今
2	“一带一路”大学生暑期社会实践专项行动	中国共青团中央学校部、教育部新闻办、新浪微博	2015 年至今
3	亚非青年联欢节	中国共青团中央、全国青联	2016 年至今
4	“未来之桥”中国—中亚青年领导人研修交流营	全国青联	2022 年
5	上海合作组织青年科技创新论坛	上海合作组织睦邻友好合作委员会、全国青联、广东省人民政府	2022 年
6	中非青年领导人论坛	中国共产党与非洲国家政党	2015 年至今
7	中非青年志愿服务论坛	全国青联等	2022 年
8	2016 年二十国集团青年会议	全国青联	2016 年
9	亚欧青年领导人交流营	全国青联、世界青年发展论坛组委会	2022 年
10	“一带一路”青年故事会	全国青联	2017 年至今
11	金砖国家青年峰会暨 2022 年北京友好城市国际青年交流营	全国青联	2022 年
12	上合组织青年交流营	全国青联	2016 年至今
13	“一带一路”青年创客国际论坛	全国青联	2019 年
14	中国—中东欧青年创客国际论坛	全国青联	2022 年
15	中拉青年发展论坛	全国青联	2015 年至今
16	世界青年发展论坛	全国青联	2022 年
17	“一带一路”青少年创客营与教师研讨活动	中国科协、科技部	2017 年至今
18	“一带一路”科技人文交流青年论坛	中国科技部	2019 年
19	中非青年大联欢	中国外交部	2017 年至今
20	中国—阿拉伯国家青年政治家论坛	中共中央对外联络部	2021 年至今
21	“悟空杯”中日韩青少年漫画大赛	中国外文局	2020 年至今

续表

序号	活动/项目名称	主要主办单位	时间
22	中国以色列执政党青年政治精英创新发展论坛	中共中央对外联络部	2022年
23	首届“一带一路”青年发展高峰论坛	中国外交部驻香港特派员公署、香港“一带一路”总商会	2022年
24	中国葡语国家青年交流计划	中国外交部驻澳门特派员公署、澳门特区政府	2022年
25	“一带一路”青年创意与遗产论坛	联合国教科文组织驻华代表处、中国联合国教科文组织全国委员会	2017年至今
26	“一带一路”青年领袖论坛	中国国际贸易促进委员会、广西壮族自治区人民政府	2018年
27	“一带一路”媒体智库暨青年对话会	中国外文局、南京和平论坛组委会	2021年
28	中俄蒙青年创业大会	中国商务部投资促进事务局、内蒙古自治区人民政府、蒙古国东方省政府、俄罗斯后贝加尔边疆区政府、俄罗斯布里亚特共和国政府	2019年
29	国际青年交流大会	山东省人民政府、中国人民对外友好协会、全国青联、中国宋庆龄基金会	2022年
30	世界青年科学家峰会	中国科协、浙江省人民政府	2021年至今
31	中国—东盟青年企业家论坛	中国国际贸易促进委员会、广西壮族自治区人民政府	2020年
32	“一带一路：愿景与行动”圆桌论坛和青年论坛	中国驻土耳其大使馆	2015年
33	中塞青年论坛	中国驻塞浦路斯使馆、塞浦路斯驻华使馆	2021年至今
34	丝路青年论坛	丝路国际智库交流中心、丝路百科杂志社	2017年至今
35	“一带一路”国际青年论坛	韩国“一带一路”研究院、韩中文化友好协会、中国驻韩国大使馆等	2019年至今

续表

序号	活动 / 项目名称	主要主办单位	时间
36	“一带一路”青年体育交流周（江苏）	江苏省体育局、江苏省教育厅、江苏省政府外事办	2020 年至今
37	中国青年梦想季	共青团海南省委、丝路规划研究中心、中国青年报、中共海南省委自贸港工委办、海南省旅游和文化广电体育厅	2021 年至今
38	2021“一带一路”沿线城市青年发展国际会议	共青团江苏省委、江苏省政府外事办、江苏省青联	2021 年
39	青年论坛 2015“一带一路”给青年的启示：抓住机遇，发挥优势	澳门教育暨青年局	2015 年
40	“一带一路”沿线国家主流媒体及青年四川行	四川省政府新闻办	2019 年
41	“一带一路”青年绿色使者对话	“一带一路”绿色发展国际联盟	2021 年
42	中国—东盟青年企业家“一带一路”主题经贸合作活动	中国青年企业家协会	2018 年至今
43	中希青年画家艺术交流展	雅典中国文化中心、中希投资者联合会、希腊文化基金会	2022 年
44	澜湄青年文化交流活动	中国、缅甸、老挝、泰国、柬埔寨、越南有关部门和机构	2016 年至今
45	10+3 青年科学家论坛	中国科技部、广西壮族自治区人民政府	2019 年至今
46	国际青年领袖对话	全球化智库、当代中国与世界研究院	2020 年至今
47	中国同上合组织及欧亚地区国家青年精英交流对话会	上海合作组织睦邻友好合作委员会、中国日报社	2022 年
48	21 世纪海上丝绸之路青年创新大会	福建省青联、福建省国际文化经济交流中心、泉州市青年联合会、澳门菁英会	2016 年
49	“未来领袖·青春使者”国际青年夏令营	共青团北京市委、北京市政府外办	2014 年至今
50	“一带一路”高校战略联盟七校青年论坛	复旦大学、兰州大学、陕西师范大学、新疆大学、西北师范大学、西北民族大学、河西学院	2016 年

续表

序号	活动/项目名称	主要主办单位	时间
51	中印尼青年高端论坛	北京外国语大学	2019年
52	东北亚青年可持续发展研习营	中国宋庆龄基金会、韩国SK集团	2022年

备注：

(1) 有关文化交流活动和项目系本书编委会综合主承办单位情况、丝路青年参与程度、社会影响力、媒体报道等因素整理和筛选。

(2) “一带一路”青年品牌文化交流活动和项目呈现主题多元、形式多样、实效充分等异彩纷呈特点，涵盖政治、人文、经济、教育、科技、创业、民生、可持续发展等多领域主题，论坛、对话、展览、大赛、培训、采访、演出、视频等线上线下多形式。

(3) 2018年8月，习近平主席在推进“一带一路”建设工作5周年座谈会上提出：“过去几年共建‘一带一路’完成了总体布局，绘就了一幅‘大写意’，今后要聚焦重点、精雕细琢，共同绘制好精谨细腻的‘工笔画’。”与习近平主席重要讲话相对应，2018年及以后创设的“一带一路”青年文化交流转向加速推进、强化实效、打造品牌的新阶段，本表列出的品牌文化交流活动和项目在此期间举办的有33项，占样本库的66%。

(4) 本表所列出的“一带一路”青年品牌文化交流活动和项目中，既有国家领导人倡议以及政党、政府、国际组织联合开展的机制化交流活动，形成了常年常态举办的持续影响力，也有国际展会的配套青年活动、有关机构结合自身职能举办的青年活动，通过邀请丝路青年到中国和沿线国家参访，建立双边、多边青年交流合作机制，增进彼此友谊，促进共同成长。

案例1.9

丝路青年论坛：致力于做好丝路青年民心相通的桥梁和纽带

丝路青年论坛是专注服务于“一带一路”建设的青年国际交流平台，自2017年9月在北京成功举办以来，以“团结、友谊、进步”为宗旨，每年举办年会及主题论坛、圆桌对话会，开展国际交流合作，组织相关课题研讨等活动，向丝路青年传播“丝路精神”，激发丝路青年参与“一带一路”建设的热情、干劲和创造力，组织和号召丝路青年为构建人类命运共同体贡献青春力量。

截至目前，全国人大常委会副委员长、全国政协副主席，以及尼泊尔副总理、尼泊尔驻华大使、多米尼克驻华大使、塞拉利昂驻华大使、白俄罗斯驻华公使、科摩罗驻华大使等约100位领导作为嘉宾出席了丝路青年论坛相关活动和项目。

1. 举办丝路青年论坛系列活动

（1）年度丝路青年论坛。每年举办年度丝路青年论坛，“一带一路”沿线国家政产学研投媒等机构负责人及国际青年组织负责人、丝路青年代表等参加，解读政策，分享成果，交流信息，商讨合作，提出建议，发展友谊。例如，“2017丝路青年论坛”系列活动在全国政协礼堂、中国政协文史馆隆重举行，40多个沿线国家的有关部门负责人和青年代表1600多人次出席；“2018丝路青年论坛”系列活动在中国政协文史馆隆重举行，30多个沿线国家的有关部门负责人和青年代表1800多人次出席；“2019丝路青年论坛”在尼泊尔加德满都举办；“2020丝路青年论坛”在北京隆重举行，30多个沿线国家青年代表出席，解读“十四五”发展规划和远景目标、高质量推进“一带一路”建设、促进国内和国际双循环经济发展；“2021丝路青年论坛”发布“青春丝路行动”，包括“青春丝路书香工程”“青春丝路爱心工程”“青春丝路创发工程”。在未来的三年里，丝路青年论坛计划品读、推荐、出版100本好书，开展100对丝路青年手拉手爱心助学活动，在沿线国家开展100个创新创业项目孵化落地。

（2）丝路青年主题论坛。坚持目标导向，问题导向，根据形势和有关方面具体要求，适时、适地举办主题论坛，进行专题研讨、协商“一带一路”合作和实施方案。几年来，已先后组织举办丝路金融论坛、丝路健康论坛、民营企业传承发展论坛、长江中上游经济带发展论坛、丝路青年粤港澳大湾区高质量发展论坛、“一带一路”助力川商高质量发展论坛等多场主题论坛。

（3）丝路青年座谈会、对话会。已举办的活动有：丝路大讲堂和丝路图书馆（书屋）筹备暨丝路青年论坛年度总结会、推动京津冀协同发展·有效疏解非首都功能座谈会、“一带一路”城市体育发展专题座谈会、“一带一路”倡议五周年座谈会、丝路青年学习习近平主席在全国政协十三届二次会议文化艺术界和社会科学界委员联组会上的讲话座谈会、丝路青年学习习近平主席在第二届“一带一路”国际合作高峰论坛上的重要讲话精神座谈会等。

(4) 动员更多丝路青年参与共建“一带一路”。为了联合和动员更多的丝路青年参与共建“一带一路”，传播“丝路精神”和人类命运共同体理念，丝路青年论坛先后启动丝路青年创业数据库、丝路国际智库交流中心、丝路青年爱国爱港联盟、“一带一路”青年命运共同体青春丝路行动、《丝路百科》辞典和丛书工程、《丝路百科》知识竞赛、丝路国际品牌计划、共建丝路青年林等项目。

2. 开展丝路文化传播

(1) 举办丝路大讲堂。丝路青年论坛在有关大学和中国政协文史馆举办“丝路大讲堂”，面向丝路青年企业家、在校大学生和各国赴华留学生分享“中国故事”和“丝路故事”。截至目前，丝路青年论坛已组织文化安全和民营企业走出去等专题讲堂，邀请中国有关部门领导、专家学者主讲共建“一带一路”政策规划，讲授丝绸之路历史文化和对人类文明交融的贡献、“一带一路”的前景与青年的发展机遇。

(2) 出版书刊。丝路青年论坛参与创办《丝路百科》杂志（国内外公开发行的中英文月刊），刊载沿线国家的政治、经济、文化、历史、地理、科技等方面的百科知识、研究论文和智库报告，为国内外读者全面了解、认识“一带一路”建设提供知识图谱和工具指南。

丝路青年论坛组织编写出版《我们的“一带一路”》丛书，由中国驻外大使和外国驻华大使从不同视角撰写相关专题文章，为沿线国家民众特别是丝路青年了解丝路、体会丝路提供鲜活案例和经验参考。

丝路青年论坛组织编写出版《“一带一路”青年发展报告》，为沿线国家有关政府部门、企事业单位、非营利组织、青年组织、新闻媒体等更好推进“一带一路”青年交流合作和推动共建“一带一路”高质量发展提供智库成果和决策建议。

(3) 创办丝路商旅文系列展览。丝路青年论坛定期举办“丝路商旅文系列展览”，通过书法、绘画、摄影、陶瓷、非遗等展示“一带一路”的历史文化、社会发展、风土人情、史迹佳话。例如，“丝路荟影”国际摄影展自 2017 年 5 月首展以来，已举办 30 多场相关展览，参观人数超过 7 万人次，中国有 20 多位国家领导人，60 多位各部委领导同志参观、指导，30 多个沿线国家驻华大使及驻华机构官员、40 多个沿线国家赴华留学生、华人华侨及各界人士纷纷前来参观。

（4）开展文化艺术学术交流。丝路青年论坛已举办“东方之风——中国艺术展开幕暨中国昆舞本科教材发布会”、丝路青年读丝路朗诵大会、丝路青年国际音乐会等书画、影视、音乐、戏剧、舞蹈、文学主题的文化艺术学术交流活动，推动中华优秀文化走出国门，走向丝路青年。

（5）开展文化遗产传承推广。作为国家机关书画创作基地，丝路青年论坛定期举办写生笔会、交流联谊活动，面向丝路青年展示、传授中华传统艺术。目前，已开展“丝路妙笔——‘一带一路’青少年中国书画传习行动”“‘一带一路’青年建设者中国书画传习行动”“丝路工匠——传统书画与非遗再设计作品展”等活动。

丝路青年论坛与国家京剧院合作，创作中国首部系统表达丝绸之路历史故事的大型京剧——《丝路长歌》，以现代京剧的艺术形式展现古代中国先贤不畏艰险，在海、陆两条道路上传播文明和友谊、推动相互友好交往的故事，2018 年 9 月 6 日，在由中华人民共和国文化和旅游部、山西省人民政府主办的“第五届丝绸之路国际艺术”上隆重开幕并获得组委会授予的“丝路文化贡献奖”，被推荐在“一带一路”文化活动中演出，受到社会各界和丝路青年的热烈好评。

3. 开展青年民间外交等相关活动

（1）开展“一带一路”青年民间外交活动。丝路青年论坛通过组织出访、邀请来访等方式，与“一带一路”沿线国家青年团体及相关部门进行友好交流，建立合作关系。例如，丝路青年论坛副主席兼秘书长杨东平组织有关人员，曾拜访中国驻希腊大使章启月、缅甸驻华大使苗丹佩、塞拉利昂驻华大使恩多马希纳等外交官，出访马来西亚、尼泊尔、斯里兰卡等沿线国家；马来西亚青年和体育部副部长沈志强、多米尼加驻华大使布里乌尼·加拉维托·塞古拉、巴基斯坦国家青年大会代表团主席哈南阿里·阿巴西、尼泊尔驻华大使利拉·马尼·鲍德尔等沿线国家驻华使馆负责人、青年团体负责人到访丝路青年论坛秘书处。

2017年，丝路青年论坛组织中斯建交60周年丝路青年论坛暨“一带一路”斯里兰卡皇家婚礼盛典，观看盛典直播的丝路青年超过60万人，41家国际媒体详细报道，影响广泛而深远。此项活动写入斯里兰卡政府工作报告。

2018年10月23日，巴基斯坦国家青年大会代表团到访丝路青年论坛秘书处，参观了中国人民政协光辉历程展，并与丝路青年论坛负责人进行了座谈交流，双方签署“共同主办‘丝路青年论坛’框架协议”，倡议建立“中巴丝路青年走廊”。

2021年7月27—29日，丝路青年论坛与塞拉利昂驻华大使馆联合举办庆祝两国建交系列活动。塞拉利昂驻华大使、南苏丹驻华大使、南非驻华大使等非洲多个国家驻华使节、中非青年代表、相关专家出席，举办了青年座谈会、中塞青年节、庆祝中塞两国建交50周年招待会，推动中塞及中非青年的相互了解。塞拉利昂驻华大使恩多马希纳授予杨东平“塞中友好大使”勋章。

（2）组织丝路青年共同抗击新冠疫情。新冠疫情发生后，丝路青年论坛秘书处组织捐赠抗疫物资，宣传抗疫保护科学知识，编辑出版中、英、西、阿四种文字的《呼吸道传染病预防手册》。同时，丝路青年论坛多次举办抗疫主题的线上对话会和报告会，越南、尼泊尔、柬埔寨、古巴、老挝、马来西亚、巴基斯坦、俄罗斯、哈萨克斯坦等20多个沿线国家青年参加。例如，2020年3月27日，丝路青年论坛、中央财经大学国际经济与贸易学院共同举办“新冠肺炎疫情下的全球经济与‘一带一路’建设”主题讲座，近百名丝路青年通过远程视频的方式参与；2020年5月20日，丝路青年论坛组织“丝路青年联合抗疫倡议”发布仪式，55个沿线国家的166名青年通过网络视频平台，共同探讨抗击新冠疫情对策。

4. 建设民间智库

丝路青年论坛建立丝路国际智库，组建专家团队，先后开展“一带一路”青年发展、中华传统文化走出去、丝路青年人文交流与民心相通、京津冀一体化诚信体系建设、长江中上游经济带发展、四川“一带一路”中心区战略、粤港澳大湾区建设、雄安新区生态修复等项目研究工作。

（六）文艺成为“一带一路”青年文化交流的重要内容

文艺作为国家形象的闪亮名片，正以“一带一路”文化交流广受欢迎、最接地气的传播形式，发挥沟通古今、融合中外的特殊作用，向世界展示中国“和而不同”“天人合一”“己所不欲，勿施于人”等文化价值观。习近平主席多次强调新时代文艺发展的重要任务是“提升文艺原创力，推动文艺创新”。十年来，中国与“一带一路”沿线国家文艺团体、文化企业、文艺工作者开展了一系列交流合作，通过将东西方文艺巧妙融合和创新创作，实现东方故事的西方表达和西方艺术的东方呈现，为沿线国家民众奉献了一场场视觉大餐和文化盛宴。其中，丝路青年既是“一带一路”文艺交流合作的核心创作者，也是相关文艺作品的主要受众。

1. 戏曲青年朝气蓬勃唱响“一带一路”青春之歌

戏曲是中国的国粹。1930 年，京剧大师梅兰芳一行踏上美利坚合众国的土地，让不知中国戏曲为何物的美国戏剧界、艺术界、电影界人士以及诸多民众领略了中国戏曲的艺术魅力。新中国成立以来，各大戏曲剧种的名家、名剧、名团纷纷走出国门，到世界各地进行友好访问演出，播撒中国戏曲和中国文化的种子，为促进中外友谊起到了重要的桥梁作用。

进入新时代，中国戏曲走出去从过去单纯的公益交流性质转变为公益性、经营性并存，演出剧目由中国传统剧目转变为用中国戏曲的艺术表现形式搬演西方经典剧作等多种中外剧目并存。同时，青年戏曲工作者在各类舞台上崭露头角、挑起大梁，青年演员担任主演的大戏越来越多，京剧青年团、豫剧青年团、楚剧青年团、越剧青年团等青年戏曲力量日渐壮大。

从剧院排练场到剧场大舞台，从戏曲晚会到综艺节目，从网络直播间到短视频平台，越来越多的戏曲青年用精彩的演出和多样的表达赢得尊重和喜爱，越来越多的丝路青年成为中国戏曲的忠实观众和粉丝，更有不少丝路青年亲身体验、学习、表演中国戏曲。

例如，每年的中国中央电视台元宵戏曲晚会不仅有名家荟萃，更有青春力量，为电视机前的中外戏迷观众奉献了一场接一场的精彩表演。一大批戏曲类品牌节目《CCTV 空中剧院》《梨园春》《走进大戏台》《一鸣惊人》《戏曲青年说》等不断推陈出新，其中不少节目直接由青年戏曲工作者担当主角。青年戏曲工作者排演了京剧、豫剧、越剧、花鼓戏、粤剧等多个中国剧种的精彩剧目，既有《锁麟囊》《七品芝麻官》《五女拜寿》《赤桑镇》等经典大戏，也有《敦煌女儿》《夫妻哨》《戈壁母亲》《谷家大事》等具有鲜明时代特征的现代戏，均深受丝路青年喜爱和追捧。

在孔子学院总部的支持下，美国纽约州立宾汉顿大学和中国戏曲学院共同建立戏曲孔子学院，除了教授中国语言和文化，还致力于推广中国戏曲和音乐，开设京剧和中国音乐课程，组织论坛、讲习班和各种文化体验活动。十多年来，纽约州立宾汉顿大学戏曲孔院共在全美 28 个州及古巴、英国、德国等国家的几十所高校完成 100 多场演出，累计有数万余名丝路青年欣赏。

昆曲是中国现存最古老的剧种之一，有“中国戏曲之母”的雅称，是联合国教科文组织第一批认证的“人类口头和非物质文化遗产代表作”，也是“一带一路”沿线国家民众接触中国传统文化的一个窗口。2017 年 11 月，由青年昆曲戏曲工作者、青年文化产业创业者发起的“一带一路”昆剧院成立，并举办世界非物质文化遗产昆曲论坛。根据汤显祖笔下的经典剧目《牡丹亭》改编的《牡丹亭 · 游园惊梦》是其首部作品，由青年演员担纲，整部戏采用青春化风格，把老戏演出了时代特色。

《京剧练习生》是中国国家京剧院与中国环球电视网联合打造的京剧真人秀节目，全程记录了黎巴嫩籍青年主持人李龙从零开始学习京剧的全过程。节目在海外平台上线后，累计播放量达 212.4 万次，丝路青年观众纷纷留言点赞。

2. 中国书法在丝路青年中广泛传播

中国书法与中国文化的产生、发展、传播相生相伴，是传播中华优秀传统文化不可缺少的载体。历史上，中华传统文化通过古丝绸之路传播到其他国家，留下不少书写文书和书法装饰的器皿，中国书法也随之广布全球。目前，俄罗斯、法国、意大利、日本、韩国等大多数“一带一路”沿线国家高校、培训机构，中国不少高校、培训机构，全球孔子学院和孔子课堂面向沿线国家留学生、在华丝路青年开设了形式多样、生动多彩的书法课程，越来越多丝路青年了解了中国书法和中国汉字，提升了经典书法作品的欣赏水平，加深了对中华传统文化的热爱和向往。

值得关注的是，丝路青年论坛等青年社会组织也开设了相关中国书画传承活动。比如，2019 年 5 月，丝路青年论坛、丝路百科杂志社、北京语言大学中国书法国际传播研究院、中国轻工业展览中心共同主办的“祖国万岁 · 我们的 70 年——全国书画篆刻艺术家作品展暨‘一带一路’青年中国书画传习行动”上，艺术家与丝路青年留学生现场互动，传授中国书法、绘画技巧，交流学习、创作体会。

3.“一带一路”影视合作闪耀青年风采

十年来，中国与“一带一路”沿线国家相关机构联合发起设立丝绸之路电影节、“一带一路”电影周、中国—东盟电视周、“一带一路”青年电影盛典①等电影节、电视周活动，成立“一带一路”电影节联盟、“一带一路”电影院线联盟、“一带一路”城市电视联盟等协作组织，为青年影视主创人员及其作品走出去搭建了广阔舞台。例如，中国青年演员吴京、刘亦菲等主演的《流浪地球》《战狼》《花木兰》《新警察故事》《少年的你》《奇迹笨小孩》《长津湖》等优秀电影在沿线国家取得了不俗票房，《流浪地球》单周票房名次曾斩获北美第 13 位、澳大利亚第 7 位；中国青年演员胡歌、孙俪等主演的《琅琊榜》《甄嬛传》《媳妇的美好时代》《杜拉拉升职记》《北京爱情故事》等中国优秀电视剧在亚太、非洲、北美等地热播；青年演员担纲的《中国好声音》《欢乐喜剧人》《我要上春晚》等中国原创综艺节目，成为沿线国家民众特别是丝路青年观赏的新焦点；《中国诗词大会》《舌尖上的中国》等电视节目促进中华文化在丝路青年中广为传播。

另外，中国与几十个沿线国家的相关机构签订影视合拍协议，中外影视合作亦成为丝路青年文化交流的新渠道。例如，中印合拍的《大唐玄奘》

① “一带一路”青年电影盛典脱胎于“一带一路”国际大学生电影展，由丝绸之路国际电影节（福州）组委会和中国传媒大学联合主办，每年征集、评选来自海内外的优秀青年导演创作的短片和短视频。从历届征集作品看，内容丰富，形式多样，蕴含多元的地域文化特色与民族美学，充分展现了丝路青年文化风貌。

《功夫瑜伽》《大闹天竺》等电影，中越合拍的电影《越来越囧》，中捷合作制作的动画片《熊猫和小鼹鼠》等作品均由青年主创操刀，在国内外取得票房佳绩。正如中国电影《妖猫传》的译者、墨西哥学院亚非研究中心博士生拉迪纳介绍其合作体会：“我一直在研究唐朝时期和杨贵妃有关的历史。虽然电影的情节是虚构的，但其中的人物和各种元素却与中国历史有着深刻的联系，这在好莱坞电影里是看不到的。”

4. 文艺演出促进中国与“一带一路”沿线国家青年民族文化和民俗风情的交流融合

十年来，中国与沿线国家有关机构合作开展了大量文艺演出，丝路青年艺术家打破语言的界限，通过音乐、歌舞、曲艺等表演形式，呈现了沿线各国的风情魅力、人民世世代代的友好交往历史、“一带一路”建设的巨大成就。

例如，“欢乐春节”项目是中国文化和旅游部在全球范围内打造的文化交流重点品牌，一大批丝路青年艺术家在100多个国家和地区的数百个城市陆续开展专场演出、春节庙会、广场庆典、非遗互动、校园联欢、文贸推介、美食品鉴等20多个类别活动。美国纽约“艺术中国汇”，加拿大渥太华“冰上龙舟节”，芬兰赫尔辛基、阿根廷布宜诺斯艾利斯、埃及开罗、新西兰奥克兰庙会，英国特拉法加广场巡游等多个品牌活动已连续多年举办，深受当地民众喜爱。

“炫彩世界”——“一带一路”沿线国家特色文化展示活动是中国国际服务贸易交易会的重要项目，已连续举办七届，主要开展特色文艺演出、展览展示、探展打卡、产品推介、电商直播等线上线下互动交流活动。巴基斯坦、特立尼达和多巴哥、泰国、古巴等参展国家青年艺术家为观众奉献了别具一格的本民族歌舞表演，中国杂技团、中国评剧院、中国木偶艺术剧院、北京歌剧舞剧院、北京民族乐团、北京市河北梆子剧团等文艺院团的中国青年表演艺术家也带来融合经典作品和流行元素的专业演出。

澳门特区政府教育暨青年局等机构陆续举办了国际青年音乐汇演、“一带一路”国际青年舞蹈节、“一带一路·乐韵传城”国际青年音乐节等文艺演出活动，中央音乐学院民族室内乐团、吉林师范大学琴鸣凤舞伽倻琴乐团、上海音乐学院唐俊乔竹笛乐团、内蒙古艺术学院马头琴乐团、香港青年中乐团、亚太青年合唱团、澳门学界合唱队、澳门演艺学院乐团等中国优秀青年乐团，以及来自俄罗斯、希腊、匈牙利、意大利、尼泊尔、波兰、葡萄牙、乌克兰、塔吉克斯坦、新加坡等沿线国家的音乐团体，齐聚澳门，开展户外和室内演出、音乐工作坊等活动，让观众亲身感受来自沿线国家不同民族的音乐风情。

“一带一路”乐队是南昌航空大学外国留学生自发创立的音乐团体，历任的乐队成员有来自印度、孟加拉国、南非、坦桑尼亚、赞比亚、津巴布韦等沿线国家留学生。除了在中国高校演出，乐队还将作品上传到优兔网（YouTube）、脸谱网（Facebook）等社交媒体，已形成一定的品牌知名度。据乐队成员、坦桑尼亚留学生丹尼尔介绍：“乐队的成员大多来自‘一带一路’沿线国家，这也是乐队名字的由来。我们在创作时会将自己国家的风格与中国文化相结合，通过歌曲的形式将对中国的喜爱唱给世界听。”

5. 中国文学面向丝路青年读者进一步普及

文学是世界性语言，文学所表现的对真善美的追求、对英雄主义精神的赞颂、对社会发展的担当，具有跨文化传播的艺术魅力和精神力量。当代中国蓬勃发展，丝路青年在阅读中国的同时，开始主动阅读中国文学。进入新时代，中国文学名家创作推陈出新，青年创作令人眼前一亮，他们的笔下，铺展着波澜壮阔的时代画卷，表达着中国人对美好生活的不懈追求。中国有关部门和出版机构实施经典中国国际出版工程、丝路书香出版工程、中国当代作品翻译工程、现代中国文学文库工程、中外作家同题互译、北京国际图书博览会等重点项目，一批青年汉学家译介中国当代文学作品，向丝路青年展现中国人的生活变迁和心灵世界，中国文学正改变输出品种数量少、版权价格低、输出地域有限的局面。

值得关注的是，青年作家为主创群体的网络小说、科幻小说、谍战小说、武侠小说等中国当代文学在沿线国家传播日趋活跃，对丝路青年的辐射面越来越广、影响力越来越大。例如，科幻小说已成为中国文学海外传播的新名片，超过 30 位中国青年科幻作家的作品被译介到海外，世界顶级学术期刊《自然》在其专刊“未来”首次刊发中国籍青年科幻作家的作品，中国青年科幻作家的作品陆续获得世界科幻雨果奖等权威大奖。

案例 1.10

海外青年汉学家：把更多中国文学介绍给世界

青年汉学家研修计划自2014年开始，由中国文化和旅游部和中国社会科学院主办，旨在搭建海外青年“中国学”研究人员和智库学者交流与研究的平台，为各国汉学领域的青年人才创造与中国本土优秀学术、文化、教育、旅游机构以及社会团体、企业和学者开展交流合作的机会。至今，累计有来自法国、比利时、保加利亚、白俄罗斯、乌克兰、哈萨克斯坦、乌兹别克斯坦、印度、印尼、韩国、加纳、智利、墨西哥、秘鲁、俄罗斯、埃及、印度、以色列、尼日利亚等几十个“一带一路”沿线国家的数百位青年汉学家应邀参加。主办方采取一对一导师指导、高端学术讲座和实地考察相结合的研修模式，让各位青年汉学家零距离观察中国，感悟改革开放以来中国的变化，体验“一带一路”倡议下中国参与全球治理的创新行动，认识中华文化孕育的独特社会历史风情。

十年来，一批青年汉学家翻译了大量中国文学作品，将译著传播给丝路青年读者。以下列出其中5位典型代表的事迹：

俄罗斯青年汉学家、圣彼得堡国立大学孔子学院俄方院长马义德是当代俄罗斯汉学彼得堡学派代表人物，长期从事中国文学史与中国戏曲研究，对被誉为“中国南戏之祖”的《琵琶记》的翻译与研究贯穿着他的整个本硕博求学生涯，译著《琵琶记》由圣彼得堡大学出版社出版，在俄罗斯学界引起热烈反响，填补了俄罗斯汉学界在中国南戏研究方面的空白。

英国青年汉学家米欧敏是韩国首尔国立大学汉语教授，是茅盾文学奖得主麦家作品《解密》《暗算》和《风声》的英译者，也是中国先秦典籍《晏子春秋》全本的首位英译者，获得中华人民共和国国家新闻出版署举办的2018年第十二届中华图书青年成就奖。米欧敏慧眼识得麦家的小说《解密》，其英译本风靡全球，一举造就了国际出版界的“麦家神话”。

保加利亚青年汉学家韩裴从中学开始看有关中国文化、历史的书，是该国第一批学汉学的大学生，翻译过的中国古典文学有《红楼梦》第一册、《三十六计》《围炉夜话》，当代文学有莫言的《生死疲劳》，郑振铎、叶圣陶的作品，还有徐志摩诗选、纪弦诗选、顾城诗选等。

土耳其青年汉学家吉来自小受到中国童话“神笔马良”的影响，产生了对中国传统文化的浓厚兴趣。在土耳其安卡拉大学翻译系任教期间，吉来翻译了《中国人眼中的奥斯曼帝国：康有为突厥游记》《共和国的客人》等中国人对土耳其看法的作品，并完成了《孙子兵法》的翻译工作，后者从2014年出版起已在土耳其再版14次。此外他还翻译了《论语》《庄子》《红楼梦》等中华传统文化经典作品，在土耳其也取得较大影响。

埃及青年汉学家雅拉·密斯里先后在埃及艾因夏姆斯大学和山东师范大学学习中文，译介中国当代文学成为孜孜以求的事业。雅拉认为中国当代文学能使阿拉伯读者近距离地感受当下中国的脉动，因而翻译出版了10多部20世纪80年代至今的中国文学作品，涉及散文、诗歌、小说等不同体裁，并获得2019年第十三届“中华图书特殊贡献奖”青年成就奖。

（七）互联网成为“一带一路”青年文化交流的重要载体

1. 中国网络文学受到丝路青年热捧和钟爱

随着互联网的普及，数字阅读成为全民阅读精品内容消费的重要组成部分，尤其是中国网络文学十分吸引人，脑洞大开的情节富含想象力，打破了西方严肃文学的局限，其旺盛的生命力和创作力催生好作品源源不断，满足了丝路青年丰富多元的精神文化需求。

十年来，中国网络文学火遍“一带一路”沿线国家，“网文出海”成为丝路青年文化交流的新热点。据中国作协网络文学中心发布的《2021中国网络文学蓝皮书》显示，2021年中国网络文学海外市场规模突破30亿元，海外用户达1.45亿人，覆盖“一带一路”沿线大部分国家；海外读者构成多元，学历层次较高，女性青年居多；海外本土化传播体系初步建立，共向海外输出中国网络文学作品1万余部；中国45家主要网络文学网站新增注册作者150多万人，新增签约作者13万人，作者群体大多为“Z世代”①；网络文学衍生的文创产品也深受丝路青年喜爱，网络文学IP改编的影视剧目超过100部，在总播映指数前十的剧目中，网络文学IP占到六成；网络文学改编的动漫成为国漫主力，2021年改编30多部，占全年新上线动漫的50%左右。

新冠疫情发生以来，海外网络文学作家数量增长超3倍，其中“00后”占比接近六成，东南亚和北美成为“盛产”网络文学作家的重要地区。以阅文集团为例，截至2021年底，阅文旗下海外品牌“起点国际”上线约2100部中国网络文学的翻译作品，孵化海外原创作品约37万部，培育20多万名海外青年创作者。阅文集团负责人介绍，许多优质原创作者的月薪能超过1万美元，收入十分可观。在成为原创作者前，这些创作者大多都看过中译英的网文小说，也由此对中国元素产生了强烈的兴趣和好感，后面才开始自己尝试写作，他们在创作时会给小说加上许多中国元素，从而参与到传播中国文化的进程中。

2. 中国文化类网络短视频刷亮丝路青年朋友圈

随着内容优势和社交黏性的凸显，网络短视频迅速崛起，占据了全球移动互联网年轻用户大部分的碎片化时间。据中国互联网络信息中心第50次《中国互联网络发展状况统计报告》数据，截至2022年6月，中国短视频用户规模达9.62亿，占网民整体数量的91.5%。据Statista等公开数据，全球短视频用户近40亿人，脸谱网（Facebook）、优兔网（YouTube）、抖音国际版(TikTok）等社交平台的短视频活跃用户在10亿人以上。

① “Z世代”也称为“网生代”“互联网世代”“二次元世代”“数媒土著”，通常是指1998—2014年出生的一代人，他们一出生就与网络信息时代无缝对接，受数字技术、即时通信、智能终端产品等影响大。

网络短视频构建了视频生产者、上传者、接受者、传播者“四位一体”的中华文化“朋友圈”，海外用户可将中国文化类短视频分享给朋友，中国文化类短视频内容还可以通过大数据智能算法实现面向喜欢相同内容的用户推送，引发了一场意义空前的社会媒介化与产业视频化的深刻变革。

近年来，中国文化类短视频迎来创作播出热潮。以非物质文化遗产题材为例，中国有国家级非物质文化遗产 1557 项，绝大部分被制作成短视频，包括非遗传承人生活、非遗项目传承等多重视角。这些短视频经过丝路青年“朋友圈”的转发和传播，使中华文化在海外有效落地。

近几年，一批中国青年网络达人制作的中国文化类网络短视频走红“一带一路”沿线国家，塑造了可信、可亲、可敬的中国人形象，甚至带动了“中国元素”的时尚潮流。例如，作为一名中国美食短视频青年创作者，李子柒在优兔网平台上的订阅者超过 1600 万人，吉尼斯世界纪录官方微博曾表示，李子柒视频中所传递的中华文化正在走向更远的地方；五名来自上海戏剧学院京剧专业的“00 后”女青年走红网络，被网友称为“上戏 416 女团”，她们通过短视频普及经典唱段、戏腔、化妆等京剧知识，还用京剧戏腔翻唱古风歌曲，在丝路青年中掀起一股京剧热潮；贵州“90 后”女舞者杨柳将芭蕾和黔北民间绝技独竹漂结合起来的视频，在优兔网上获得几十万的播放量，很多丝路青年被这种让足尖艺术在竹子上绽放的东方美韵所震撼。

同时，也有一批在中国工作、学习、生活以及对中华文化感兴趣的青年“洋网红”活跃在抖音、快手、微博、B 站等平台。例如，“90 后”以色列青年高佑思等创办的“歪果仁研究协会”主打“老外看中国”系列短视频，用外国人视角去体验普通中国人的生活，拉近了与中国观众的距离，获得百万粉丝；日本青年山下智博致力于以“幽默的正能量”促进中日民间交流，他的短视频作品主要用幽默吐槽的方式来展现中日文化，且都以栏目化的形式呈现，让不少年轻观众喜闻乐见，开怀一笑。

中国有关机构也在积极利用短视频推动“一带一路”青年文化交流。例如，“中国‘一带一路’网抖音账号”发布内容包括“一带一路”视频百科、“一带一路”海外项目、“一带一路”百人谈、新闻播报、中外专家专访等原创视频，以及领导人重要讲话、“外交天团”风采、外国人看“一带一路”等精选内容，总播放量突破5亿次，粉丝突破200万人，播放量、粉丝数、运营水平在中国60余万个政务号中名列前茅；中国公共外交协会、国务院国资委新闻中心、环球网等机构主办的“一带一路”百国印记短视频大赛已连续举办四届，丝路青年创作者通过纪录片、音乐MV、创意视频、短视频、宣传片等，展现了“一带一路”建设成果、共建者的成长感悟、中资企业海外员工的工作点滴和社会责任、丝路青年眼中的“一带一路”；中国建筑集团联合中国国际电视台开展“建筑在说话”海外重点工程回访，视频展示中国企业与“一带一路”沿线国家政府、合作伙伴和当地民众互利共赢、同舟共济的故事案例，覆盖海外受众1.6亿人。

第二节　中国与“一带一路”沿线国家青年文化交流合作经验、挑战与对策建议

一、丝路青年文化交流合作的主要经验：以“三交”[①]促文化自信与价值认同，共建丝路青年命运共同体的文化基因

（一）丝路青年文化交流成为共建“一带一路”的重点任务

中共十八大以来，以习近平同志为核心的党中央高度重视青年在新时代党和国家对外工作中的积极作用。习近平总书记在庆祝中国共青团成立100周年大会上指出，青年是社会中最有生气、最有闯劲、最少保守思想的群体，蕴含着改造客观世界、推动社会进步的无穷力量。十年来，习近平主席在200多个外交场合深情勉励、亲切寄语各国青年，亲自倡议举办青年国际交流项目，身体力行推动中外青年加强交流交往。习近平主席的重要指示和亲切关怀为中国各级党委、政府、共青团、青联、社会各界做好丝路青年文化交流指明了前进方向，提供了根本遵循。

① “三交”：交流、交往、交融。

十年来，中国各级党委、政府，各级各类共青团、青联、社会机构通过搭建平台、开展活动、互访交流、项目合作等多种方式，积极构建跨国别、跨地域、跨领域的青年伙伴关系，凝聚丝路青年共识，助力丝路青年全面成长，不断扩大丝路青年"朋友圈"，动员更多丝路青年成为推动构建人类命运共同体的有生力量。

十年来，在多层次人文交流机制的大框架下，中国与沿线国家基本构建以政府与青年组织为主导，丝路青年为主体，行业组织、企业和社会共同参与的丝路青年文化交流格局。

政府与青年组织路径主要是搭建国别、地区、行业等领域的官方文化交流机制，以重大项目为载体，包括大型文化活动、青年人文交流机制、主题论坛峰会、文化遗产传习等，有较为稳定的经费支持，不少项目形成了固定举办的常态机制，获得了广泛认可和持续影响力。民间路径由高校、国际组织、行业协会、青年社会组织、企业等社会力量承担，主要体现在学术交流、文化艺术交流、旅游交流、网络交流中，以分散式的文化活动、人际交往、项目合作为主，规模小于官方活动，但是频率高、接地气，能够深入项目地社会，并得到当地青年的认可。

（二）文化交融和文明互鉴是丝路青年文化交流的重点内容

文化如水，润物铸魂；泱泱中华，文明博大。在5000多年漫长文明发展史中，中国人民创造了璀璨夺目的中华文明，为人类文明进步事业作出了重大贡献。以非物质文化遗产为例，中国共有43个项目列入联合国教科文组织非物质文化遗产名录、名册，居世界第一。保护好、传承好、利用好老祖宗留下来的这些遗产，对于中国延续历史文脉、建设社会主义文化强国具有重要意义。同时，向丝路青年阐释推介具有中国特色、体现中国精神、蕴藏中国智慧的优秀文化，也是促进"一带一路"民心相通、丝路青年认识了解中国的有效途径。十年来，有关机构通过媒体活动、文化旅游、文艺演出、中国戏曲和书法等传统艺术走出去、非遗传承、影视合作等多种形式的交流互鉴，让丝路青年更好地认识、理解中华文化的今与昔，弘扬中华文明蕴含的全人类共同价值，推动中华文化更好走向世界。

拥有14亿多人口的中华民族具有很强的包容性，既尊重西方强调的以法律为底线的国际规则，也强调以和谐包容为上限的道德标准。“一带一路”倡议的文化平等包容性原则意味着具有不同价值观、文化文明背景、政治制度的国家能够相互合作、共同受益。十年来，中国与沿线国家文艺团体、文化企业、文艺工作者开展了文化年、影视节、交流月、展示周等一系列文化交流及文化产业合作，通过将东西方文艺巧妙融合，有力提升了丝路青年对各自文化的认同感及对对方文化的包容感，有利于中国与沿线国家知识共享、文明互鉴、思想共通和文化共兴，构建“一带一路”人文共同体，夯实“一带一路”建设的民意基础。

（三）基于互联网的丝路青年文化交流正迅速普及

互联网在丝路青年社会交往、文化交流的载体平台作用持续增加，据北京师范大学人文与社会科学高等研究院课题组调研，互联网、电视媒体与人际传播是“一带一路”相关国家青年接触中国文化的三大渠道，其中互联网所占的比例由2017年的53.6%上升至2021年调研的64.25%。十年来，中国有关机构充分发挥互联网的桥梁作用，推动与沿线国家开展网上文化交流、学术往来、人才交流、知识分享、媒体合作等，互联网已成为展示各国各民族文明成果的平台，增进了不同文化之间的包容共生。

在移动互联时代，中国网络文学、网络短视频以沉浸式、体验式、参与式、互动式的内容创作和传播形式，使得中华优秀文化在网络中创造性转化、创新性发展，在丝路青年群体成功普及，并广受欢迎，有力推进了中国故事和中国声音的全球化表达、区域化表达、分众化表达。

二、中国与“一带一路”沿线国家青年文化交流合作面临的主要挑战

（一）部分丝路青年之间存在语言沟通障碍

语言在异域文化交流中具有基础性、工具性及人文性作用，直接影响对文化的深入理解。当前，“一带一路”沿线国家共使用2400多种语言，英语、阿拉伯语、俄语等主要语言使用人口都在1亿以上。除汉语和英语

外，沿线国家还通行着50多种官方语言，但当前中国高校开设的语言课程只涵盖20多种，与现实需求存在较大缺口。

目前，全世界正在学习中文的人数已超过1亿，共建“一带一路”更是引发“中文热”，但熟练掌握博大精深的汉语的丝路青年人才仍然不足。中国高度重视汉语推广，孔子学院和孔子学堂等机构为“一带一路”建设培养了大量汉语人才，但远远不能满足需求。北京师范大学人文与社会科学高等研究院课题组调研显示，“一带一路”沿线国家青年中文水平整体较低，82.69%的受访者尚未学习过中文，掌握简单句子（8.17%）与汉字（2.67%）的受访者约10%，能进行简单对话（0.64%）和熟练使用中文（0.42%）的受访者约为1.00%。

（二）面向丝路青年的国际话语体系尚不完善

由于历史原因，西方媒体在全球布局远比中国媒体时间长、覆盖面广，故部分“一带一路”沿线国家的国际话语权被部分西方国家掌握。比如，英国广播公司、法新社等西方媒体在非洲经营了大半个世纪，成为非洲国家引用新闻的主要来源。不同民族文化的差异必然造成文化信息真实性、准确性的耗损，部分西方国家及其媒体对中国存在偏见，加之国际话语权不足，可能导致丝路青年对中国的国家形象、舆论导向、价值理念等产生误解。

另外，针对丝路青年的文化交流和文化传播仍存在内容与形式相对不多元多样的问题。比如，中国部分机构主要从政治和经济上强调共建“一带一路”的价值，对青年群体及其特别关注的就业、创业、跨文化交流等议题涉及较少，提供大众化、接地气服务的丝路青年民间文化交流渠道相对不足，并不能满足丝路青年文化交流合作的需求，甚至造成部分丝路青年产生对“一带一路”建设的各种质疑和错误认识。

（三）部分中国青年对“一带一路”沿线国家文化缺乏足够了解

部分中国青年对相关国家也存在负面印象。比如，部分中国青年对中亚、中东、非洲还停留在贫穷、战乱、落后的刻板印象，对欠发达国家的发展机遇和文化渊源认识不足，进而影响其参与“一带一路”文化交流的积极性和实效。由于对跨文化交流的理解和认识不足，部分中国青年在对外文化交流实践过程中，还存在对宗教差异的理解不深、对文化震荡的预期不足、对国家利益维护不够等问题。

三、高质量推进中国与“一带一路”沿线国家青年文化交流合作的对策建议

（一）增强中华文化和中华文明的国际传播力、影响力

以文载道、以文传声、以文化人，要坚守中华文化立场，提炼展示中华文明的精神标识和文化精髓，加快构建中国话语和中国叙事体系，面向丝路青年讲好中国故事、传播好中国声音，展现可信、可爱、可敬的中国形象，展现中华文明的悠久历史和人文底蕴，促使更多丝路青年读懂中国、读懂中国人民、读懂中国共产党、读懂中华民族。要加强国际传播能力建设，着力提高国际传播影响力、中华文化感召力、中国形象亲和力、中国话语说服力、国际舆论引导力，全面提升国际传播效能，形成同中国综合国力和国际地位相匹配的国际话语权。要深入开展同沿线国家文化交流合作，广泛参与世界文明对话，深化文明交流互鉴，推动中华文化更好走向世界。同时，中国作为“一带一路”倡议的提出者和主导者，有责任把各国、各民族最灿烂的文明文化成果展现出来，引导丝路青年不断提高文化交流的主动性。

（二）加强丝路青年文化交流机制建设和组织建设

中国共青团、青联应当引领丝路青年顺应和平、发展、合作、共赢的时代潮流，努力提升中国青年组织的国际影响力，扩大在国际青年议程和国际青年运动中的话语权，倡导青年优先发展理念，面向丝路青年群体大力弘扬全人类共同价值，建好丝路青年交流合作机制，办好丝路青年品牌活动，积极筹建国际青年组织，培养青年志愿者和青年人才，夯实中国与“一带一路”沿线国家友好合作的根基。注重发挥在华留学生、中资机构海外青年员工、海外华人青年在文化交流中的示范积极作用。

中国有关政府部门、共青团、青联、青年组织应建立协同联动工作机制，积极对接联合国2030年可持续发展议程、“青年、和平与安全”议程、

非洲青年宪章等国际组织有关文件和“一带一路”沿线国家青年政策，制定丝路青年文化交流工作规划、行动计划与实施方案，并纳入双边多边合作机制，通过制度化、规范化的方式，整合力量，提高有关活动和项目的实效性。有关顶层设计既要关照中国与沿线国家传统合作领域中青年的优势领域，继续保持青年主力军作用，又要激励丝路青年参与到新兴合作领域，发挥青年的积极性与创造性。同时，在设置活动主题、议题时要考虑到沿线国家的实际情况，以“一国一策”或“一国多策”方式开展更具针对性的青年文化交流合作。

以中非青年文化交流合作为例，联合国非洲青年宪章从人权、教育等9个方面描绘了非盟及其成员国在青年发展当中所应承担的义务与责任，强调“非洲的最大财富就是青年人”。2017年第28届和第29届非盟首脑会议将主题确定为“通过投资青年利用人口红利”。非盟《2063年议程》专门把促进青年发展列为第六大目标，指出“非洲应当成为追求以人为本，特别是让妇女、青年可以尽情发挥潜力的非洲”。目前，南非、尼日利亚、加纳、坦桑尼亚等30余个非洲国家都已出台具体的青年政策。中非双方可以《新时代的中非合作》《中非合作2035年愿景》等文件为指导，讨论制定中非青年文化交流合作长效机制，助力中非关系行稳致远。

加大中国青年组织建设经验的宣传推广，引导丝路青年积极组建、参与服务经济社会发展的社会组织。推动沿线国家留学生联合会与中国学生联合会、青年联合会等青年组织的交流合作，中国有关青年组织可以帮助沿线国家有关部门建立符合本国实际和具有时代特征的青年组织，推进丝路青年交流合作的机制化建设。

（三）促进丝路青年对话交流、互学互鉴

鼓励丝路青年学习、翻译、传播习近平新时代中国特色社会主义思想，引导丝路青年赴中国各类知名文化旅游景区、文化遗产保护地、非物质文化遗产传承基地、爱国主义教育基地、党史国史教育基地、民族团结进步教育基地、青少年科技教育实践基地、科普教育基地等旅游、参访、研学、交流，推动更多丝路青年了解中华民族历史、中国共产党党史、新中国史、改革开放史、社会主义发展史及中国新时代十年的伟大变革等。

重点在文化、艺术、教育、体育、旅游、科技等领域广泛开展内容丰富、形式多样的人文交流活动和项目，培养更多高素质的知华、友华、亲华的丝路青年和具有国际视野、国际主义精神的中国青年。

发挥示范性民间交流平台作用，建议有关部门支持丝路青年论坛打造丝路青年对话交流、合作创业、政策沟通、民心相通的国际化民间交流高端平台。发挥专业性舆论传播作用，建议有关部门支持《丝路百科》杂志打造覆盖“一带一路”沿线国家的全媒体矩阵，传播“丝路青年好声音”、讲好“丝路青年好故事”，为提升中国的话语权和影响力贡献青年力量。发挥智库研究的决策参考作用，将丝路青年主题纳入有关社会科学、国际合作的课题研究，建议有关部门支持《“一带一路”青年发展报告》、丝路青年发展指数等智库研究，促进智库成果转化。

（四）完善丝路青年文化产品供给体系和优秀文化传播体系

在中国与“一带一路”沿线国家文化交流中，要合力推广一批保存完好、独具中国特色、格调向上的传统文化遗产，使之成为中国文化形象的典型代表。吸收全球最先进、最流行的文化创新方式，拓展传统文化作品的传播载体和方式，展示中国文化的内在魅力。将中国文化的价值取向融入影视、动漫、游戏等时尚文化产品，引领青年文化潮流。加强互联网平台、人工智能、元宇宙等数智生态建设，支持丝路青年文创人才内容创作与供给，加强知识产权保护，优化数字消费产业链供应链，促进沿线国家的影视、演出、出版、艺术品、旅游、网络文学、网络短视频、网络游戏等文创产品成为丝路青年文化消费的新选择。有关青年组织、社会机构要打造面向丝路青年的媒介传播网络，支持丝路青年在中国及海外社交平台传播优秀文化，开展青年群体喜闻乐见的摄影、短视频、动漫、游戏等竞赛类网络文化交流活动，引导丝路青年共建网络空间命运共同体。

第二章
培基树人：中国与“一带一路”沿线国家青年教育交流合作十周年

教育为国家富强、民族繁荣、人民幸福之本，在共建“一带一路”中具有基础性和先导性作用。沿线各国教育交流源远流长，教育合作前景广阔，尤其是中国教育部发布实施《推进共建“一带一路”教育行动》以来，通过努力将“一带一路”建设成为中国的全球教育伙伴集聚区、国内国际教育循环示范区、中国教育国际影响力辐射区的一系列举措，中国与沿线国家的教育互联互通水平稳步提升，机制化的教育交流合作有序推进，推动联合国教科文组织等国际组织参与共建“一带一路”合作，形成了双边、区域、多边相结合的立体式推进格局。“一带一路”人才培养和科研合作实现双轮驱动，中国成为丝路青年向往的留学目的地，面向“一带一路”的国际产学研合作方兴未艾，地方和高校搭建的各类“一带一路”教育合作平台蓬勃兴起，成为沿线国家之间民心相通的纽带。

第一节　中国与“一带一路”沿线国家青年教育交流合作综述、成效与典型案例

习近平主席指出，推进教育现代化，要坚持对外开放不动摇，加强同世界各国的互容、互鉴、互通。十年来，习近平主席在一系列国际国内重大场合宣示扩大教育对外开放，多次作出重要指示批示，饱含深情给海外

学子、留学归国人员、在华外国留学生回信，为教育对外开放指明了方向，提供了根本遵循。2016 年，中共中央办公厅、国务院办公厅印发《关于做好新时期教育对外开放工作的若干意见》，教育部牵头制定了《推进共建“一带一路”教育行动》；2019 年，中国教育部在京召开全国教育外事工作会议；2022 年，中国教育部等八部门印发《关于加快和扩大新时代教育对外开放的意见》……随着一系列基础性、支撑性、引领性的政策举措出台，中国与“一带一路”沿线国家的教育政策沟通、教育合作与交流的渠道畅通、语言互通、民心相通、学历学位认证标准连通成效显著，正聚力构建“一带一路”教育共同体。

一、中国教育开放总体布局不断优化，教育的“朋友圈”更大了

截至 2022 年 9 月，中国同 181 个建交国普遍开展了教育合作与交流，与 159 个国家和地区合作举办孔子学院（孔子课堂）；与 58 个国家和地区签署了学历学位互认协议；与 24 个“一带一路”沿线国家签署高等教育学历学位互认协议。中国与沿线国家签署的共建“一带一路”谅解备忘录，其中大部分涉及职业教育交流合作，已共建 25 个鲁班工坊，启动海外中国国际学校建设试点①。为落实习近平主席重要倡议，成立中国—东盟职业教育联合会②，设立中国—上海合作组织经贸学院③，启动未来非洲—中

① 建设海外中国国际学校主要是解决各类驻外机构、海外中资机构工作人员以及赴海外经商、务工人员的随居子女在国外接受汉语教育问题，同时为海外华侨华人子女学习中文、学习中国历史文化提供便利。2019 年，第一所海外中国国际学校——巴西里约中国国际学校开课，与巴西赛尔学校联合办学，中国教育部指定山东省济南市作为对接城市，由济南市教育局选派优秀教师支援里约中国国际学校的建设和发展。

② 中国—东盟职业教育联合会由中国教育国际交流协会和东南亚教育部长组织职业技术教育区域中心在“中国—东盟双百职校强强合作旗舰计划”框架下，联合 175 家合作伙伴共同发起，旨在打造升级版中国—东盟双多边职业教育合作平台，让合作成果惠及更多学生、教师、院校和企业，构建更为紧密的中国—东盟职业教育共同体。

③ 习近平主席在上海合作组织成员国元首理事会第二十一次会议上宣布，中方将设立中国—上海合作组织经贸学院，助力本组织多边经贸合作发展。中国—上海合作组织经

非职业教育合作计划[①]，深化中国—中东欧教育交流合作，点面结合的区域教育合作机制不断完善。

十年来，中国教育部等政府部门积极参与“一带一路”教育治理，共筹办中外高级别人文交流机制会议37场，签署300多项合作协议，达成近3000项具体合作成果，形成了中俄同类大学联盟[②]、中英伙伴学校交流计划[③]、中法百校交流计划[④]、中非(南）职业教育联盟[⑤]等多个教育合作品牌项目。

围绕教育减贫、抗击疫情等全球性议题，中国持续加强与有关国际组织合作，共同实施农村义务教育全面普及和质量提升、新冠疫情“安全返校行动”等项目。中国全面参与联合国教科文组织、二十国集团、金砖国家、亚太经合组织、上海合作组织等多边机制框架下的教育合作，发起成

贸学院于2022年1月在青岛揭牌成立，以中国—上海合作组织地方经贸合作示范区为推进主体、青岛大学为实施主体，实行理事会领导下的院长负责制，着力建设“经贸+”学科体系，培养熟悉上合组织国家国情、通晓国际规则、服务“一带一路”建设的创新型经贸人才。

① 习近平主席在中非合作论坛第八届部长级会议开幕式上提出实施“未来非洲—中非职业教育合作计划”的倡议。项目旨在搭建对非职教合作平台，同非洲各国分享中国职业教育发展与产教融合经验，由中国教育国际交流协会和非洲技术与应用型大学和学院协会牵头实施，包括中非应用型人才联合培养项目、中非职业技能等级证书、非洲职业技术院校管理人员与骨干师资培训三个子项目。

② 中俄同类大学联盟由13个以学科或地域分类的大学联盟组成，双方参与院校达700所，是目前世界上最大的高等教育交流合作网络之一。

③ 为贯彻“中英高级别人文交流机制”，中英伙伴学校交流计划于2015年9月在英国伦敦启动，由中国教育部主办，中国教育国际交流协会与英国文化协会协办，重点支持双方学校围绕语言、体育、科学、技术、工程、数学、艺术与创新领域展开交流合作。

④ “中法百校交流计划”由中国教育部和法国国民教育部主办，由中国教育国际交流协会和法国驻华大使馆共同承办，旨在促进中法两国基础教育合作，加强两国青少年的理解与友谊。

⑤ 2017年4月，中国、南非两国建立高级别人文交流机制。2018年1月，中国教育部中外人文交流中心与南非高等教育和培训部工业和制造业培训署以及中南两国相关政府、院校、企业等58家单位在中国常州共同发起成立“中国—南非职业教育合作联盟”。2019年11月，为促进中国与非洲其他国家职业教育合作和交流，“中国—南非职业教育合作联盟”更名为“中非（南）职业教育合作联盟”。

立金砖国家职业教育联盟[①]，举办金砖国家职业教育技能大赛、金砖国家教育部长会议。中国与联合国教科文组织等机构合作，举办世界职业教育发展大会、世界语言教育大会、国际教育信息化大会、国际职业技术教育大会、国际人工智能与教育大会等大型活动。

案例 2.1

鲁班工坊：与“一带一路”沿线国家分享职业教育中国方案

近年来，习近平主席多次在不同的重大外交场合，就鲁班工坊建设作出重要论述。2022 年 2 月，习近平主席在分别会见来华出席北京 2022 年冬奥会开幕式的土库曼斯坦总统别尔德穆哈梅多夫、塔吉克斯坦总统拉赫蒙、吉尔吉斯斯坦总统扎帕罗夫时，都提到了“鲁班工坊”。

鲁班工坊以中国家喻户晓的木匠大师和发明家鲁班的名字命名，是在中国教育部指导下、天津市原创并率先主导推动实施的职业教育国际品牌，采取学历教育与职业培训相结合的方式，中方教师并不直接给学生上课，而是用中国标准培训当地教师，再由当地教师教授学生。鲁班工坊的主要设备和技术通常由中国合作伙伴提供，课程也由中国方面根据当地机构的需求和建议来设计。

自 2016 年以来，25 个鲁班工坊已经在亚非欧的 19 个国家落地生根，开设专业涵盖自动化、工业机器人、云计算、新能源、铁道、动车组检修、汽车、机械、电子信息、通信、中医、

① 为落实习近平主席在金砖国家领导人第十三次会晤上提出的建立金砖国家职业教育联盟的倡议，2022 年 4 月，在金砖五国职业教育主管部门支持和指导下，由中国教育国际交流协会，巴西联邦职业、科学和技术教育机构网络全国委员会，俄罗斯国立职业教育发展学院，印度培训总局，南非学院院长组织牵头发起成立金砖国家职业教育联盟，旨在打造金砖国家间职业教育信息互通、经验共享和项目合作的多边平台，推动各国职业教育共同提升。

餐饮、物联网等领域，为蒙内铁路、亚吉铁路、匈塞铁路、中泰铁路、中老铁路等"一带一路"重点项目培养了一大批适用技能人才，并广泛传播中华工匠精神，增进了丝路青年对中国教育的认同，开创了中国职教标准、职教装备、职教方案走出去的新模式。天津市鲁班工坊研究与推广中心相关调查显示：对"鲁班工坊"建设现状表示满意的专业教师和学生均超过九成。沙特阿拉比亚电视台评论称，鲁班工坊生动演绎了"授人以渔"的可贵精神，中国智慧凝聚而成的中国工匠精神也随着这些"技术驿站"远播世界。

作为全球首所鲁班工坊，泰国鲁班工坊由泰国大城技术学院和天津渤海职业技术学院合作创建，累计培养师生近万名，学生获得泰国多项职教大赛冠军，毕业生有的选择继续深造，而选择就业的学生普遍受到用人单位的广泛称赞。泰国大城技术学院院长玛悠丽认为："鲁班工坊不仅提升了泰国教育发展水平，更加强了泰中人文交流，增进了两国人民友谊。"

2018年9月，习近平主席在中非合作论坛北京峰会开幕式主旨讲话中郑重承诺，中国将在非洲设立10个鲁班工坊，向非洲青年提供职业技能培训。目前，鲁班工坊已陆续在吉布提、肯尼亚、南非、马里、尼日利亚、埃及、乌干达、科特迪瓦、马达加斯加等非洲国家成立。吉布提鲁班工坊是非洲首个鲁班工坊，由天津铁道职业技术学院、天津第一商业学校、吉布提工商学校和中国土木工程集团共同建设，开设了铁道运营管理、商贸等多个专业。

通过鲁班工坊这一载体的国际教育合作，中国职业教育积累的产教融合、校企合作的经验和成果，也得到了发达国家的认可。例如，天津机电职业技术学院和葡萄牙塞图巴尔理工学院共同建立鲁班工坊，开设工业机器人技术、电气自动化技术两个专业，中方学校为当地配置了16台（套）先进的教学实训装备。葡萄牙塞图巴尔理工学院卢卡斯教授认为："中国的实训设备比葡萄牙院校使用的设备更先进，许多核心元器件甚至可以跟德国、法国和日本的技术相媲美。”葡萄牙鲁班工坊还与5家当地企业、7家当地职业学校联合成立葡萄牙鲁班工坊校企联盟，为师生提供更多专业发展的机会。

伴随着鲁班工坊次第成立，囊括工程、实践、创新和项目四大核心理念的中国职业教育模式——工程实践创新项目（EPIP）正走向更多“一带一路”沿线国家：巴基斯坦鲁班工坊与当地8家企业签订共建产教协同育人联盟战略合作协议；英国鲁班工坊开设的“中餐烹饪技术”学历教育被纳入英国国家资历框架，课程得到英国政府财政支持，可供16—19岁的英国及欧盟学生免费学习；等等。

案例2.2

中国—东盟教育交流周：打造“一带一路”教育合作示范平台

自2008年起，中国教育部、外交部及贵州省人民政府已联合在贵州成功举办了15届中国—东盟教育交流周，得到了中外国家领导人的高度重视。习近平总书记考察贵州期间，要求贵州全方位扩大对外开放、加强同东盟的交流合作，对贵州办好交流周寄予殷切希望；2014年11月，李克强总理在第17次中国—东盟（10+1）领导人会议上倡议各方“加大投入办好中国—东盟教育交流周”；2016年8月，李克强总理与老挝总理通伦·西苏里分别为第九届中国—东盟教育交流周致贺信。时任中共中央、全国人大常委会、国务院、全国政协多位中国领导及东盟国家多位政要先后出席中国—东盟教育交流周。

“一带一路”建设启动以来，中国—东盟教育交流周成果进一步丰富，已发展成为以中国—东盟合作为主线，辐射“一带一路”沿线国家的10+1+N（特邀伙伴国）教育合作为主体的人文交流平台。

一是多边国际申明陆续出台。例如，2016年第二届中国—东盟教育部长圆桌会议发布《关于中国—东盟教育合作行动计划支持东盟教育工作计划（2016—2020年）开展的联合公报》，并在2017中国—东盟交流周开幕式上宣布通过《中国—东盟教育合作行动计划（2017—2020年）》；2022中国—东盟教育交流周成功举办第三届中国—东盟教育部长圆桌会议，发布《共建友好家园—中国东盟教育合作发展愿景与行动（2020—2030）》。

二是双多边国家级发展规划陆续写入。例如，2018年1月发布的《澜沧江—湄公河合作五年行动计划（2018—2022）》指出，“中国—东盟教育交流周期间举办活动，加强澜湄国家合作”；2018年11月发布的《中国—东盟战略伙伴关系2030愿景》强调，“通过中国—东盟教育交流周等平台，加强教育创新和学术交流”。

三是打造多个品牌项目。例如，中国—东盟百名校长牵手未来系列活动、中国—东盟青少年交流系列活动、中国—东盟人文交流系列活动、中国—东盟职业教育博览会、中国—东盟教育合作与人才交流洽谈会等。

四是合作联盟、研究中心相继建立。已陆续成立中国—东盟职业教育联合会，中国—东盟职教合作联盟、中国—东盟轨道交通教育培训联盟、中国—东盟高校创新创业教育联盟、中国—东盟旅游联盟、中国—东盟工科大学联盟、中国—东盟教育培训联盟、交通职业教育国际联盟、中国—东盟医疗健康教育联盟等联盟组织，以及中国—东盟清镇职教中心、中国—东盟研究中心、中国—东盟教育培训中心、东盟留学生服务中心（中国·贵州）、中国—柬埔寨幼儿教师培训中心、楚瓦什国立师范大学·贵州师范大学汉语中心、“一带一路”国际教育协同创新中心等专业机构。

案例 2.3

中非职业教育合作：为提升非洲自主发展能力不断厚植青年人才基础

十年来，通过援建职业技术学校或职业培训中心、设立鲁班工坊、提供职业教育培训援助等方式，中国帮助许多非洲国家逐步提升职业教育质量，激活职业教育市场，培养青年技术人才，助力非洲国家将人口红利转化为发展势能。以下列举其中 5 个案例：

中国有色矿业集团在赞比亚深耕多年，与中国多所高职院校合作，为赞方青年员工提供技能和工业汉语培训，开发专业教学课程，举办孔子课堂，组织赞方青年员工赴华学习，为企业培养了一批熟悉中国技术、产品和工艺的本土青年技术人才。在此基础上，在中国教育部的支持下，中国有色矿业集团联合中国有色金属工业协会、10 家中国职业院校共同发起成立中国—赞比亚职业技术学院，于 2019 年获得赞比亚职业教育与培训管理局的批准招生，这也是中国职业院校在海外独立创办的第一所开展学历教育的高等职业学院。目前，中国—赞比亚职业技术学院下设自动化与信息技术学院、机电设备管理与维修学院、机械制造与自动化学院等 6 个二级学院，主要面向赞比亚高中毕业生开展三年制高等学历教育，以及赞比亚中资企业员工开展技能培训。

2018 年，中国援布基纳法索职业培训中心技术援助项目启动，已累计组织 18 位中方专家开展数控与模具、机电一体化、汽车维修、电工、计算机等多个专业的教学培训，并选派当地优秀教师和学员赴华交流培训，目前累计培训 1000 余名当地青年技术人才。中方还捐赠教学实训机器设备和零部件等，帮助布方提升职业培训质量。全亚雷职业培训中心是中国重点援布的职业培训中心之一，中方专家帮助该中心建设了计算机技术与应用、汽车运用与维修两大核心专业，每年累计开展教学培训1200课时，生源年年爆满、年年扩招，学生毕业实现100%就业或创业，薪资收入也高于一般职业培训学校的毕业生。布体育、青年和就业部部长德拉博认为：“发展职业教育有助于促进本国青年就业、改善生活水平，相信加强布中职业教育合作必将为布经济发展注入更多动力。”

埃及是唯一开设了两家鲁班工坊的国家，由天津轻工职业技术学院、天津交通职业学院联合埃及艾因夏姆斯大学和开罗高级维修技术学校合作建设，开设有数控设备应用与维护、新能源应用技术、汽车运用与维修技术等专业和多个现代化实训室，首次实现埃及职业教育体系内的中高职贯通，毕业后可获得本科文凭。中埃教师共同开发培训大纲、课程标准和双语教材，中方机构还向埃方捐赠专业设备，对埃及师生进行系统培训。埃及基础教育与技术教育前部长绍基对此赞叹有加：“埃中双方在教育领域合作项目上保持高度一致，将共同加速推进鲁班工坊等项目。埃及希望从中国的发展经验中获得启发。”

金华职业技术学院与卢旺达穆桑泽职业技术学校合作建立穆桑泽国际学院，在信息通信、智能制造、电气自动化、电子商务、食品加工等领域培养懂汉语、精技能的卢旺达本土青年人才，以提升卢旺达及中东非地区劳动力素质，目前已培训学生超过4000人次，并与华为等中国公司合作共建实验实训室。卢旺达前教育部长欧仁·穆提穆拉评价：“中国为卢旺达职业教育发展作出了贡献，职教合作成为卢中友谊的又一典范。”

自2017年起，南非教育部、工业部、旅游部、科技部等相关职能部门及南非中国文化和国际教育交流中心发起设立的南非学生赴华留学实习项目是中非（南）职业教育合作联盟建设的机制成果，至今共选派1700多名南非学生到中国70余所高职院校参加学习，涵盖机械、电子、通信、旅游、物流、食品、电商等多个专业。南非高等教育和科技部部长纳兹曼德致信感谢中国政府及相关教育机构：“南非学生在中国学习和实践中受益匪浅，他们将珍惜这一宝贵经历。南非政府期待进一步与中国加强在科学技术和职教培训方面的合作。”

案例 2.4

浙江省宁波市：打造中国—中东欧国家教育合作高地

2018 年，浙江省宁波市启动建设全国首个中国—中东欧国家经贸合作示范区，提出将示范区建成推动“一带一路”倡议对接欧洲经济圈的新通道、承载中国—中东欧经贸合作举措的新平台、地方探索国际合作制度创新的新高地。目前，宁波与中东欧国家经贸合作成效显著，2022 年前 10 个月，宁波对中东欧进出口额达到 371.7 亿元，是 2017 年的 2.5 倍；宁波与中东欧国家双向投资项目达 176 个，累计投资金额超过 10 亿美元；宁波从事中东欧进口业务的企业超过 1000 家，农产品进口企业约 80 家。

2019 年 2 月，宁波市政府与教育部签署《推进共建“一带一路”教育行动国际合作备忘录》，打造面向“一带一路”沿线国家的教育国际合作创新示范区和中外人文交流新高地。《宁波高质量发展建设共同富裕先行市行动计划（2021—2025 年）》提出“建设中国—中东欧国家教育合作示范区”的发展目标。《宁波市教育事业“十四五”发展规划》提出，“打造国家‘一带一路’教育行动创新示范区和中国—中东欧国家教育合作示范区，助力‘一带一路’枢纽城市建设。”目前，宁波已与 100 多个国家和地区的 1200 余所院校建立合作关系，“以教育交流促经贸合作”正成为宁波打造“全国首批教育国际合作与交流综合改革试验区”的重要抓手。

宁波已连续举办七届中国（宁波）—中东欧国家教育合作交流活动，与中东欧国家在师生交流、合作办学、学分互认、科研协作等多个领域取得丰硕成果。截至2022年末，宁波教育国际合作实现中东欧国家全覆盖，累计签署近110项教育合作协议，与中东欧国家近90所院校建立合作关系，年均师生双向交流突破500人次，宁波市政府设立中东欧国家来华留学生专项奖学金，宁波有关教育机构参与发起成立浙江—中东欧国家教育智库联盟、中国—中东欧大学“体育教育与研究”联盟、宁波中东欧大学生影视联盟、中国（浙江）—中东欧跨境电商产教联盟等多边教育合作机制，建成波兰语、俄罗斯语等8个“一带一路”国家语言文化中心，塞尔维亚、斯洛文尼亚等8个国别与区域研究中心。

二、部省（区、市）协同推进“一带一路”教育合作

近年来，中国教育部出台一系列政策措施，支持粤港澳大湾区建设国际教育示范区；支持长三角地区打造国际合作教育样板区和国际人文交流汇聚地；支持海南自贸港建设国际教育创新岛；与北京市合作设立“留学人才回国服务示范区”，助力京津冀一体化发展；支持中西部和东北地区立足区位优势，扩大面向周边国家的教育开放；引导重点高校通过国际合作与交流推进“双一流”建设，依托国家公派留学计划助力国际化人才培养，支持组建国际高校联盟，参与国际学术组织，推进跨学科交叉融合和跨领域、跨国界的科研合作；于2018年启动国际产学研用合作会议，开展部门间和专家“一对一”科研合作2300多项，中外导师联合培养研究生4000多人。

2016—2019年，中国教育部陆续与18个省区市政府签署《推进共建“一带一路”教育行动国际合作备忘录》，基本实现与“一带一路”主要节点省份共建教育行动国际合作平台的全覆盖。中国教育部负责人表示：“省部共建签约设计了数百个项目，将聚力合作，全面推进‘一带一路’教育行动。教育部将在宏观指导、双向留学、涉外办学、国别与区域研究、人文交流、能力建设、平台建设等七个方面予以实质性重点支持。”

例如，中国教育部与宁夏回族自治区政府共同落实中阿大学校长论坛签署的各项合作协议，支持宁夏大学中国阿拉伯国家研究院建设；中国教育部与广西壮族自治区政府合作，推进“留学广西”东盟教育合作，开展“澜沧江—湄公河之约”流域治理与发展青年创新设计大赛；中国教育部与陕西省政府合作，支持西安交通大学牵头组建丝绸之路大学联盟。

按照相关战略部署，中国各级地方政府结合本地区实际，积极推进与“一带一路”沿线国家教育合作。例如，上海有关高校扩招“一带一路”沿线国家国际学生，学历留学生中68%来自沿线国家；北京市教委和市外办联合出台《北京市对接共建“一带一路”教育行动实施方案》，设立北京市外国留学生“一带一路”专项奖学金，建设沿线国家人才培养基地，举办“一带一路”首都城市教育合作论坛。

案例2.5

甘肃：以“一带一路”教育合作提升本地区教育总体水平

甘肃自古就是丝绸之路的锁匙之地和黄金路段，古丝路驼铃悠悠，汇聚成“人烟扑地桑柘稠”的繁荣景象。“一带一路”倡议启动以来，甘肃从西北内陆再次走到开放前沿，尤其是教育国际合作有力促进甘肃汇聚国内外优质资源，破解人才培养总量质量短板，提升甘肃人文交流形象。

十年来，甘肃省政府部门出台《关于做好新时期教育对外开放的实施意见》《关于不断深化高等学校国际合作交流工作的通知》《甘肃教育对外开放合作发展五年行动计划(2021—2025)》《甘肃省教育系统中外人文交流“小而美”项目实施方案》等政策文件，参与发起成立“一带一路”高校联盟①、“丝绸之路”产教融

① 2015年10月，在甘肃省政府的倡议下，由兰州大学发起，8个“一带一路”沿线国家和地区的47所高校联合发布《敦煌共识》，在甘肃敦煌共同成立“一带一路”高校联盟，旨在共同探索跨国培养人才的新机制。目前，已连续举办7届联盟年度论坛，加盟高校178个，覆盖五大洲的27个国家和地区。

合育人联盟等联盟组织，启动重大关键领域合作科研和导师聘用等工作，设立“甘肃省丝绸之路专项奖学金”。

目前，甘肃有27所高校与国外575所高校建立校际友好合作关系。例如，兰州大学、兰州理工大学建有11个高等学校学科创新引智基地，兰州大学、西北民族大学、西北师范大学等高校建成8个国家级、24个省级国际科技合作基地，推进产学研合作；服务“技能甘肃”建设，兰州石化职业技术大学参与建设文莱鲁班工坊，白银矿冶职业技术学院参与建设中国—赞比亚职业技术学院，兰州资源环境职业技术大学联合塔中矿业公司和塔吉克斯坦冶金学院成立“塔中职业技术教育中心”和“1+X”职业技能登记证书塔吉克斯坦考核评价中心；兰州大学、西北师范大学等5所高校获得中国政府奖学金委托培养院校资格，兰州大学、西北师范大学、兰州理工大学、兰州交通大学通过全国高校来华留学质量认证，各留学生培养高校着力打造留学生文化体验品牌项目，打造“留学甘肃”品牌；兰州大学、西北师范大学、兰州理工大学、兰州交通大学、兰州财经大学在国外设立9所孔子学院/课堂，注册学员3万余人，累计派出300多名对外汉语教师和志愿者赴10余个沿线国家开展国际中文教育；甘肃中医药大学在摩尔多瓦、吉尔吉斯斯坦、泰国等沿线国家建立9个“岐黄中医学院”、6个“中医中心”，持续举办线上线下中医药培训。

三、中外合作办学蓬勃开展，“留学中国”品牌形象进一步提升

（一）中外合作办学呈现量质双升态势

十年来，中外合作办学蓬勃开展，审批、管理、评估、退出机制不断完善。截至2021年底，中国经审批机关批准设立、举办的合作办学机构和项目共2356个，其中本科以上层次机构和项目1340个，专科层次机

构和项目1016个；合作对象涉及39个国家和地区，1000余所境外高校，900多所中方（内地）高校（包括80%以上的中国“双一流”建设高校、400余所高职院校）；新增本科以上中外合作办学机构和项目中，理工农医类占比达65%。中外合作办学毕业生一部分赴世界知名高校深造，一大批主动面向国家和地方经济社会建设主战场，入职政府部门、事业单位、跨国公司、大型国企、国际组织等。

2020年以来，受新冠疫情影响，不少留学生无法留在国外或暂时无法前往国外学习，一些学生面临就学“空档期”。中国教育部连续三年出台政策，支持在办的具有相应招生资格的中外合作办学机构和项目按比例临时增加招生名额，招录已持有境外大学录取通知书并符合相关条件的学生。三年来，共有100多个中外合作办学机构和项目临时扩招，累计录取近1万人。中外合作办学相关高校还以校际交流、委托培养等学分互认形式，接收出国留学受阻学生短期就读。

（二）中国高校境外办学日趋成熟

十年来，中国教育部会同外交部等有关部门，加强政策引导，鼓励高校在“一带一路”沿线国家开展办学。2015年，中国教育部废止《高等学校境外办学暂行管理办法》，取消境外办学的行政审批，鼓励高校结合实际情况自主“走出去”开展境外办学，给予高校更充分的办学自主权。2019年，中国教育部发布《高等学校境外办学指南》，进一步明确办学标准，规范办学行为。目前，中国高校在海外开设的专业包括汉语、中医药、中医针灸、中国传统武术、体育教育、工商管理、法律、金融、哲学、学前教育、特殊教育、航海技术、烹饪、新闻与传播学等。

案例2.6

无锡商业职业技术学院：境外办学为柬埔寨西哈努克港经济特区培养本土高素质青年人才

柬埔寨西哈努克港经济特区是中柬首个签订双边政府协定、

建立双边协调机制的合作区，由江苏红豆集团主导开发。历经十年发展，西哈努克港经济特区从一片莽原荒滩变成投资热土，越来越多的中资企业入驻，迫切需要一大批掌握中柬双语的技术技能人才。2012年，无锡商业职业技术学院与江苏红豆集团合作创办中国境外经贸合作区首个职业培训中心——西哈努克港经济特区培训中心，十年间累计培训柬埔寨青年7万余人次。

2018年，无锡商业职业技术学院与江苏红豆集团联合申办的西哈努克港工商学院获得柬埔寨政府批准，这是中国在海外成立的首个校企合作股份制应用型本科大学，被纳入柬埔寨国民教育体系。在办学定位上，西港工商学院以中文为主要教学语言，以高等学历教育和职业培训为主，颁发本科和专科学历；在办学方式上，由西港特区公司和无锡商业职业技术学院共同“定制”人才培养方案，共同开发课程教材、建设教学资源、实施教育管理。2022年2月，由无锡商业职业技术学院联合无锡学院、江苏红豆集团，为西哈努克港工商学院开发的6项本、专科标准和137项中英文双语专业课程标准，获得柬埔寨教育、青年和体育部认证，成为柬埔寨政府首批认证的中国特色高等教育标准体系。

值得关注的是，无锡商业职业技术学院所在的江苏省是中国重要的开放型经济强省，出台了中国首部省级职业教育校企合作领域地方性法规——《江苏省职业教育校企合作促进条例》，提出，鼓励学校与企业依法开展职业教育跨境合作，构建应用技术教育国际合作体系；有条件的学校和企业可以采取中外合作办学、国际通用职业资格教学等方式合作培养国际化技术技能人才。目前，多家江苏高职院校采取与无锡商业职业技术学院相同的路径，与“走出去”的企业合作，在“一带一路”沿线国家共建海外教学基地或培训中心，为中资企业人才本土化提供服务支撑。

（三）赴华留学成为越来越多丝路青年的共同选择

自中国教育部颁布实施《留学中国计划》以来，各级教育部门完善全链条留学服务体系，来华留学在推进制度建设、实施质量保障、严格入学标准、规范培养管理、设立政府奖学金①、加强毕业生就业工作等方面出台一系列政策举措，来华留学学历教育发展迅速，“留学中国”的国际影响力持续扩大。

从生源地区来看，“一带一路”沿线国家为来华留学学历生的主要生源国，其生源占据全部来华留学学历生的一半左右。据中国教育部统计，2010—2018 年间，各大洲国际学生来华留学人数总体呈上升趋势，其中亚洲学生人数最多，2018 年达 29.5 万人；非洲学生增幅最大，2018 年与 2010 年相比增长近 5 倍。在 2015—2018 年来华留学十大来源国中，大多数来自“一带一路”沿线的亚洲发展中国家，尤其是泰国和巴基斯坦的位次上升速度较快。2020—2021 学年，中国在册国际学生来自 195 个国家和地区，学历生占比达 76%，比 2012 年提高 35 个百分点。

表 2.1 2015—2018 年来华国际学生十大来源国及其人数

序号	2015 年		2016 年		2017 年		2018 年	
	国家	人数	国家	人数	国家	人数	国家	人数
1	韩国	66672	韩国	70540	韩国	63827	韩国	50600
2	美国	21975	美国	23838	泰国	27884	泰国	28608
3	泰国	19976	泰国	23044	巴基斯坦	24878	巴基斯坦	28023
4	印度	16694	巴基斯坦	18626	美国	23911	印度	23198
5	俄罗斯	16197	印度	18717	印度	20911	美国	20996
6	巴基斯坦	15654	俄罗斯	17971	俄罗斯	19751	俄罗斯	19239
7	日本	14085	印度尼西亚	14714	日本	14717	印度尼西亚	15050
8	哈萨克斯坦	13198	哈萨克斯坦	13996	印度尼西亚	14573	老挝	14645

① 中国政府设立“丝绸之路”政府奖学金，每年向“一带一路”沿线国家提供 1 万个来华留学生名额，帮助沿线国家培养行业领军人物和优秀技能人才。

续表

序号	2015年		2016年		2017年		2018年	
	国家	人数	国家	人数	国家	人数	国家	人数
9	印度尼西亚	12694	日本	13595	哈萨克斯坦	14224	日本	14230
10	法国	10436	越南	10639	老挝	14222	哈萨克斯坦	11784

就留学来说，国家的吸引力要高于项目和大学的吸引力，很多赴华留学生认为“中国是个充满机会的国家”。2017年1月，人力资源和社会保障部、外交部、教育部联合发布《关于允许优秀外籍高校毕业生在华就业有关事项的通知》，允许部分无工作经历的优秀外籍高校毕业生在华就业。这为丝路青年“留学中国，毕业后留在中国，实现梦想”提供了制度保障。

案例 2.7

中俄高等教育合作：提升新时代两国人文交流水平

中俄两国互为友好邻邦，且都拥有较为丰富的教育资源，加强两国的教育交流合作是双方提高各自教育水平，增强自身经济实力和文化软实力，应对日趋激烈的国际竞争的必然选择。十年来，两国持续落实《中俄青少年世代友好宣言》等重要合作机制，语言教育合作与双向留学继续发展，多层次、多类别合作办学取得实质性进展，高等教育合作领域越来越广泛。2022年10月，莫斯科国际关系学院、莫斯科国立大学先后开设“一带一路”系列课程，开了国外大学开讲“一带一路”课程的先河。

双向留学稳定发展。中国与俄罗斯互为对方的主要留学目的国，2015年，到中国的俄罗斯留学生总数为16197人，2018年上升到19239人，增幅达18.8%，而中国赴俄罗斯留学生人数则每年稳定在3万人以上。俄罗斯许多高校将争取中国生源作为留学生招收工作的重点，莫斯科国立大学、圣彼得堡国立大学等知名大学官网可以用中文浏览部分内容，圣彼得堡国立大学、圣彼得堡理工大学分别在哈尔滨和上海设代表处。2021—2022 学年，在俄中国留学生获得了 1011 个预算资助学习名额，比 2020 年增加了 71 个。2019 年，中国与俄罗斯双向留学交流人员规模已突破 10 万人，提前一年完成双向留学人员规模达 10 万人的目标。

多层次、多类别合作办学快速发展。俄罗斯已成为继英国、美国、澳大利亚之后中外合作办学的第四大合作国。截至 2020 年末，经中国教育部门审批的中俄高校合作办学机构和项目共 115 个，采用境内境外相结合的授课方式，对符合条件的学生授予中俄高校文凭。另外，部分中俄高校还联合培养本科生和研究生，俄罗斯学生在中国主要学习公共基础课、语言课、学科基础课、专业课等课程，用汉语、俄语两种语言进行答辩，成绩合格授予中俄双方院校的毕业证书和学位证书。

语言教育合作持续加强。2019 年，汉语正式纳入俄罗斯中学生毕业考试（相当于中国的高考）。目前，俄罗斯有 4 万人在 368 所大中小学学习中文，其中 40%左右的俄罗斯学生将汉语作为专业或者第一外语学习，30%左右的俄罗斯学生将汉语作为第二外语学习，中国有 9 万人在 868 所学校学习俄语，孔子学院、俄语中心等机构积极助推中俄语言互通。

四、中国高校纷纷成立培养丝路青年人才的“一带一路”协作组织和专门教育机构

（一）组建教育联盟，共建共享“一带一路”优质教育资源

十年来，中国与“一带一路”沿线国家高校结合自身发展特点和需求，发起设立数十个战略联盟，并以加入联盟的高校为重要合作伙伴，促进多层次、宽领域、协同化的校际交流合作。

例如，“一带一路”商学院联盟由哈尔滨工业大学管理学院、厦门大

学管理学院、西北工业大学管理学院、华南理工大学工商管理学院、电子科技大学经济与管理学院、华东理工大学商学院、贵州大学管理学院、西南财经大学国际商学院等国内12所商学院，以及利兹大学商学院、米兰理工大学商学院、比利时安特卫普大学管理学院、哈萨克斯坦阿拉木图管理大学、韩国成均馆大学中国大学院、尼泊尔加德满都大学管理学院、埃塞俄比亚亚的斯亚贝巴大学商业经济学院等“一带一路”沿线国家20多所商学院共同发起，旨在为沿线国家搭建促进经贸活动、国际产能合作、基础设施建设项目落地、科技成果转移转化及教育教学资源共享的开放性国际化平台。

“一带一路”工程教育国际联盟由西安交通大学、浙江大学、清华大学、塞尔维亚诺维萨德大学、马来西亚拉曼大学等10余所沿线国家高校作为创始成员共同发起成立，旨在推动沿线国家工程科技人才培养、科学技术成果转化、数据信息对接等合作，促进中国工程技术、工程文化、工程精神、工程标准“走出去”，助力“设施联通”。

2013年7月，在复旦大学举办的金砖国家研究国际学术研讨会上，来自金砖国家的十所高校首次提出成立金砖国家大学联盟的倡议，该倡议很快被列入金砖国家领导人会议的相关文件。为贯彻落实《金砖国家领导人第七次会晤乌法宣言》关于“支持建立金砖国家大学联盟”的声明，2015年10月，在北京师范大学召开的金砖国家大学校长论坛上，各国校长联合发表《金砖国家大学校长论坛北京共识》，正式宣布成立金砖国家大学联盟，旨在联合金砖国家知名高校，共同开展学术研究，联合培养高端人才。

表2.2　近年来中国高校参与发起成立的较有影响的“一带一路”教育联盟组织

序号	联盟名称	创始成员	发起/牵头单位	成立时间及地点
1	丝绸之路大学联盟	26个国家和地区的近百所高校	西安交通大学	2015年5月，西安
2	“一带一路”商学院联盟	中国12所商学院和国外20多所商学院	哈尔滨工业大学等	2017年8月，哈尔滨

续表

序号	联盟名称	创始成员	发起 / 牵头单位	成立时间及地点
3	“一带一路”工程教育国际联盟	4 个国家的 13 家高校、企业	浙江大学等	2018 年 11 月，杭州
4	“一带一路”高校战略联盟	8 个国家的 47 所高校	兰州大学等 47 所中外高校	2015 年 10 月，甘肃敦煌
5	“一带一路”标准化教育与研究大学联盟	30 个国家和地区的 105 所高校	中国计量大学等	2018 年 5 月，杭州
6	“一带一路”建筑类大学国际联盟	19 个国家的 44 所大学	北京建筑大学	2017 年 10 月，北京
7	“一带一路”矿业高校联盟	11 个国家的 10 余所矿业类高校	中国矿业大学（北京）	2019 年 11 月，北京
8	“一带一路”中波大学联盟	中波两国的 23 所高校	北京工业大学、重庆交通大学、波兰奥波莱工业大学	2017 年 3 月，北京
9	“一带一路”能源电力高校及产学研联盟	12 个国家的 18 家高校、企业、国际组织	上海电力大学	2018 年 10 月，上海
10	“一带一路”财经类大学联盟	14 个国家的 20 所大学	对外经济贸易大学	2021 年 9 月，北京
11	“一带一路”国际陶瓷教育联盟	6 个国家的 11 所大学	景德镇陶瓷大学、美国阿尔弗雷德大学、国际陶艺学会	2022 年 3 月，景德镇
12	“一带一路”世界纺织大学联盟	19 个国家的 33 所纺织类大学	东华大学	2018 年 12 月，上海
13	“一带一路”高校食品教育科技联盟	27 个国家的 49 所高校	江南大学	2018 年 11 月，无锡
14	“一带一路”铁路国际人才教育联盟	中国 30 家高校和铁路行业企业	西南交通大学、中南大学	2018 年 7 月，成都
15	“一带一路”国际医学教育联盟	15 个国家的 49 所医学教育机构	中国医科大学	2018 年 5 月，沈阳
16	“一带一路”民族艺术教育联盟	中国 28 所艺术院校	中央民族大学	2018 年 12 月，北京
17	“一带一路”电力丝路学院联盟	国内外 21 家高职院校、企业	郑州电力高等专科学校	2021 年 3 月，郑州
18	金砖国家大学联盟	金砖国家主要知名高校	复旦大学、北京师范大学	2015 年 10 月，北京

续表

序号	联盟名称	创始成员	发起 / 牵头单位	成立时间及地点
19	“一带一路”音乐教育联盟	16 个国家的 61 所音乐学院（艺术学院）	中央音乐学院	2017 年 5 月，北京
20	“一带一路”应用型高校联盟	3 个国家的 15 所高校	福建工程学院、成都工业学院、马来西亚马来亚大学、芬兰诺维阿应用技术大学	2019 年 4 月，福州
21	中国—东盟工科大学联盟	中国 9 所高校和东盟 8 所高校	天津大学、泰国玛希隆大学	2014 年 9 月，贵阳
22	广东省“一带一路”职业教育联盟	广东省 52 所职业院校、行业协会	广东轻工职业技术学院	2017 年 9 月，广州
23	中俄同类大学联盟	40 所中方高校、20 所俄方高校	北京大学、莫斯科国立大学	2016 年 7 月，深圳
24	中国—中亚国家大学联盟	7 个国家的 51 所高校	新疆大学	2016 年 9 月，乌鲁木齐
25	“一带一路”科技创新联盟	12 个国家的 24 所高校、科研机构、企业	上海交通大学	2016 年 10 月，上海
26	丝绸之路农业教育科技创新联盟	13 个国家的 59 所涉农高校、科研机构及企业	西北农林科技大学	2016 年 11 月，陕西杨凌
27	丝绸之路职业教育联盟	西北五省（区）114 家院校、企业、教育机构、社会团体	陕西省中华职业教育社、西安交通大学继续教育学院	2017 年 3 月，西安
28	“一带一路”航天创新联盟	12 个国家的 63 所大学、科研机构、学术组织和企业	西北工业大学、中国宇航学会	2017 年 4 月，西安
29	“一带一路”职业教育联盟	陕西省 15 所高职院校	陕西职业技术学院	2017 年 6 月，西安
30	中俄农业教育科技创新联盟	中俄两国的 16 所农林院校	西北农林科技大学、俄罗斯奥姆斯克国立农业大学	2017 年 7 月，哈萨克斯坦阿斯塔纳
31	中巴经济走廊大学联盟	中巴两国 19 所大学的知名商学院	中国高等教育学会、巴基斯坦教育委员会	2017 年 8 月，巴基斯坦国立科技大学

续表

序号	联盟名称	创始成员	发起 / 牵头单位	成立时间及地点
32	“长江—伏尔加河”高校联盟	中俄两国 65 所高校	四川大学、俄罗斯下诺夫哥罗德国立技术大学	2017 年 10 月，成都
33	“一带一路”动物科技创新联盟	8 个国家的 78 所涉农院校、企业	中国农业大学	2018 年 3 月，北京
34	“一带一路”水利水电产学研战略联盟	中国 26 家高校和电力 / 水利行业企业	华北水利水电大学	2018 年 5 月，郑州
35	“一带一路”茶产业科技创新联盟	国内外 77 家涉茶领域高校、科研院所、协会、学会、企业	福建农林大学、中国农业大学、西北农林科技大学	2018 年 6 月，福州
36	“一带一路”南南合作农业教育科技创新联盟	“一带一路”沿线国家的近 70 所涉农高校	中国农业大学	2018 年 6 月，北京
37	“一带一路”热带医学联盟	30 个国家、地区的 103 家高等院校、医疗、科研和公共卫生机构	海南医学院	2018 年 10 月，海口
38	“21 世纪海上丝绸之路”大学联盟	17 个国家和地区的 66 所高校	厦门大学	2018 年 10 月，厦门
39	“一带一路”语言文化传播校企联盟	中国 20 余家高校、企业	同济大学	2018 年 10 月，北京
40	“一带一路”非洲研究联盟	16 个国家的 34 所高校、从事非洲研究的机构	广东外语外贸大学、非洲广东总商会	2018 年 10 月，广州
41	“一带一路”国家电影教育国际联盟	11 个国家的 11 所电影艺术高等院校和机构	中央戏剧学院	2018 年 11 月，北京
42	“一带一路”国际艺术教育联盟	72 家中外高校、企业、教育机构	成都纺织高等专科学校	2018 年 11 月，成都
43	“一带一路”农业装备国际（产能）合作联盟	70 多家国内外高校、农业装备企业	江苏大学	2018 年 11 月，镇江
44	南亚东南亚大学联盟	16 个国家的 103 所高校	云南大学	2018 年 12 月，昆明

续表

序号	联盟名称	创始成员	发起 / 牵头单位	成立时间及地点
45	“一带一路”医学人才培养联盟	全球200多家医学院校、医疗机构、研究院所及相关机构	国家卫生健康委人才交流服务中心	2019年6月，九江
46	“一带一路”工学院联盟	75家国内外工学类高校、企业	宁波工程学院	2019年10月，宁波
47	“一带一路”创新合作研究联盟	9个国家的10所高校	浙江大学	2019年11月，杭州

案例 2.8

西安交通大学：立足丝绸之路大学联盟，深入推进“一带一路”教育合作

2015年5月，西安交通大学在中国教育部、外交部等有关部门的支持下，发起成立丝绸之路大学联盟，发布《西安宣言》《联盟章程》《西安共识》等文件，连续召开七届联盟校长论坛，成立能源、化工、全球健康、法学、文化遗产、旅游等12个学科子联盟，推动“一带一路”沿线国家和地区大学之间校际交流、人才培养、科研合作、文化沟通、政策研究、医疗服务等方面的交流合作。联盟成立八年多来，已有来自38个国家和地区的160余所高校加入。2018年，“丝绸之路大学联盟推进区域合作发展项目”获第五届中国教育改革创新特别奖。

十年来，西安交通大学开展了丝绸之路机器人创意大赛、3D打印创新大赛、“丝绸之路翱翔青年领袖计划”、丝路文创暑期课程、丝绸之路大学联盟暑期夏令营等多个面向丝路青年的品牌活动。例如，由西安交通大学、香港理工大学和北京大学共同筹办的丝绸之路青年领袖项目已连续举办3届，每年约50名中国大陆和中国香港的学生参加，走访“一带一路”沿线国家，并开展社会公益服务；丝绸之路大学联盟、中国自动化学会主办的

“丝绸之路机器人创意大赛”已举办三届，吸引了几十个沿线国家的青年创业者、青年科学家参加；西安交通大学承担了联合国教科文组织丝路培训基地项目，搭建在线培训平台，在泰国、俄罗斯等沿线国家建立培训基地，培养丝路青年人才4万余名；西安交通大学与米兰理工大学合作共建设计与创新学院（中外合作办学机构），落户中国西部科技创新港；西安交通大学发起的丝绸之路青年学者研讨会已连续举办七届，共邀请来自30多个国家和地区的1900余位优秀青年学者参会，促进来访丝路青年学者与西安交通大学相关学科和教师建立联系合作，吸引更多丝路青年才俊来陕西干事创业。

（二）组建专门教育机构，规模化、定制化培养丝路青年人才

十年来，一些中国高校发起成立了一批针对性开展服务“一带一路”建设的专门教育机构，努力将更多丝路青年学子培养成为通晓沿线国家国情、满足市场需求、具有全球视野的国际人才。

例如，2015年9月，联合国成立70周年系列峰会在纽约联合国总部举行，习近平主席在纽约出席并主持南南合作圆桌会，提出“中国将设立南南合作与发展学院”，以加大国际间知识技术分享力度。在商务部、教育部、财政部等中国多个部委的指导下，北京大学南南合作与发展学院于2016年4月成立，由北京大学国家发展研究院承办。2017年9月，在福建厦门举行的新兴市场国家与发展中国家对话会期间，习近平主席宣布，中国将通过南南合作与发展学院的平台，加强与其他国家在发展方面的经验共享和能力建设的合作。目前，北京大学南南合作与发展学院开设了学位教育和非学位培训，均用英文讲授，教学方式包括课程学习、现地教学、政策讨论与研究等。

乌兹别克斯坦因其独特的地理位置被誉为欧亚十字路口，这颗古丝绸之路的璀璨明珠被《孤独星球》评为2020年亚洲最佳旅行地。乌兹别克斯坦总统米尔济约耶夫在2018年上海合作组织青岛峰会上提出成立丝路大学的倡议，并在位于乌兹别克斯坦第二大城市、世界遗产之城撒马尔罕

建立“丝绸之路”国际旅游与文化遗产大学，北京第二外国语学院全程参与共建。该大学直属于乌兹别克斯坦国家旅游发展委员会，一创办直接取得本硕博全部授予权，师资全国调配并得到大量国际援助，下设旅游学院、服务学院、技术学院，重点为乌兹别克斯坦与中亚国家培养高水平旅游、文化、遗产、传媒等方面的管理人才。

北京大学“一带一路”书院由北京大学光华管理学院发起成立，设有未来领导者项目、香港大学双学位项目、国际 MBA 等。其中，未来领导者项目与全球多所顶尖大学共建国际教育合作联盟，在北京大学及联盟院校在读本科生中选拔优秀的、具有领导潜力的青年人才，共同在书院完成本科第三、四学年的学习，完成学业后获得北京大学管理学学士学位，逐步成长为具有优秀学识、高尚品德、远大胸怀，以及跨文化理解力与人类命运共同体使命感的未来国际领导者。

北京师范大学“一带一路”学院作为一个综合性、实体建制的教学科研机构，充分依托学校教育文史哲、经管法、艺术、地理、生态等优势学科力量，着力打造服务“一带一路”建设向高质量发展的开放式、多学科支撑平台，开设的教育项目包括发展中国家硕士、发展中国家博士、国际工商管理硕士、国际公共管理硕士。

中国人民大学丝路学院是首家在“双一流”建设高校中以“丝绸之路”元素冠名的学院，下设当代中国研究项目，依托中国人民大学的学科优势、国际化办学经验和高端智库资源，力图探索出一条融合全球视野、中国特色和人大风格的人才培养之路。

中国科学院大学“一带一路”学院（研究院）由中国科学院大学与义乌市人民政府共建，定位于打造集人才培养、科技创新和产业服务三位一体的综合平台。在人才培养上，主要开展工商管理硕士、中外合作学历教育、留学生培养、非学历教育和职业培训等，着力培养具有国际视野与国际经营理念的商贸及科技管理人才。

浙江师范大学中非国际商学院是中国高校首个面向中非经济合作教学机构，以经贸和工商管理为特色，努力形成集人才培养、人员培训、商务管理、学术研究于一体的办学体系，培养一批中国的“非洲通”和非洲的

“中国通”人才。学院设有国际经济与贸易（非洲方向）、投资学（非洲方向）、旅游管理（非洲方向）、商务汉语等本科专业以及工商管理、公共管理、汉语国际教育等专业硕士学位。

表 2.3 国内外高校、职业院校和相关机构成立的“一带一路”专业教育机构

序号	机构名称	所在高校或者机构	成立时间
1	“一带一路”书院	北京大学	2018 年
2	“一带一路”学院	北京师范大学	2018 年
3	“一带一路”学院（研究院）	中国科学院大学	2018 年
4	“一带一路”农业合作学院	中国农业大学	2017 年
5	中非国际商学院	浙江师范大学	2010 年
6	南南合作与发展学院	北京大学	2016 年
7	“一带一路”国际学院	桂林旅游学院	2017 年
8	“一带一路”学院	浙江外国语学院	2020 年
9	“一带一路”国际人才学院	江苏大学	2017 年
10	一带一路国际产业学院	漯河食品职业学院	2019 年
11	“一带一路”产业学院	河南经贸职业学院	2020 年
12	“一带一路”能源学院	华北电力大学	2018 年
13	“一带一路”国际医学院	浙江大学	2019 年
14	丝路学院	中国人民大学	2018 年
15	国际丝路学院	上海社会科学院	2016 年
16	丝路学院	宁波职业技术学院	2020 年
17	丝路商学院	三亚学院	2016 年
18	北斗丝路学院	北京航空航天大学	2017 年
19	丝路学院	成都职业技术学院	2020 年
20	丝路法学院	甘肃政法大学	2017 年
21	MBA“一带一路”项目	湖南大学	2016 年
22	中兴正大一带一路学院	南京大学浦江学院	2017 年
23	陕西一带一路律师学院	西北政法大学	2019 年
24	“一带一路”东软数字产业学院	普洱学院	2022 年
25	丝绸之路学院	河南大学、吉尔吉斯斯坦民族大学	2021 年

续表

序号	机构名称	所在高校或者机构	成立时间
26	丝路学院	云南工商学院	2021 年
27	“丝绸之路”国际旅游与文化遗产大学	乌兹别克斯坦国家旅游发展委员会	2018 年
28	丝绸之路学院	中国地质大学（武汉）	2014 年
29	丝绸之路国际工程学院	西安交通大学、香港理工大学	2017 年
30	丝绸之路律师学院	上海政法学院	2015 年
31	丝绸之路艺术学院	渭南师范学院	2016 年
32	中亚学院	西北大学	2014 年
33	中亚学院	西安外国语大学	2014 年

案例 2.9

浙江：培育“丝路学院”境外办学品牌，加快职业教育“走出去”

浙江“走出去”企业众多，对目的地国本土人才需求量大，建设“丝路学院”，可以帮助企业培养熟悉目的地国家国情、具备一定职业技能和管理经验的优秀青年人才，服务浙江企业在当地落地生根、稳步发展。近年来，“丝路学院”已成为浙江省高校和职业院校境外办学机构的统称，具体部署写入了《浙江省委省政府关于全面实施高等教育强省战略的意见》《浙江省委省政府关于深化教育体制机制改革的若干意见》《浙江省教育事业发展“十四五”规划》等政策规划。2021 年 10 月，浙江省教育厅、商务厅共同发布《关于推进“一带一路‘丝路学院’”建设的指导意见》，明确了“丝路学院”建设要求，其人才培养、技能培训、国别研究、政策咨询、文化交流等职能进一步明确。2022 年 6 月，浙江公布首批 29 所“丝路学院”。

目前，“丝路学院”形成了三种特色办学模式：

一是浙江高校与“走出去”企业携手办学，企业提供办学场地、资金，学校派出教师。比如，温州职业技术学院与温州亚龙智能装备集团在柬埔寨合作建设“温州职业技术学院亚龙丝路学院”，由温州职业技术学院派遣师资，帮助企业培养电气自动化等当地青年技术人才。

二是浙江高校与海外高校合作办学。比如，宁波职业技术学院与斯里兰卡职业技术大学合作成立“中斯丝路学院”，采用“中文＋职业技能”模式，向斯里兰卡输出中国先进职教理念和办学模式，助力当地培养应用型青年技术人才。

三是“抱团出海”办学。比如，浙江机电职业技术学院、浙江经贸职业技术学院联合浙江华立集团和泰国东部职教集团，在泰国罗勇工业园区设立泰中罗勇丝路学院，为园区内中资企业员工提供中文和职业技能培训，推动中资企业销售额增长300%，泰籍员工离职率从15%下降至5%。

表 2.4　浙江省首批丝路学院

序号	学校	丝路学院名称	设立时间	所在国
1	杭州电子科技大学	中白丝路硕博学院	2017 年 12 月	白俄罗斯
2		蒙特雷科技大学丝路联合校区	2019 年 7 月	墨西哥
3	中国计量大学	浙江捷克布拉格丝路学院	2020 年 6 月	捷克
4	温州医科大学	华佗学院	2016 年 3 月	波兰
5	浙江科技学院	ZUST—SIA 丝路国际学院	2020 年 12 月	马来西亚
6	浙江万里学院	浙江万里学院汉堡校区	2018 年 9 月	德国
7	宁波财经学院	中国—斯洛伐克丝路学院	2019 年 11 月	斯洛伐克
8	浙江交通职业技术学院	浙江交通海外丝路学院	2017 年 7 月	柬埔寨、泰国、喀麦隆
9		老挝占巴色丝路交通学院	2018 年 11 月	老挝

续表

序号	学校	丝路学院名称	设立时间	所在国
10	金华职业技术学院	卢旺达穆桑泽国际学院	2017 年 7 月	卢旺达
11	宁波职业技术学院	中斯丝路学院	2018 年 11 月	斯里兰卡
12		中贝丝路学院 / 中非（贝宁）职业技术教育学院	2016 年 1 月	贝宁
13	温州职业技术学院	亚龙丝路学院	2018 年 7 月	柬埔寨
14	浙江旅游职业学院	中俄旅游学院	2017 年 11 月	俄罗斯
15		中塞旅游学院	2019 年 7 月	塞尔维亚
16		中意厨艺学院	2020 年 11 月	意大利
17	杭州职业技术学院	中非（尼日利亚）丝路工匠学院	2022 年 1 月	尼日利亚
18	浙江商业职业技术学院	西班牙中餐学院	2019 年 12 月	西班牙
19		中尼商学院	2017 年 9 月	尼泊尔
20	浙江金融职业学院	华立丝路学院	2021 年 1 月	泰国、墨西哥、乌兹别克斯坦
21	浙江经贸职业技术学院	中乌经贸丝路学院	2021 年 6 月	乌克兰
22		康博丝路学院	2021 年 4 月	马来西亚
23	浙江经贸职业技术学院、浙江机电职业技术学院	泰中罗勇丝路学院	2019 年 6 月	泰国
24	浙江建设职业技术学院	中菲“一带一路”建筑技能人才丝路学院	2019 年 5 月	菲律宾
25	浙江纺织服装职业技术学院	中罗丝路工匠学院	2019 年 9 月	罗马尼亚
26	义乌工商职业技术学院	马来西亚义乌丝路学院	2021 年 1 月	马来西亚
27	浙江经济职业技术学院	马来西亚鲁班工坊	2021 年 3 月	马来西亚
28	浙江国际海运职业技术学院	浙江—巴新国际海事学院	2018 年 7 月	巴布亚新几内亚
29	温州科技职业学院	鹏盛丝路学院	2020 年 6 月	乌兹别克斯坦

五、“一带一路”专业智库成为丝路青年教育、学术、科研交流合作的重要平台

2017年，首届“一带一路”国际合作高峰论坛“增进民心相通”平行主题会议上，发布《中国社会组织推动“一带一路”民心相通行动计划（2017—2020）》，宣布启动建设“丝路沿线民间组织合作网络”以及实施“增进‘一带一路’民心相通国际智库合作项目”。由此，专业智库成为“一带一路”建设顶层设计、方案制定、咨政建言、企业咨询、舆论引导等重要载体。

部分沿线国家相关机构、专家发起成立了一批与“一带一路”相关的专业智库。例如，2017年11月，日本“一带一路”研究中心在东京成立，对中国在斯里兰卡、巴基斯坦、老挝、希腊等沿线国的重点项目进行研究，促进了日本政府、民众对“一带一路”倡议的认识和理解；2018年5月，韩国民间创立“一带一路研究院”，以国际论坛、智库研究、学术交流等形式促进中韩两国交流协作；2019年10月，赞比亚首个“一带一路”研究中心揭牌成立，由赞比亚大学和赞比亚“一带一路”科技学院共同成立；2019年，意大利“一带一路”研究机构在北京、西安设立办公室，开展中意文化交流活动；日本东亚共同体研究所由日本前首相鸠山由纪夫领衔建立，致力于加强东亚地区政治、经济、文化等多个层面沟通交流，通过务实合作增强战略互信，促进形成东亚命运共同体；泰中“一带一路”研究中心是泰国国家级高端智库，在促进中泰两国智库交流，政策沟通，推动“一带一路”项目对接以及《习近平谈治国理政》《中国关键词》等泰文版书籍翻译出版等方面长期发挥积极作用。

世界主要名校都设有中国研究中心，有的还单独成立“一带一路”研究中心。例如，罗兰大学是匈牙利排名第一的综合性高等学府，至今有300多年悠久历史，2016年成立欧洲首个“一带一路”研究中心；2017年，剑桥大学成立“一带一路”国际研究中心，这是英国首个专项研究中国“一

带一路”倡议的智库机构。

中国高校、智库机构与多个“一带一路”沿线国家建立学术联系，开展合作研究，共建专业智库。例如，2018年，中国人民大学国家发展与战略研究院和泰国国家研究院泰中战略研究中心、埃及艾因夏姆斯大学分别成立泰中“一带一路”合作研究中心、埃及“一带一路”合作研究中心。

部分高校、机构还成立了青年主题的“一带一路”专业智库。例如，中国青年政治学院成立“一带一路”青年研究与交流中心，成都理工大学成立了四川省首个“一带一路”综合性智库——“一带一路”与青年发展研究院。

目前，中国教育部已发布100多项涉及“一带一路”沿线国家研究课题，组织编撰沿线国家“一国一本”系列报告，中国知网收录的篇名为“一带一路”的学术文献超过5.4万篇。海外出版“一带一路”主题的图书数量不断上升，累积出版1300余种，涉及20余种语言。近年来，数十个国家的100多家智库发布涉及“一带一路”倡议的智库报告超过1000篇，较有影响的有中国社会科学院“一带一路”研究中心等发布的《“一带一路”蓝皮书：“一带一路”建设发展报告》、中国商务部国际贸易经济合作研究院发布的《中国“一带一路”贸易投资发展报告》、世界银行发布的《“一带一路”经济学》、美国前助理国务卿丹尼尔·拉塞尔领衔的研究团队所撰写的《为“一带一路”倡议导航》、丝路青年论坛等发布的《“一带一路”青年发展报告》、德意志银行发布的《“一带一路”倡议白皮书》等。上述智库成果多为丝路青年研究人员主要参与完成。

世界各地的“一带一路”专业智库还举办了一系列国际学术论坛，搭建学术研究、学术交流、课题协作、信息共享等平台，在传播“一带一路”倡议的核心理念，扩大“一带一路”的国际影响力，促进沿线国家智库建设和人文交流起到了积极作用。例如，新华社发起设立“一带一路”国际智库合作委员会，每年举办一系列学术交流活动，设立“一带一路”国际研究基金，开设官方网站和客户端，创办学术刊物，开展研究成果多语种互译，建立相关基础数据库。

案例 2.10

智政互动：“一带一路”知名智库运作情况介绍

“一带一路”智库合作联盟成立于2015年4月，是中共中央对外联络部联合国务院发展研究中心、中国社会科学院、中国国际经济交流中心、北京大学、复旦大学搭建的智库平台。目前，联盟聚拢了中国研究“一带一路”较高水平的141家研究机构和高校、122家“一带一路”沿线国家的主流智库，主要围绕“一带一路”建设开展战略研判、政策分析、项目评估等工作。

复旦大学成立一带一路及全球治理研究院，围绕全球与国家治理、经贸与区域经济合作、公共卫生、环境生态等焦点领域和重大问题建立10个研究所，与沿线国家60多个智库开展合作，与英国、巴基斯坦、哈萨克斯坦等沿线国家，浙江、广西、甘肃等国内省份有关部门建立合作机制，每年举办“一带一路”与全球治理国际论坛、“一带一路”国际金融发展高峰论坛、中巴经济走廊双边国际学术研讨会等国际论坛，在欧洲、南北美、中亚5所高校设立海外当代中国研究中心，牵头建设“一带一路”国际关系学院联盟、肿瘤防治联盟、公共卫生学院联盟等协作组织，举办全球治理创新青年设计大赛、大学生“治国理政”国际论坛等青年交流活动。

越来越多韩国人渴望对“一带一路”倡议有更正确的理解，也希望借助“一带一路”建设进一步拓展深化韩中各领域合作，因而大量韩国学者研究“新北方政策”“新南方政策”等本国战略与“一带一路”对接的潜在机遇和相互打通的合作方案。2018年2月，韩国首个也是至今唯一一个“一带一路”研究院成立，下设学术研究组、对外合作组、出版组、青年组、宣传组、华侨组、事务局等多个部门，学术研究组下面还设有“一带一路”学会。韩国“一带一路”研究院属于非营利性的社团法人，同时接受韩国外交部的监督、管理和指导，韩国国会前议员担任负责人。2019年2月起，韩国“一带一路”研究院连续参与主办了八届“一带一路”国际青年论坛。

北京第二外国语学院2014年成立中国“一带一路”战略研究院，以“一带一路”研究简报、“一带一路”蓝皮书、“一带一路”论坛、“一带一路”课题等形式重点服务沿线国家有关政府，连续多年被中国国家信息中心、南京大学与《光明日报》评定的“一带一路”智库研究前5名。同时，该研究院成立中国首个“一带一路”智库型省部级重点实验室——国家“一带一路”数据分析与决策支持北京市重点实验室，构建了“一带一路”投资与安全、人文外交、语言战略三大指数。

表2.5　近年来有关政府部门、高校、社会组织等成立的部分“一带一路”专业智库

序号	机构	主管单位	成立时间
1	丝路规划研究中心	中国人民政治协商会议全国委员会办公厅	2016年
2	“一带一路”智库合作联盟	中共中央对外联络部	2015年
3	一带一路战略研究院	清华大学	2016年
4	“一带一路”经济研究院	中国人民大学	2015年
5	丝路国际智库交流中心	—	2018年
6	海上丝绸之路研究院	华侨大学	2014年
7	“一带一路”经济发展研究中心	中国传媒大学	2014年
8	中国（西安）丝绸之路研究院	西安财经学院	2014年
9	“一带一路”文化研究院	陕西师范大学	2018年
10	丝绸之路研究院	北京外国语大学	2015年
11	中国“一带一路”战略研究院	北京第二外国语学院	2014年
12	丝绸之路经济带研究协同创新中心	西安交通大学	2015年
13	海上丝绸之路研究院	海南师范大学	2015年
14	21世纪海上丝绸之路协同创新中心	广东外语外贸大学	2015年
15	“一带一路”研究中心	北京大学	2015年

续表

序号	机构	主管单位	成立时间
16	丝绸之路研究中心	北京交通大学	2015 年
17	丝绸之路研究中心	南开大学	2015 年
18	“一带一路”合作与发展协同创新中心	浙江大学	2015 年
19	“一带一路”法律研究中心	厦门大学	2015 年
20	海上丝绸之路核心区建设研究院	福州大学	2015 年
21	“一带一路”研究院	江苏师范大学	2015 年
22	丝绸之路国际法与比较法研究所	西安交通大学	2016 年
23	“一带一路”研究院	云南大学	2016 年
24	丝绸之路经济带建设研究中心	兰州大学	2014 年
25	“一带一路”与青年发展研究院	成都理工大学	2016 年
27	“一带一路”自由贸易试验区研究院	西安交通大学	2017 年
28	“一带一路”研究院	四川大学	2017 年
29	“一带一路”及全球治理研究院	复旦大学	2017 年
30	“一带一路”国际传播研究院	中国外文局	2020 年
31	韩国“一带一路”研究院	—	2018 年
32	保加利亚“一带一路”全国联合会	—	2017 年
33	“一带一路”研究院	海南大学	2019 年
34	日本“一带一路”研究中心	—	2017 年
35	丝绸之路研究院	西北大学	2014 年
36	中国阿拉伯国家研究院	宁夏大学	2016 年
37	一带一路研究院	北京语言大学	2020 年
38	香港一带一路研究院	—	2016 年
39	“一带一路”研究院	中山大学	2018 年
40	一带一路研究院	青岛大学	2016 年
41	“一带一路”研究院	江西财经大学	2019 年
42	“一带一路”信息技术研究院	杭州电子科技大学	2017 年
43	上海“一带一路”协同创新研究院	上海对外经贸大学	2016 年
44	一带一路与全球发展研究院	华东师范大学	2018 年

续表

序号	机构	主管单位	成立时间
45	“一带一路”研究院	大连交通大学	2020年
46	“一带一路”研究中心	中国社会科学院	2015年
47	“一带一路”研究院	上海交通大学	2018年
48	“一带一路”绿色发展研究院/“一带一路”金融合作研究院	中国国际文化交流中心	2019年
49	“一带一路”发展研究院（老挝研究中心）	苏州大学	2017年
50	“一带一路”联合研究中心	赞比亚大学、赞比亚“一带一路”科技学院	2019年
51	瑞典“一带一路”研究所	—	2018年

备注：

（1）高校拥有较为齐备的科研团队、教研软硬件、研究经费和学术基础，因而以高校为主管单位成立的“一带一路”专业智库数量最多，有39家，占样本库的76%。政府主办主管的“一带一路”专业智库有3家，占样本库的6%。

（2）作为“一带一路”倡议的发起国，中国大陆有关机构发起并稳定运行的“一带一路”研究机构数量最多，有45家，占样本库的88%。

（3）由于“一带一路”建设涉及国家多、地域广，从搭建平台、建立合作网络、成果产出等角度，更多机构选择成立综合性智库机构（如“一带一路”研究院），有35家，占样本库的69%。而从实际运行看，综合性智库机构对主管机构、运作团队、经费投入的要求更高，部分智库机构尚未完全达到预期发展目标。

六、国际中文教育蓬勃发展，语言教育提速发展

（一）国际中文教育进一步普及

自张骞出使西域时起，汉语言文字便开始通过古丝绸之路和海上丝绸之路向世界传播。此后，贸易、留学和传教士等成为汉语对外教学和传播的重要途径。新中国成立以来，汉语开启了有组织、有系统的对外传播，这在语言本体规划、语言教育规划和语言服务等多个方面得以充分体现。

十年来，随着“一带一路”建设的持续推进，各国对中文学习的需

求持续旺盛，国际中文教育蓬勃发展，全球有180多个国家和地区开展中文教学，81个国家将中文纳入国民教育体系，开设中文课程的各类学校及培训机构8万多所，正在学习中文的海外青年超过3000万，累计学习和使用中文的海外青年人数超过2亿。2016—2020年，全球参加HSK（中文水平考试）、YCT（中小学中文考试）等中文水平考试的人数达4000万人次。2021年起，汉语正式成为联合国世界旅游组织官方语言。

“一带一路”沿线国家中说汉语的国家有新加坡、马来西亚等东南亚国家，学中文较为积极的国家有日本、韩国、美国、俄罗斯、英国等。例如，日本几乎每所学校都会设立汉语学科；英国作为欧洲中文教育开展较早、基础较好、规模较大的国家之一，将中文列为中小学外语选修课程，纳入素有“英国高考”之称的A—level考试，还于2016年启动“中文培优项目”。英国驻华大使馆文化教育公使包迈岫说：“对英国年轻人来说，了解中国、学习中文以及中国文化极其重要。”

国际中文教育促进中国与阿拉伯青年双向奔赴。截至2022年10月，已有阿联酋、沙特、埃及、突尼斯4个阿拉伯国家将中文纳入国民教育体系，15个阿拉伯国家在高校开设中文院系，13个阿拉伯国家建有20所孔子学院、2个独立孔子课堂。“中文热”使阿拉伯青年眼中的中国更加多元化、具象化，阿拉伯青年一代正用年轻态的方式理解和传播中国文化：摩洛哥音乐博主迪娜在家乡街巷演唱中文歌曲的视频在社交媒体上播放量超过1亿次；“唱响埃及”歌唱比赛中，既有《映山红》等中国经典红歌，也有《夜空中最亮的星》等中国当代流行音乐。

案例2.11

中国教育部中外语言交流合作中心：引领“一带一路”国际中文教育

中国教育部中外语言交流合作中心（以下简称“语合中心”）是发展国际中文教育事业的专业公益教育机构，致力于为世界各国民众学习中文、了解中国提供优质的服务，为中外语言交流合作、世界多元文化互学互鉴搭建友好协作的平台。

加强国际中文教育领域标准体系建设。2021 年 4 月，语合中心发布《国际中文教育中文水平等级标准》，这是中国首个评价外国中文学习者的语言技能和水平的规范标准。围绕新标准，已面向海外发布 8 个语种对照版，与 20 多个语言教育机构进行标准推介和认证对接，并研发《职业中文能力标准》和 1+X 中文在线教学技能等级证书。

大力推动实施在线中文教育。语合中心于 2020 年 3 月推出“中文联盟”云服务教学平台，与海外中文教育机构合作共建 15 家网络中文课堂和中文学习测试中心，免费开放在线中文教学资源，提供居家网考服务，确保了新冠疫情期间国际中文教育停课不停学、不停教、不停考。目前，“中文联盟”上线课程已突破 340 多门、1.6 万多节，为 210 多个国家和地区的中文教学机构及全球 500 多所孔子学院提供在线教学服务，惠及全球 2000 多万中文学习者。

多渠道拓展国际中文教育。语合中心通过派遣教学顾问、提供奖学金等方式，支持 16 个沿线国家的 20 所高校中文师范专业建设；与泰国教育部门合作共建全球首所语言职业教育学院，目前已吸引 20 余所泰方职业院校加入；综合运用新媒体平台和现代先进科学技术，通过组织开展“汉语桥”①、国际中文日、唱歌学中文等系列活动，以及组织历届“汉语桥”冠军录制系列“讲述真实中国”短视频等形式，面向海外真实、立体、全面展示中国。

① “汉语桥”于 2002 年开始举办，旨在进一步弘扬中华文化，增进世界各国人民对中国的认知和了解，推动中国与各国在政治、经济、文化、教育各领域的交流与合作，至今已有 150 多个国家、超过 140 万名莘莘学子因为热爱中文与“汉语桥”结缘，每年更有 1 亿多海外观众关注比赛盛况。目前，“汉语桥”项目包括：举办“汉语桥”世界大中学生中文比赛、小学生中文秀和全球外国人汉语大会；组织“汉语桥”夏令营和校长团；设立“汉语桥”俱乐部，支持各国中文学习者和中国文化爱好者开展交流活动；设立“汉语桥”海外资助项目，支持开展国际中文教育领域的推广、竞赛、学术、调研等项目。

案例 2.12

北京语言大学：外语专业设置全覆盖，促进丝路青年文化交流

北京语言大学是一所以语言文化教育和语言文化研究为特色和优势的多科性国际型大学，以“国际化、语言+、全贯通、重培优”为培养特色，为学生搭建了包括拔尖人才实验班、双专业、双学位、辅修专业、出国交流、通识课程、导师制和学分制等在内的成长成才平台。

目前，北京语言大学开设的外国语言专业达94种，实现外语专业设置全覆盖，已为183个国家和地区培养近20万名懂汉语、熟悉中华文化的外国留学生。北京语言大学在海外共建了14所孔子学院，有关课程均纳入海外合作大学的学分系统。

为了让留学生学习中国语言的同时，了解、学习、感悟中国传统文化，北京语言大学开设了20多门传统文化课程。北京语言大学中外学生艺术团由来自10多个国家的200多名中外学生组成，中国学生向外国同学传授中国传统乐器的演奏方法，面对面介绍中国传统文化。

北京语言大学组织了十七届“北语零时差，步履无国界”为主题的世界文化节，每年吸引百余国家的近千名留学生和数万名北京市民参加。“留学生长途语言实践活动”在北京语言大学开展已有20多年历史，留学生通过对中国大好河山、锦绣风光的亲身体验，加深了对中国和中国大学生的了解及友谊。

2019年8月，青年学生“汉语桥”夏令营在北京语言大学启动，该项目是落实第二届“一带一路”国际合作高峰论坛联合公报的重要举措之一，营员代表共同宣读语言互通、文化互鉴倡议，共同号召丝路青年学习各国语言文化，积极参与人文交流活动。

（二）非通用语教育迅速发展

“一带一路”沿线国家使用的官方语言有53种，涉及9大语系、20种语族和31种语支，包括使用国家较多的中文、英语、阿拉伯语、俄语。“一带一路”建设促进非通用语教育迅速发展，中国教育部优先支持高校开设与中国建交国的非通用语种专业，大力培养精通非通用语的复合型人才。

目前，中国的外语非通用语教育已建立起从学士、硕士、博士到博士后研究的系统齐备的人才培养体系，其中有200余所大学开设非通用语本科专业。例如，北京外国语大学是中国共产党创办的第一所外国语高等学校，获批开设101种外国语言教育，覆盖与中国所有建交国的语言教育；上海外国语大学在“会语言、通国家、精领域”的人才培养理念引领下，探索跨“语种、专业、学科、院系、学校、国家”，通“历史与现状、政策研究与学术研究、国家治理与全球治理”，融“语言能力、学科能力、政治定力、话语能力”的“多语种+”全球治理人才培养，形成了较为完整的非通用语种教学方阵；地处中国—东盟交流合作前沿的广西民族大学是中国首批“国家外语非通用语种本科人才基地”，开设有越南语、老挝语、泰国语、柬埔寨语、缅甸语、印尼语、马来语等7个东南亚语言本科专业，是中国高校中开设东盟语种最早也是最多的院校之一，东南亚语种专业毕业生就业率高达97%以上。

第二节　中国与“一带一路”沿线国家青年教育交流合作经验、挑战与对策建议

一、丝路青年教育交流合作的主要经验：发挥教育合作基础性、支撑性、引领性作用，厚植民意根基，促进民心相通

（一）中国教育开放与“一带一路”教育合作双向互动

教育是国家和民众间交流与对话的关键力量，是承载、传播、延续文明核心价值的重要途径。教育国际交流合作能有效应对世界发展格局的变

化和知识创新，促进全球人才流动，促进跨国家、跨机构、跨主体的对话和互动，促进相关国家教育事业，提升国际影响力。十年来，中国基于沿线国家的实际需求，明确了从“授人以鱼”到“授人以渔”的教育合作升级版战略，签署和践行一系列教育双多边合作机制，落实领导人倡议和“一带一路”教育行动计划等政策文件，通过开展访学、合作办学、语言教育、科技合作、人文交流、设立孔子学院(孔子课堂）等多种合作形式，打造多元丰富的教育交流合作平台，强化中国—中东欧、中国—东盟、中国—非洲等区域和次区域教育合作，发挥教育“软力量”的“四两拨千斤”作用，促进语言互通和双向沟通，加深中国与沿线国家了解、认识和认同，为“一带一路”建设提供人文交流载体和人才支撑。

（二）以留学推进计划为基础，推进中外合作办学和中国高校境外办学

中国政府对内以设立“丝绸之路”政府奖学金为引领，通过设立奖学金、扩大招生规模、提升留学生教育质量等方式，为沿线国家培养行业领军人物和优秀技能人才。同时，积极提升中国自身接收留学生水平，为沿线国家提供良好的留学软硬件环境。对外，推动更多中国留学生去往沿线国家留学。十年来，中国实现了来华留学和出国留学的丝路青年数量双增长，出国留学和归国就业创业的中国青年数量双增长。

十年来，中外合作办学在拓展规模、提高质量、规范管理等方面取得了重要经验：其一，加大与全球一流教育资源合作。习近平主席在“一带一路”国际合作高峰论坛开幕式上的讲话中提出，要推动教育合作，扩大互派留学生规模，提升合作办学水平。2018 年 9 月，习近平主席在全国教育大会上指出，要扩大教育开放，同世界一流资源开展高水平合作办学。从实践看，中外合作办学的外方合作院校已覆盖“一带一路”沿线国家的知名院校。其二，加强质量建设。《关于做好新时期教育对外开放工作的若干意见》提出，“引进国外优质资源，全面提升合作办学质量”。近年来，中国有关院校积极推动中外合作办学从规模速度型向质量效率型转变，加快构建人民满意、社会期盼、发展急需的高水平、内涵式、可持续的现代中外合作办学新格局。

中国高校境外办学形成了三种模式：一是中国高校赴境外独立办学，如厦门大学马来西亚分校、老挝苏州大学、北京大学汇丰商学院英国校区等；二是中外高校合作创建境外办学实体，比如，大连海事大学与斯里兰卡科伦坡国际航海工程学院合作建设大连海事大学斯里兰卡校区，实现中国高等航海教育的首次输出；三是中国高校与沿线国家政府、企业以及其他机构合作办学，由所在国合作方提供办学条件，中方高校实施相对独立办学，比如，北京语言大学东京分校是中国首个教育部直属重点大学在海外设立的分校，在校生来自日本、韩国、越南、蒙古、缅甸、尼泊尔等十几个沿线国家。

（三）“一带一路”主题的教育机构、协作组织和专业智库纷纷成立

十年来，越来越多的中国高校、教育机构结合自身发展定位和国际交流需求，积极拓展与“一带一路”沿线国家高校、职业院校、教育机构、社会组织的校际交流、产教融合、校企合作、合作办学、产学研协作等领域合作，扩大沿线国家留学生招生规模，组建专门教育机构和协作组织，努力培养更多通晓沿线国家国情、满足市场需求、具有全球视野的丝路青年人才。同时，全球围绕“一带一路”展开学术研究和成果交流的智库机构也纷纷涌现，研究和探讨“一带一路”成为风靡世界的文化现象。沿着“一带一路”实际拓展的方向，“丝绸之路学术带”初步形成规模，推动相关智库成果频频问世。

（四）“中文+”成为“一带一路”国际中文教育发展的重要目标

2018年，中国国务院副总理孙春兰提出应开设技能、商务、中医等特色课程，建立务实合作支撑平台，“中文+”这一概念被首次提出。随着“一带一路”沿线国家不同行业对中文人才需求的大幅增长，泰国、马来西亚、坦桑尼亚、埃塞俄比亚等40多个国家和地区的100多所教育机构相继开设“中文+”课程，涉及高铁、经贸、旅游、法律、海关、航空等数十个专业。

目前，“中文+”教育形成三种模式。一是“中文+职业技能”，主要指通过接受孔子学院、境外教育机构、中资企业的联合培训，培养掌握航空、铁路、公路、港口、信息网络、翻译、法律等职业技能的中文人才；

二是“中文＋专业”，主要指通过中外高校及中资企业联合培养，具有某一行业领域较高专业素养的中文人才；三是“中文＋标志性项目”，主要指针对“一带一路”重点项目订单式培养具有相关职业技能的中文人才。

二、中国与“一带一路”沿线国家青年教育交流合作面临的主要挑战

（一）国际政治环境复杂叠加沿线国家经济和教育发展不平衡，增大教育交流合作风险

“一带一路”横跨欧洲、亚洲、非洲等多个大洲，涉及不同的国家、种族、宗教、文化和政体，既有发达国家又有发展中国家，既有社会主义国家又有资本主义国家，既有经济大国、经济强国也有诸如文莱这样的小国，导致沿线国家教育体制、教育水平、教育模式存在较大差异，一定程度阻碍了各国教育交流合作，难以用统一政策和双多边机制推进国际教育合作。

当今世界正面临百年变局叠加世纪疫情带来的日趋复杂的国际政治环境，各方面的不确定性因素增加，一些国家和地区内部政治局势缺乏稳定性，使得经济增长乏力、社会秩序混乱、教育发展基础薄弱，为教育合作交流的顺利、有效和稳定开展提出巨大挑战。例如，部分西亚国家在发展中曾受到多方势力的干扰和影响，国内局势长期不稳，对“一带一路”教育合作提出严峻挑战；2022 年爆发的俄乌冲突进一步激化了大国博弈，欧洲和亚太的战略稳定遭受挑战，影响了中国与相关沿线国家的教育合作项目顺利推进。

（二）部分沿线国家政府部门将经济合作作为“一带一路”建设重点，教育交流合作尚未受到充分重视

“一带一路”倡议发端于推动经济发展，落脚在政策、产业、贸易、金融、科技、人文、教育等多个方面。从沿线国家参与“一带一路”建设的初衷看，不少国家主要从发展本国经济出发，试图分享中国经济发展的“红利”，并未将教育合作上升到示范性、引领性的民心相通的战略高度，

可视性、务实性、普惠性、战略性的教育合作成果相对不足。同时，中国各地方政府对“一带一路”建设表现出极大热情，都希望抓住政策机遇，抢占发展先机，然而这种热情多侧重于经济领域，部分地区对开展“一带一路”教育合作多为教育部门和教育机构基于自身需求的自发行为，尚未上升到政府层面的合力推进。

（三）中国教育资源供给存在不充分不均衡挑战

“一带一路”倡议提出后，中国逐渐从教育资源输入国转向输出国，同时欧美发达国家长期拥有国际教育合作的话语权，在不少国家深耕多年，从满足“一带一路”建设的人才培养需要看，中国有关部门亟须在教育资源配置与教育合作机制建设上尽快弥补短板。例如，“一带一路”建设催生了庞大的技术技能人才需求，尽管中国职业院校在合作办学、境外办学等领域取得良好进展，但是长期以来中国一些职业教育在经费投入、师资建设、学科建设、人才培养等方面并未受到与高等教育同等的重视，导致部分院校的职业教育资源供给国际化能力不足。

中国与沿线国家教育合作还存在“冷热不均”的问题，与俄罗斯、泰国、英国、法国等国家建立了合作关系，但与不丹、波黑、塞浦路斯等国家的教育合作相对较少。来华留学也呈现结构性问题，培养层次相对偏低，本科生教育占比60%以上，区域布局不合理，生源主要来自韩国、东南亚、俄罗斯等与中国经济合作紧密、教育较为发达的国家和地区，中东欧、西亚非地区的生源较少。

“一带一路”沿线国家非通用语言纷繁复杂，语言不通严重制约有关项目顺利推进。近年来，中国高校尽管加大了小语种教育力度，但外语语种教学设置总体以国际通用语言为主，针对沿线国家的非通用语种教学较少，非通用语言人才储备不足。

受新冠疫情影响，中国学生外出留学和沿线国家来华留学均受到极大限制，访学、学术会议、人才培训等教育合作也因人员流动限制导致缩小规模、延迟或者取消。

三、高质量推进中国与“一带一路”沿线国家青年教育交流合作的对策建议

（一）打造“一带一路”教育行动升级版

优化教育资源配置，推动资源投入由粗放向精准转变。充分发挥驻外使领馆教育处组“桥头堡”优势，组织国外留学生、访问学者和国内专家开展精准需求调研和项目可行性研究论证，盘清沿线国家与中国教育合作需求。完善部际协调机制、部省协作联动机制，推动与沿线各国建立教育双边多边合作机制，探索建立教育质量保障协作机制和跨境教育市场监管协作机制。建立“一带一路”教育大数据共建共享机制，对资源配置实行动态管理，提高利用效率。加强中国与东盟、非洲、中东欧、拉美、阿拉伯地区等区域和次区域教育交流机制，促进汉语、中华文化在沿线国家的教育普及。提升新疆、海南、青海等“一带一路”核心区域和重要节点省份、城市国际教育交流合作的吸引力。持续扩大中国与沿线国家双向留学规模，推动更多高校学历、学位、学分、课程、职业证书互认，加强师生互访、人才联合培养、学科建设、课程开发等“小而美”领域合作，推动“一带一路”高校合作联盟、教育联盟、专门教育机构等建设，培养更多知华、友华、亲华的丝路青年人才。

加强统筹指导，促进中国各地“一带一路”教育行动由相对分散向省域内和省域间集群转变。结合“四点一线一面”[①]为战略重点的教育现代化区域创新，打造一批“一带一路”教育合作国家级平台和示范区，鼓励示范区先行探索、相邻区跟进拓展，以点带面，形成一体化、高质量发展的区域集群行动。加强省域内、省域间的统筹协调，实现学科、专业、人才等优质资源共商共建共享，打造国际教育联盟品牌。推动省域内多个城市或多个省份协同面向沿线教育薄弱国家开展教育援助，切实为中巴命运

① “四点一线一面”:“四点”为雄安新区、粤港澳大湾区、长三角、海南自贸试验区，“一线”为“一带一路”,“一面”为中西部地区。

共同体、中国—东盟命运共同体等国家间和区域命运共同体建设注入更多教育合作内涵。

推进“一带一路”教育行动重心下沉，提高教育对外交流的广度、深度和力度。加强省级人民政府对省域教育外事工作的统筹，对与沿线国家有深入合作关系的高校探索授予一定外事审批权。合作主体由学校层面下沉到院系、学科，由校级层面的人员交流向院系人才培养和学科建设务实合作延伸，开展国内外双向研学旅行、寒暑期夏令营、长短期互访交流等非学历教育交流，加强各地教育国际化窗口学校建设。结合中国5G技术、智能手机、社交平台在沿线国家普及，打造符合当地需求的数字教育平台，推广慕课、动画、游戏、短视频等丰富多彩的互动在线教育形式。

（二）加快培养各类高素质语言人才

支持社会力量助力孔子学院和孔子课堂建设，加强汉语教师和教学志愿者队伍建设，将汉语教育融入沿线国家国民教育、职业培训、社区教育等终身教育体系，在“五通”交流合作融入汉语教育，满足丝路青年基于兴趣爱好、就业创业的中文学习需求。支持在中国学业有成的丝路青年留学生返回家乡后，开展中文教育，争做丝路人文交流使者。坚守中华文化立场，将中国的语言文化展示出来，展现可信、可爱、可敬的中国形象。制作更多适合在新媒体平台传播、适应多层次学习需求、系统科学的中文学习内容，更加注重全球化表达、区域化表达、分众化表达，推进国际中文教育内容信息化、学习云端化、服务个性化，更好地服务网络空间的中文学习者和爱好者。引入“一带一路”沿线国家的语言教学资源，通过中外合作办学机构和项目培养更多熟练使用沿线国家语言的各类人才。

（三）加快培养精准服务“一带一路”产业需求的专业人才

发挥中国职业院校的学科、专业、师资、课程等比较优势，加强跨境校校合作、校地合作、校企合作和产教融合，配合中资企业走出去开展“订单式”职业技能培训，培养更多熟悉当地政策与国情、了解当地历史和文化，并通晓国际规则、熟练运用沿线国家语言的复合型、应用型专业技术人才和管理人才。建设国际领先、中国特色、沿线国家通用适用的职业教育标准体系，将中国职业教育经验及时分享给沿线国家。将中国政府部门、行业商协会、大型企业颁发或者认可的职业技能证书向沿线国家推广，定制培养满足中资企业人才需求的丝路青年人才，更好实现人才、岗位和能力匹配。

（四）加强丝路青年智库建设

打造一批特色型“一带一路”学术交流平台，引导丝路青年教师、研究人员、研究生、大学生等广泛开展智库研究和学术交流，加强中国与沿线国家的智库合作、学术交流。加强“一带一路”专业智库建设，汇聚更多科研能力较强的丝路青年学者，发挥其熟悉所在国家情况和创新能力较强的优势，加强国别研究、产业规划、项目策划、项目评估等实证研究和智库服务。在中国社科普及工作中增加“一带一路”有关内容，鼓励丝路青年学者开展“五通”的解读、研究和传播，以及沿线国家人文历史、风土人情、产业发展的宣传普及，提高沿线国家民众对“一带一路”建设的知晓率、认同度和支持度，形成“丝路青年研究丝路、传播丝路、推介丝路、受益丝路”的可持续发展环境。

引导“一带一路”沿线国家社会科学研究机构、高校、青年组织以“丝路青年”为研究对象，加强关于青年发声、青年概念、青年本质、青年特点、青年观、青年文化、青年世代、青年生活方式、青年全面发展等领域的“丝路青年学”研究，打造学术研究、学科建设、人才培养、成果转化等“教育 + 智库”体系，为丝路青年交流合作提供理论支撑、决策建议和工作指导。

第三章
“一起向未来”：中国与“一带一路”沿线国家青年体育交流合作十周年

体育承载着国家强盛、民族振兴的梦想，作为当今跨文化交流中最具包容性的载体，体育已经成为提升国家形象和文化软实力的重要资源。青年是体育运动的主要参与者、受益者，从“90后”走上竞技舞台，到“00后”闪耀世界赛场，十年来，竞技场上“丝路青春风暴”从未停息。体育交流可以淡化国家间交流交往因为意识形态、宗教信仰、政治体制等造成的障碍，特别是“公平竞争、互相理解、友谊团结”的奥林匹克运动会精神可以凝聚更多国家、青年运动员和民众的共识，激发社会各界的参与积极性，提高舆论的关注度和热度，为“一带一路”夯实民意基础。

第一节　中国与“一带一路”沿线国家青年体育交流合作综述、成效与典型案例

一、中国体育对外交流交往展现新作为，体育的“朋友圈”更大了

习近平主席亲力亲为，充分利用重大外交场合和重大体育活动开展元首体育外交，展现大国形象，推动人文交流，支持体育发展，体育元素已经成为“元首外交”“首脑外交”的新亮点。

2014 年 2 月，习近平主席出席了俄罗斯索契冬奥会开幕式，这是中国国家元首首次出席在境外举办的大型国际体育赛事，体现了中国对国际奥林匹克运动的重视和支持，显示出中俄全面战略协作伙伴关系的高水平和特殊性。中国花样滑冰青年运动员佟健手擎五星红旗，引领中国代表团入场，受到全场观众热烈欢迎，习近平主席起立鼓掌，向中国奥运健儿挥手致意。

2017 年 1 月，习近平主席访问瑞士洛桑国际奥委会总部，这是历史上第一位到访国际奥委会总部的中国最高领导人，体现了中国对奥林匹克运动的坚定支持。国际奥委会主席巴赫在接受中国媒体采访时表示，习近平主席体育知识之渊博，令他吃惊。巴赫说，“看得出，他的确是一位资深体育迷，非常喜爱体育”，“就推动奥林匹克运动而言，习近平主席是当之无愧的冠军”。

2017 年 4 月，习近平主席访问芬兰时，与芬兰总统尼尼斯托共同会见冰雪运动员代表，两国元首商定将 2019 年定为中芬冬季运动年。2019 年，在尼尼斯托总统访华时，为衬托冬季运动主题，人民大会堂西大厅被冰雪元素装扮一新，中国的大熊猫和芬兰的驯鹿在银装素裹背景下相映成趣。一来一往之间，中芬冬季运动年正式开启，两国人文交流再添“冰雪元素”。

2018 年 6 月，中国国家主席习近平和俄罗斯总统普京在天津共同为第二届中俄青少年冰球友谊赛开球并观赛，这是新中国成立以来，在天津举办的最高规格冰雪赛事，习近平主席称赞此次活动为“冰球外交”。习近平主席和普京总统肯定了两国青少年友谊，表示应加强两国青少年交流，希望青少年冰球运动成为中俄两国友谊的新纽带。

2018 年 9 月，习近平主席、俄罗斯总统普京等出席东方经济论坛全会的各国领导人共同出席第三届“远东杯”国际帆船拉力赛第一赛段颁奖仪式。“远东杯”国际帆船拉力赛是中国自主品牌远洋帆船赛事，第三届拉力赛被列入东方经济论坛配套活动，来自中国、俄罗斯、韩国的 6 支参赛船队自 9 月 1 日从青岛奥帆中心出发，乘风破浪，最终有 5 支船队于 9 月 8—9 日陆续抵达俄罗斯符拉迪沃斯托克（海参崴）。

巴布亚新几内亚是太平洋岛国地区首个与中国签署“一带一路”建设谅解备忘录的国家。2018 年 11 月，习近平主席在巴布亚新几内亚国事访问期间，与该国总理在中国乒乓球学院巴新训练中心共同观看中国教练员指导巴新运动员训练，并鼓励他们争创佳绩、做两国人民友好使者。18 岁高中生杰弗里出生于乒乓世家，是巴新男队一号选手，一直梦想着代表大洋洲参加奥运会，他曾到上海体育学院中国乒乓球学院接受训练，习近平主席向杰弗里竖起大拇指，又挥臂做了几下打球的动作，意在称赞他球技很好，杰弗里向习近平主席赠送了一块印有中国和巴新两国国旗的乒乓球拍。

2022 年 2 月，习近平主席与普京总统共同启动“2022—2023 年中俄体育交流年”，双方将在交流年框架下开展计 600 余项交流活动，涵盖竞技体育、群众体育、体育产业、体育科研、青少年体育、残疾人体育等体育各领域，以及两国教育、文化、旅游、卫生、青年、地方合作等其他人文交流项目，其中第三届中俄冬季青少年运动会①掀起了交流年的活动高潮。

另外，北京冬奥会和冬残奥会、南京青奥会、第七届世界军人运动会也都成为中国“元首外交”和“主场外交”的重要平台。同时，十年来，中国国家体育总局着力构建“横向协同、纵向联动”的体育对外工作机制，实现中央与地方、部门与部门、政府与社会协同发力，利用体育提升中国文化软实力和影响力，有力配合了“一带一路”人文交流大局。

十年来，中国体育对外交往的“朋友圈”不断扩大，目前已与 180 余个国家和地区建立了体育友好关系，涵盖大部分“一带一路”沿线国家。双边体育交往更加活跃务实，与欧美体育强国、北欧冬季运动强国的互利合作不断深化，巩固发展了与国际体育组织的友好合作，尤其是利用申办举办北京冬奥会、杭州亚运会等重大赛事契机，中国进一步加强了与国际

① 中国与俄罗斯体育部门自 2016 年起创办了中俄冬季青少年运动会，至今已举办三届，分别在 2016 年、2018 年、2022 年在中国黑龙江省、俄罗斯乌法和中国吉林省举行，两国青少年通过运动会切磋技艺，提高水平，加深了解和友谊，为培养更多冰雪后备人才奠定基础。

奥委会、亚奥理事会等重要国际体育组织的友好关系，为中国体育发展营造了良好的外部环境。

案例 3.1

北京冬奥会和冬残奥会：让奥林匹克点亮青年梦想

作为首届从申办、筹办到举办全过程践行《奥林匹克 2020 议程》的奥运会，2022 年 2 月举办的北京冬奥会和冬残奥会不仅向世界奉献了一届简约、安全、精彩的盛会，更在多个领域留下大量遗产成果。习近平主席指出：2022 年冬奥会在中国举办，将有利于推动中华文明同世界各国文明交流互鉴，带动中国 13 亿多人关心、热爱、参与冰雪运动，让中国人民再次有机会为奥林匹克运动发展和奥林匹克精神传播作出贡献。成功举办北京冬奥会、冬残奥会，不仅可以增强实现民族伟大复兴的信心，也给世界展现了阳光、富强、开放、充满希望的国家形象。北京冬奥会、冬残奥会既有场馆设施等物质遗产，也有文化和人才遗产，这些都是宝贵财富，要充分运用好，让其成为推动发展的新动能，实现冬奥遗产利用效益最大化。

北京冬奥会上，平均年龄仅 25.2 岁的中国代表团以 9 金 4 银 2 铜的成绩高居金牌榜第三位，创造了冬奥会历史最佳战绩。与竞技体育交相辉映的是中国冰雪运动实现了申办北京 2022 年冬奥会之初提出的“带动三亿人参与冰雪运动”的承诺。据《新时代的中国青年》白皮书披露：“北京冬奥会激发了中国青年的冰雪运动热情，18 岁至 30 岁青年成为参与冰雪运动的主力军，参与率达 37.3%，为各年龄段最高。”

《新时代的中国青年》白皮书如此形容新一代青年运动员们：“在训练场上，青年健儿刻苦训练、顽强拼搏，以过硬的作风和惊人的毅力向世界顶峰发起冲锋，让五星红旗在国际赛场高高飘扬。”以谷爱凌、苏翊鸣为代表的青年运动员们在赛场上展现精湛技艺和昂扬斗志，在赛场外鼓舞和激励更多人投身体育事业，在国际舞台上展现更加开放、自信、可敬的中国形象，展现出阳光、自信、率真、浪漫、幽默、时尚的新时代中国运动员形象，圈粉无数。“努力永远不会欺骗人”是夺冠时还不满 18 岁的苏翊鸣常挂在嘴边的一句话。夺得 2 金 1 银的谷爱凌在不断地被称为“天才少女”时说：“天分在我的职业生涯中只占很小的一部分，甚至可以忽略不计。”

北京冬奥组委会官员介绍：“‘让奥林匹克点亮青年梦想’是北京冬奥会的愿景。弘扬奥林匹克‘卓越、尊重、友谊’的价值观，让青少年更好地接触体育以及奥林匹克运动历史文化，在这个过程中享受乐趣、增强体质、锤炼意志、健全人格，促进青少年全面发展，是北京冬奥组委奥林匹克教育和公众参与的核心工作。”北京冬奥组委还构建了全国中小学奥林匹克和残奥教育体系，截至 2021 年末，全国奥林匹克教育示范学校达 835 所，冰雪运动特色学校达 2062 所，共迎未来“姊妹校”达 470 所。

案例 3.2

南京青奥会：丝路青年文化交流融合世界

2007 年创立的青年奥林匹克运动会是针对全球青年人设立的国际性综合体育赛事，是国际奥委会青年战略的旗舰计划。2010 年 2 月 10 日，在国际奥委会第 122 次全会上，江苏省南京市荣获第二届夏季青奥会的举办权。南京青奥会是继北京奥运会后中国的又一个重大奥运赛事，是中国首次举办的青奥会，也是中国第二次举办的奥运赛事，共设 28 个大项、222 个小项，有 204 个国家的 3787 名运动员参加比赛，是参赛国家和地区最多的体育大赛之一。中国代表团派出 123 名运动员，以 37 金 13 银

13 铜的成绩排名第一，也是继首届新加坡青奥会之后，再次获得金牌数和奖牌数第一名。

2014 年 8 月 16 日，南京青奥会于主会场南京奥林匹克体育中心开幕，习近平主席宣布开幕。2014 年 8 月 28 日，南京青奥会胜利闭幕，李克强总理出席闭幕式，国际奥委会主席巴赫盛赞南京青奥会“完美无缺”。

南京青奥会一共在 12 个大项中的 15 个小项设置了混合团体赛，这种打破性别、国籍、项目界限的竞技方式，让人感受到的是更纯粹的奥林匹克运动魅力，也体现了奥林匹克大家庭的团结、友谊和协作。

南京青奥会的不少项目也进行了适合于青少年的改革。比如，排球项目仅举行沙滩排球比赛，篮球是三对三比赛，还有投篮和扣篮大赛。这些项目设置更突出青年人的喜好，可以让青年运动员更加享受比赛。同时，那些被家长带着前来观看比赛的孩子们也能更加体会运动的乐趣与精神，体育的教育作用在潜移默化中得以最大化发挥。

作为旨在扩大奥林匹克精神在青年人中的影响而举办的赛事，青奥会以促进青年人在体育、教育方面的交流为核心，要求运动员在参赛之外，还要全程参与各项文化教育活动。韩国青奥代表团团长认为：“在南京，我始终感受到友好和尊重的氛围，赢者激动，输也输得大方。运动员告诉我，他们结交了新朋友，南京青奥会让人感受到新气息。”

由联合国教科文组织、南京青奥组委会和中华全国青年联合会共同主办的世界青年体育、文化与和平论坛是南京青奥会期间举办的配套活动，围绕“青年：暴力预防与和平”“体育：促进社会包容”“传承与创新：推动可持续发展”三个主题开展讨论，并通过了《南京倡议》。

案例3.3

以乒乓球为媒：促进中国与“一带一路”沿线国家体育交流

在“一带一路”倡议下，中国“国球”乒乓球已成为联结中国和沿线国家青年和民众的桥梁。塞尔维亚乒协主席卡拉卡舍维奇认为：“塞尔维亚作为‘一带一路’沿线国家，与中国的合作除了经济、文化等之外，体育交流与合作也是题中之义。希望中国能帮助我们，将优秀教练员带到塞尔维亚，这是我们需要的。”

中国乒乓球学院组建的欧洲分院、巴新训练中心集高水平运动员训练、乒乓运动群众普及、乒乓文化海外推广三大功能于一身，既帮助国外乒乓球运动员竞技水平提升，也进行乒乓球的群众普及，让更多人感受乒乓运动的魅力。通过传播“乒乓文化”，以乒乓球这张“名片”让世界更好地认识中国、了解中国、喜爱中国。

乒乓球和游泳、自行车并列为卢森堡最重要的三大体育项目。中国乒乓球学院欧洲分院于2014年在卢森堡成立，是中卢双方联合创办的非营利性独立法人单位，每年组织欧洲乒联和国际乒联挑选确定的青少年选手参加集训。中方先后派出世界冠军陈玘、张怡宁等优秀教练员和乒乓球名手参与训练的指导和授课工作，并有来自中国国家队、省队、中国乒乓球学院的优秀运动员前往陪练。

中国乒乓球学院巴新训练中心由中国乒乓球协会、上海体育学院、中国乒乓球学院、巴新体育部、巴新奥委会、巴新乒乓球协会共建，致力于推动乒乓球运动在巴新和太平洋岛国地区的普及和发展，中国乒乓球学院在巴新训练中心组织训练营，并接收巴新重点队员到中国乒乓球学院进行强化训练。中国乒乓球学院青年教师张怡宁曾是世界乒坛“一姐”，也是来巴新训练中心开课的第一人。张怡宁表示：“这里的学员非常喜欢乒乓球。他们中的很多人通过乒乓球喜欢上了中国。乒乓球不仅仅是一项运动，也是交流的桥梁和纽带。”

二、中华优秀传统体育文化“走出去”成效显著

十年来，中国着力推动传统体育项目“走出去”，实施中华优秀传统体育文化“走出去”工程，加大中华武术、围棋、龙舟、健身气功等国际推广力度，提升项目赛事的竞技性、观赏性，促进项目发展的市场化和参与人群的年轻化。以健身气功为例，据国际健身气功联合会有关数据，全球习练中国健身气功者有近 600 万人，近 400 万人遍及中国大陆各地，另外 200 万人则分布于近 50 个国家和地区，尤其是越来越多年轻人通过习练健身气功收获着健康与快乐。

（一）中华武术深受广大丝路青年喜爱，拥有数亿习练者和爱好者

由中国外文局当代中国与世界研究院主办的《中国国家形象全球调查报告 2019》显示，武术和中餐、中医药一同被海外受访者认为最能代表中国文化。2020 年 1 月 8 日，国际奥委会宣布将武术列为第四届达喀尔青奥会比赛项目，这是武术首次成为奥林匹克系列运动会正式比赛项目，实现了中国体育事业发展的历史性突破。

国际武术联合会的会员国来自五大洲 158 个国家（地区），大部分是“一带一路”沿线国家。世界青少年武术锦标赛是国际武术联合会主办的一项面向全球青少年专业武术运动员的世界级赛事，是青少年群体中最高级别的世界级武术赛事，每两年举办一次，迄今已成功举办八届。

案例 3.4

太极拳：打造丝路青年最喜爱的中华优秀传统体育文化符号

太极拳的源流可追溯至明末清初，至今有 400 余年历史，蕴含着丰富的文化底蕴和内涵，集艺术性、思想性、整体性和体育性为一体，是中华民族宝贵的文化遗产，深受世界各国民众的喜爱，拥有数以亿计的习练者和爱好者、各种太极拳组织 1000 多个，在 150 多个国家和地区广泛传播，被誉为“世界第一健身运

动”。2020 年 12 月，联合国教科文组织正式将中国太极拳列入《人类非物质文化遗产代表作名录》。2022 年 4 月，《太极拳基本动作技术规范》等 5 项太极拳标准获得国际标准化组织（ISO）通过。

十年来，中国国家体育总局武术运动管理中心、中国武术协会秉承科学化、规范化、简易化原则推广太极拳，更好对接当代年轻人生活方式、健身需求，习练者年轻化趋势愈发明显。中国国家中医药管理局的数据显示，截至 2019 年 12 月，78 个国家的 240 多所孔子学院开设了太极拳课程，注册学员 3.5 万人，还有 18.5 万人参加相关体验活动。目前，太极拳国际赛事体系较为完善，除已成为青奥会、亚运会、世界运动会等综合性运动会比赛项目，太极拳还拥有太极拳世界杯、世界太极拳锦标赛、世界大学生武术锦标赛等单项赛事。

河南省焦作市温县陈家沟是太极拳的发源地之一。中国焦作国际太极拳大赛是一项融体育赛事、文化交流为一体的综合性赛事活动，由中国国家体育总局、河南省政府主办，已连续举办十一届，在数十个“一带一路”沿线国家进行太极拳展演，成为面向丝路青年推广普及太极拳的重要平台。

新冠疫情发生后，以武术、健身气功为代表的中国传统功法深受“一带一路”沿线国家习练青年的欢迎。中国有关部门和体育机构在疫情期间组织开展了中国—拉美及加勒比太极拳网络大赛、中国—东盟太极拳网络大赛、武术网络赛等形式多样的线上展示和赛事活动。以丝路青年为主体的参赛者注册报名，通过资格审核后，以录制视频、上传视频的方式参与比赛，克服了时间和空间上的制约，达到“云健身”的目的。网络赛事的关注度和点击量也非常可观，例如，2021 年举办的中国—东盟太极拳网络大赛收到了东盟 10 国的青年习练者参赛作品 4000 多件，累计投票数近 827 万次，总访问量近 4055 万人次。

（二）围棋加快走入“一带一路”沿线国家

在中国传统“四艺”(琴棋书画）中，唯有围棋将文化与竞技融为一体，规则简单，易于得到国外民众的认可。历史上，围棋就已经随着丝绸之路上中国文化的对外传播而传到国外，而后随着来华传教士所带来的中西交流，围棋逐渐被欧洲国家的人们所认识和喜爱。近代以来，在西方围棋爱好者的不断推广下，围棋在西方得以流行，欧洲围棋联盟创办的欧洲围棋大会已成功举办 64 届，被西方围棋爱好者誉为“没有围墙的围棋大学”。

在人脑锻炼、智力开发方面，围棋具有明显优势，尤其得到越来越多中外青少年的喜爱和参与。目前，中国的围棋人口将近 6000 万人，其中有段级位者 1200 万人；现有围棋组织 2 万多个，各种围棋俱乐部和教培机构 17000 多个；每年举办全国性、国际性围棋大赛超过 120 个，2013 年以来 90%的围棋世界冠军由中国人获得，世界排名前 100 位棋手中，中国棋手占 70%。

十年来，中国有关体育部门和机构组织了一系列面向“一带一路”沿线国家的围棋赛事，促进中国围棋文化走出去。例如，丝绸之路城市围棋公开赛创办于 2014 年，已举办七届，分别在陕西、甘肃、新疆等地举办，参赛选手来自俄罗斯、匈牙利、保加利亚等沿线国家，有欧洲头号棋手之称的俄罗斯青年伊利亚·什克辛曾获得该项赛事冠军；西安市教育局主办的 2019“I Go”一带一路国际青少年围棋邀请赛以“开放、交流、创新、青春”为主题，来自中国、英国、韩国、法国、日本、马来西亚、新加坡等沿线国家的青少年棋手参赛，赛事期间主办方还组织各代表队参观钟楼、大雁塔、楼观台等西安名胜古迹，沉浸式感受十三朝古都的文化底蕴和历史魅力。同时，为向海外推广中国围棋文化，中国围棋协会和浙江省衢州市政府共建了国际围棋文化交流中心，具备面向丝路青年开展文化展示、联络组织、接待交流、赛训平台、围棋会馆等服务功能。

（三）“龙舟飞舞、百舸争流”，中华龙舟文化风靡多个“一带一路”沿线国家

龙舟是中国几千年文化的积淀，蕴含的“同舟共济、齐心协力”等精神得到了国内外民众的认可和传承。“赛龙舟”已被列入国家级非物质文

化遗产名录，龙舟比赛也由群众性的纪念活动发展成为群众体育运动，并走向国际赛场。在东京奥运会皮划艇的比赛场上，作为表演项目，中国龙舟划入了奥运赛场，标志着龙舟比赛启动了入奥程序。

龙舟运动已经成为一项世界性运动，被推广到全世界近百个国家和地区，其中包括数十个“一带一路”沿线国家，而龙舟运动员则主要是宗族、姓氏、行业为划分的青年群体。例如，美国几乎每个州都有自己的龙舟比赛，政府每年会拿出一定资金资助比赛；在德国、英国、捷克、匈牙利等欧洲国家，有很多由当地人建立的龙舟俱乐部，青年参与度很高；澳大利亚悉尼市政府每年举办龙舟竞渡来庆祝中国农历新年，迄今为止举办 25 届，成为深受当地青年喜爱的大型竞渡活动；加拿大多伦多自 1989 年举办首届龙舟节以来，至今已举办 33 届，是当地规模最大的多元文化活动。

龙舟竞渡中富有中华民族的文化元素与精神品质，承载着海外华侨华人的深切感情，是族群认同和文化认同的重要载体。华侨华人一直是中华龙舟文化在海外传播和推广的主要力量，他们在海外自发建立了很多龙舟队、龙舟俱乐部、龙舟协会等，除了参加政府组织的龙舟赛事，每逢端午节他们还会自发举办龙舟赛、龙舟文化节等活动。比如，阿根廷华侨华人建立了龙舟协会和龙舟训练基地，定期组织友谊赛，邀请各族裔青年共同参赛；意大利华人龙舟俱乐部每年参与欧洲的龙舟邀请赛，斩获多个奖项；英国新华联谊会组织的“全英中华端午龙舟会”自 2012 年首次举办以来，已发展成为英国知名龙舟节会；马来西亚龙舟运动开展广泛，当地有不少华人龙舟俱乐部，定期组织训练和比赛。

炫彩夺目的龙头，催人奋进的鼓点，龙舟以及它背后的传统文化深深吸引着丝路青年们。例如，“一带一路”沿线国家很多高校纷纷组建龙舟队，平时强身健体，赛时竞渡争先。

三、“一带一路”主题的赛事活动规模和影响力越来越大

十年来，中国有关体育部门和机构在积极帮助“一带一路”沿线国家提升体育竞技水平，推广和普及中华优秀传统体育文化和项目的基础上，

融萃丝路文化开展体育品牌赛事，渐成“一带一路”文化交流的重要内容和有效方式，得到越来越多丝路青年健儿的广泛参与。

例如，近年来，江苏省持续开展青少年体育国际交流活动。“一带一路”国际青少年足球邀请赛、“珂缔缘”国际青少年足球邀请赛、“贝贝杯”全国青少年足球赛等已发展成为青少年足球品牌赛事。“一带一路”青年体育交流周（江苏）由国家体育总局对外体育交流中心、江苏省推进“一带一路”建设工作领导小组办公室指导，江苏省体育局、江苏省教育厅、江苏省外办主办，自 2020 年以来已举办三届活动，陆续举办了“一带一路”国际青年男子 3×3 篮球邀请赛、“一带一路”青少年户外运动挑战赛、“一带一路”国际青年定向越野训练营和一系列青年体育文化交流活动。老挝驻沪总领事博潘谱塔翁认为，“一带一路”青年体育交流周（江苏）为沿线国家青年之间共话友谊搭建了良好平台，进一步促进老挝与江苏的经济与人文交流。来自东南大学的巴基斯坦留学生永强认为，“一带一路”青年体育交流周（江苏）是让世界深入了解中国的平台，希望通过这次活动能够和其他国家的青年朋友多交流，增进彼此的友谊。

陕西省自 2019 年首次推出“一带一路”陕西体育精品赛事活动以来，共举办 35 场赛事，累计吸引观众超过 200 万人次，直接带动经济收入突破 10 亿元，打造了“一带一路”中国跆拳道国际公开赛①、西安城墙国际马拉松赛、安康国际搏击争霸赛、漂流中国·吴堡黄河大峡谷国际漂流公开赛、西安国际马拉松赛、世界女子国际象棋大师巅峰赛、“百合杯”国际乒乓球大奖赛等多项品牌赛事。

国际拳击联合会是世界四大职业拳击组织之一，造就了泰森、霍利菲尔德、小克里琴科、霍普金斯等众多世界级明星拳王。IBF“一带一路”区域组织（IBF B&R）创建于 2017 年，总部位于中国，是 IBF 旗下最大的区域性拳击组织，覆盖 70 多个沿线国家。作为首个响应并参与“一带一路”倡议的国际专业体育组织，IBF B&R 创立 IBF 丝路冠军联赛，旨

① “一带一路”中国跆拳道公开赛是由中国跆拳道协会、陕西省体育局、西安市人民政府共同主办的比赛，创办于 2017 年，是世界跆拳道联盟 G—1 级别的奥运积分赛，也是中国承办的跆拳道单项国际高级别赛事之一，荣获 2022 年中国十佳体育旅游精品项目。

在促进拳击运动在沿线国家的推广和普及，为区域内职业拳手提供进一步发展的专业平台，为沿线国家民众呈现丰富精彩的拳击赛事。

“和平杯”国际青少年足球邀请赛是辽宁省沈阳市2015年开始打造的国际化体育品牌赛事，八年来，赛事致力于积极推动中国与“一带一路”沿线国家在互相派遣球队、文化交流、体育旅游、赛事赞助等方面开展合作，促进青少年体育事业繁荣进步，提升青少年足球运动水平，已发展成为中国影响力和规模最大的青少年国际足球赛事及以足球为纽带的国际青少年体育文化交流盛会，累计邀请1.3万余名青少年球员参赛，参赛球队来自白俄罗斯、克罗地亚、斯洛伐克、塞尔维亚、马来西亚、泰国、越南、巴基斯坦等沿线国家，以及中国31个省区市的60余座城市。

案例3.5

“一带一路”马拉松系列赛：打造中国首个马拉松国际IP赛事，促进丝路青年体育人文交流

“一带一路”马拉松系列赛是中国田径协会推出的中国首个国际级IP赛事，旨在推动世界参与人口最多的马拉松运动成为中国与沿线国家体育人文交流的桥梁和纽带。

2016深圳宝安国际马拉松赛是“一带一路”马拉松系列赛的首次赛事，16000多名参赛选手来自中国、肯尼亚、埃塞俄比亚、蒙古、智利、波兰、伊朗、德国、法国等沿线国家。主办方特别推出“丝路飞扬·彩带飘飘”主题活动，多角度、全方位展现深圳的美景、美食、美物以及具有宝安风情的艺术表演，让参赛者“跑得欢”“玩得嗨”“看得美”“带得走”。

2016年11月，在马来西亚总理纳吉布访华期间，“一带一路”马拉松系列赛马来西亚站合作备忘录在北京签署。2017年10月1日，“一带一路”马拉松系列赛马来西亚站在吉隆坡举办。

2018年4月21日，“一带一路”马拉松系列赛贝尔格莱德站举办，参赛人数达3万人。比赛期间，贝尔格莱德出现了万人

空巷的盛景，全城市民走上街头为参赛选手加油鼓劲。作为中东欧最有影响力的马拉松赛事，贝尔格莱德马拉松赛至今有35年的历史，2018年的贝尔格莱德马拉松赛加入了“一带一路”马拉松系列赛，中塞两国在体育文化领域建立了更深层次的交流和对话。

表3.1 近年来有关部门和机构举办的较有影响力的“一带一路”体育赛事和交流活动

序号	赛事/活动名称	主办单位	时间
1	“一带一路”青年体育交流周（江苏）	江苏省体育局、江苏省教育厅、江苏省外办	2020年至今
2	“一带一路”国际青少年足球邀请赛	江苏省体育局、江苏省教育厅	2016年至今
3	“一带一路”陕西体育精品赛事活动	陕西省体育局	2019年至今
4	“一带一路”国际电竞线上邀请赛	江苏省体育局、江苏省体育总会	2021年至今
5	“一带一路”中国—中东欧2021年中国·沈阳青少年国际象棋团体赛（线上）	中国国家体育总局棋牌运动管理中心、中国国际象棋协会、沈阳市人民政府	2021年
6	IBF丝路冠军联赛	国际拳击联合会	2018年至今
7	2019“I Go”一带一路国际青少年围棋邀请赛	西安市教育局	2019年
8	“七彩云南·一带一路”首届媒体杯传统武术交流大赛	云南日报报业集团	2019年
9	2018“一带一路”传统武术全国邀请赛	江苏省武术运动协会、泰州市体育局	2018年
10	世界青少年武术锦标赛	国际武术联合会	2006年至今
11	中国焦作国际太极拳大赛	国家体育总局、河南省政府	1992年至今
12	中国—东盟太极拳网络大赛	中国武术协会	2021年至今
13	丝绸之路城市围棋公开赛	中国围棋协会等	2014年至今

续表

序号	赛事 / 活动名称	主办单位	时间
14	2019“一带一路”海河国际龙舟赛	天津市体育局、天津市文化和旅游局	2019 年
15	中国·蚌埠“一带一路”国际龙舟邀请赛	安徽省蚌埠市体育局、蚌埠市经济开发区管委会	2014—2019 年
16	“一带一路”国际龙舟节	立陶宛龙舟协会	2019 年
17	丝绸之路国际汽车拉力赛	俄罗斯体育部、中国国家体育总局	2016 年至今
18	“一带一路”国际帆船赛	广西壮族自治区体育局、北海市人民政府等	2019 年至今
19	北京格斗“一带一路”国际搏击对抗赛	北京市昌平区人民政府、亚洲—太平洋广播联盟等	2016 年至今
20	中国—加勒比地区国际象棋对抗赛	中国国家体育总局棋牌运动管理中心、中国国际象棋协会、苏里南国际象棋协会	2022 年
21	“一带一路”中国—东盟拳王赛	广西壮族自治区体育局	2018—2019 年
22	国际排联世界沙滩排球巡回赛（“一带一路”系列赛）	国际排球联合会	2017—2019 年
23	2019“一带一路”中欧乒乓球世界冠军对抗赛（兰州站）	西北师范大学、兰州市体育局、兰州演艺集团	2019 年
24	“一带一路”杯室内五人制足球国际锦标赛	中国足球协会	2019 年
25	“一带一路”成都国际乒乓球公开赛	中国乒乓球协会、成都市人民政府、四川省体育局	2016—2019 年
26	“一带一路·七彩云南”系列品牌赛事	云南省体育局	2016 年至今
27	“一带一路”国际跑酷大师赛	中国极限运动协会	2020 年至今
28	“和平杯”国际青少年足球邀请赛	沈阳市人民政府、辽宁省教育厅、辽宁省体育局	2015 年至今
29	“一带一路”国际攀岩大师赛	中国登山协会	2018 年至今
30	中式台球国际大师赛	河北省体育局	2012 年至今

四、“一带一路”体育旅游①逐渐兴起

体育赛事在打造城市名片，提高城市知名度和推动地方经济增长等方面有着突出作用，民众对体育赛事热情高涨和健身意识的加强也使得“体育+旅游”融合发展势头迅猛，体育旅游市场逐年扩大。据世界旅游组织数据，在2019年以前，全球体育旅游行业正以每年14%的速度增长，超过旅游产业平均增速。

2017年，中国国家体育总局、国家旅游局联合发布《关于大力发展体育旅游的指导意见》《“一带一路”体育旅游发展行动方案（2017—2020年）》，提出，通过加大体育旅游宣传力度、培育重点体育旅游产品、加强体育旅游项目设施建设、促进体育旅游装备制造、开展体育旅游示范和选树、发展重点体育旅游目的地、打造体育旅游合作平台、强化体育旅游智力支撑等系列举措，培育体育旅游市场，在“一带一路”相关区域形成一批精品体育旅游赛事、特色运动休闲项目、有竞争力的体育旅游企业和知名体育旅游目的地。

例如，“一带一路”陕西体育精品赛事活动有多项赛事涉及体育旅游。例如，西安城墙国际马拉松是中国体育旅游十佳精品赛事，着力打造“文化+旅游+体育”的赛事形象，成为在沿线国家享有较高知名度与美誉度的特色赛事。丝路青年跑友们在奔跑的过程中，领略赛道沿途的美丽风景，感受古都西安充满魅力的文化旅游资源；漂流中国·吴堡黄河大峡谷国际漂流公开赛创办于2017年，由中国国家体育总局水上运动管理中心等主办，吸引了中国、俄罗斯、巴西、塞尔维亚、波斯尼亚、捷克、德国、澳大利亚、新西兰、意大利、捷克、斯洛文尼亚等10多个“一带一路”沿线国家漂流专业队参赛，并通过“体育+旅游+文化”模式，对吴堡的文化旅游进行全景式展示，得到了国际社会的广泛关注。

---

① 体育旅游是人们以参与和观看体育运动为目的，或以体育为主要内容的一种旅游活动形式，包括娱乐身心、锻炼身体、竞技竞赛、刺激冒险、康复保健、体育观赏及体育文化交流活动等功能。

“一带一路·七彩云南”国际汽车拉力赛是2022中国体育旅游十佳精品赛事，自2016年举办以来，开展了体育赛事、商贸交流、助农助学、体旅推广、文化互动等多元融合系列活动，行程覆盖中国、老挝、泰国、缅甸、柬埔寨、马来西亚、新加坡等“一带一路”沿线国家，为云南与东南亚在体育、文化、经贸、旅游等领域的交流合作搭建了新平台。

“一带一路”国际帆船赛自2019年起已连续举办四届，在中国北海、深圳、三亚和泰国普吉岛、新加坡、马来西亚兰卡威等地举办，2022年被世界帆船联合会正式列入官方赛历，参赛选手来自沿线国家的数百名青年帆船运动员。赛事期间配套举办户外露营、机车俱乐部、冲浪等年轻人喜爱的潮流户外运动，带动更多丝路青年参与帆船运动，助力赛事举办地打造国际滨海旅游度假胜地。

第二节 中国与“一带一路”沿线国家青年体育交流合作经验、挑战与对策建议

一、丝路青年体育交流合作的主要经验：以体育竞技展现丝路青年形象，以体育交流凝聚丝路青年“一起向未来”的共识和积极性

（一）中国体育对外开放带动“一带一路”青年体育教育合作双向互动

十年来，习近平主席站在人类历史发展进程的高度，将体育作为对外交往的重要手段和推动构建人类命运共同体的重要途径，充分发挥体育在谋求开放创新、包容互惠中的潜力，促进体育在和而不同、兼收并蓄文明交流中的作用，不断丰富新时代中国体育对外交往的内涵。体育对外交往成为中国特色大国外交的重要组成部分，进一步提升中国在全球体育治理格局中的参与度和贡献度，体育对外交往体现了中国日益走近世界舞台中央的国际地位和影响力，同时也展现出在全球体育治理变革中的大国担当。

（二）中国优势体育项目和中华优秀传统体育文化与“一带一路”沿线国家加强交流合作

乒乓球、跳水、体操、排球、羽毛球、游泳等中国优势体育项目成为联结中国和“一带一路”沿线国家青年和民众的桥梁，中国派遣优秀教练员、运动员和专业机构到相关沿线国家，帮助他们培养优秀运动员，普及体育项目，建设体育场馆，打造品牌赛事，得到社会各界的广泛赞誉。

中国有关机构加大中华武术、围棋、龙舟、健身气功等中华优秀传统体育项目国际推广力度，组织了一系列国际赛事、文化交流、宣传推广活动，普及全民健身理念，中华体育文化赢得了越来越多丝路青年的喜爱，习练者和爱好者人数众多且持续增加。

（三）“一带一路”体育赛事搭建“丝路青春风暴”的舞台

十年来，北京冬奥会和冬残奥会、南京青奥会、武汉世界军人运动会、杭州亚运会等中国承办的重大体育赛事成为体育对外交往的重要平台，展现了可信、可爱、可敬的中国形象，赢得了广大丝路青年运动员和民众的广泛认可。同时，越来越多的丝路青年运动员通过“一带一路”体育赛事走向世界舞台中央，他们用志存高远的胸怀、刻苦努力的拼搏、自信率真的个性和为国争光的信念，书写了新一代丝路青年运动员的风采。

例如，北京冬奥会是数字化互动最广泛、转播时长最长、开幕式收视率最高的冬奥会，共有创纪录的20.1亿人通过广播电视和数字平台观看，在中国仅电视收视人数就超6亿，是一届在赛场内外都创造历史的冬奥盛会。北京冬奥会共有2897名运动员参加7个大项、15个分项、109个小项的比赛，打破17项冬奥会纪录、两项世界纪录，29个国家和地区奥委会获得奖牌，91个国家和地区奥委会参赛；注册文字和摄影记者、持权转播商、主转播商累计总人数达9388人；在赛事期间，创纪录的6400多万人使用奥林匹克网站和APP关注冬奥会，奥林匹克社交媒体平台关注人数增加超过千万，优兔网（YouTube）奥林匹克频道的观看人数比上届冬奥会增长58%，抖音国际版（TikTok）上奥运精神主题标签的视频浏览量超过21亿次，粉丝在奥林匹克网站上给他们支持的奥运选手发出4700万条虚拟助威，其中参与者绝大部分是各国青年网民；中国冰雪运动参与人数达3.46亿，且以年轻人为主；中国2500多所中小学校将奥运和残奥教育、冬季运动纳入课程设置。

二、中国与“一带一路”沿线国家青年体育交流合作面临的主要挑战

（一）新冠疫情严重冲击全球体育发展

受限于疫情防控要求，不少体育赛事、群众体育活动停办、延期、缩小规模，一些正常举办的赛事只能在空旷的场地举办，球员收入、联赛赞助费用、广告费用、门票销售、赛事版权等损失惨重，导致降级、破产、托管问题随之而来。部分运动员难以正常开展训练比赛，甚至感染新冠病毒，竞技水平下滑。由于人员往来受限，中国与“一带一路”沿线国家体育交流合作受到极大影响。加之全球经济受创严重，不少沿线国家难以承担体育发展的支出。受全球地缘政治挑战影响，部分西方强权国家肆意干扰其他国家正常体育交流合作，部分沿线国家因为遭遇不公正制裁，导致本国运动员被取消参与国际比赛资格，违背了“政治与体育无关”的宗旨。

（二）部分“一带一路”沿线国家体育发展基础较为薄弱

经济发展失衡导致体育发展和体育消费存在区域失衡挑战。由于中国东部地区经济相对较为发达，体育基础设施、人才培养、专业队伍建设和体育产业发展处于全国领先水平，而部分中西部地区受限于经济发展条件，体育发展相对滞后。不少中国中西部省份因为历史积淀、区位优势和经济发展战略的需求，积极拓展与沿线国家的经贸交流合作，但体育发展滞后一定程度限制了民心相通和区域国际形象打造。部分沿线国家因为经济发展滞后，政局动荡，地缘政治冲突形势严峻，不重视或者无暇顾及体育发展，体育竞技和体育普及水平较低，专业人才匮乏。

（三）部分“一带一路”体育赛事商业化和品牌化不足

欧美发达国家已经形成了较为成熟的体育赛事运营机制和盈利模式，如火如荼的赛事不仅是全球体育爱好者的狂欢，也是全球体育产业的“秀场”，从场馆运营、赛事转播、配套产品到周边服务，以品牌赛事为媒介，

产业生态的各个环节也随之被激活。而“一带一路”沿线的部分发展中国家体育产业发展起步较晚，多由当地政府举办，市场化程度低，纯商业化运营的体育赛事不多，制约了赛事的参与面、影响力。

三、高质量推进中国与“一带一路”沿线国家青年体育交流合作的对策建议

（一）推动中国有关部门加快构建全方位、多层次、立体化体育对外交往新格局

继续发挥元首体育外交的引领作用，巩固与各国际体育组织和“一带一路”沿线国家的体育合作，拓展全球体育伙伴关系，扩大体育朋友圈。充分利用“一带一路”、上合组织、金砖国家等多边合作平台深化对外体育交流，办好“小而精”品牌体育交流活动，促进民心相通。申办、创办、举办、参加“一带一路”大型赛事活动，配套开展人文交流活动。推动国际体育组织中国籍、华裔任职人员积极发挥作用，主动参与国际体育治理，推动中国优势体育项目的教练员、运动员、俱乐部积极参与沿线国家体育交流合作，努力培育更多知华、亲华、友华的丝路青年运动员、体育爱好者、体育产业运营人才，为扩大中国体育的影响力和话语权筑牢人才根基。

（二）促进中国传统体育项目面向丝路青年推广和普及

中华体育文化博大精深，有109项传统体育、游艺与杂技类项目入选中国国家级非遗代表性项目，要广泛利用全球媒体网络、海外华人资源、国际体育组织、国际赛事等载体平台，向丝路青年阐释具有中国特色、体现中国精神、蕴藏中国智慧的中华优秀传统体育文化，吸引更多丝路青年产生兴趣、参与进来，让传统项目“活起来”。广泛利用数字技术和互联网平台，开展形式多样、青年群体喜闻乐见的数字培训、线上展示、云端竞赛等，扩大中华传统体育项目的海外覆盖人群。面向“一带一路”沿线国家针对性开展中华传统体育项目的专业赛事和群众体育活动，扩大文明交流互鉴。推动中华传统体育项目进入孔子学院、孔子课堂、海外中华文

化中心、沿线国家体育组织和社会组织、高校、中学等机构，深入挖掘其育人元素，向更多丝路青年传递中华优秀传统体育文化的享受乐趣、增强体质、健全人格、锤炼意志的人文内涵。

（三）推动“一带一路”体育旅游提速发展

广泛开展“一带一路”体育旅游精品赛事、重点项目的评选、宣传和推介。推动国际体育组织、政府部门、体育机构、专业公司在沿线国家和中国沿线地区开展冰雪、汽车摩托车、马拉松、自行车、水上运动、户外挑战、航空运动、定向越野、攀岩、电竞等丝路青年参与度高的体育赛事活动。在中国沿线地区广泛开展太极拳、武术、舞龙、舞狮、龙舟、射箭、摔跤、马术等中华传统体育旅游活动，组织相关体育项目在沿线国家表演和推广，组建“一带一路”体育旅游联盟等协作组织，与沿线国家有关部门共同开发体育旅游项目和精品旅游线路，打造体育旅游特色城市，吸引更多丝路青年游客。推动沿线国家体育院校和旅游院校开设体育旅游专业，培养专业运营管理人才。

第四章
创新引领：中国与“一带一路”沿线国家青年科技创新交流合作十周年

中国共产党第十八次全国代表大会以来的十年，是中国科技进步最大、科技实力提升最快的十年，中国科技事业发生了历史性、整体性、格局性的重大变化：“嫦娥”探月、“神舟”飞天、“夸父”逐日、中国空间站圆梦，不断刷新着浩瀚太空的“中国高度”；全球最长跨海大桥、全球最快智能高铁、全球最大单口径球面射电望远镜，这些“最”展现中国科技的硬实力；北斗组网、复兴号驰骋在祖国大江南北，新能源汽车产销量连续7年位居全球首位，“华龙一号”示范工程全面建成投运；全社会研发投入位居世界第二，研发人员总量稳居世界第一，高被引论文数排名世界第二，全球创新指数排名跃升至第12位，科技自立自强支撑高质量发展交出精彩答卷。第四次全国科技工作者状况调查报告显示，中国科技工作者平均年龄为35.9岁，呈现年轻化特色和趋势，青年科技工作者已成为中国科技人力资源的主体、科技创新攻坚克难的排头兵。

第一节　中国与“一带一路”沿线国家青年科技创新交流合作综述、成效与典型案例

一、构建多层次多元化的丝路青年科技人文交流机制

十年来，中国深度参与全球科技创新治理，与161个国家和地区建

立科技合作关系，签署116项政府间科技合作协议，与欧盟、俄罗斯等建立十大创新对话机制，与非洲、东盟、拉美等建立七大科技伙伴计划，同57个国家和国际组织开展联合资助科研项目，实施“科技抗疫国际合作行动”；牵头发起“深时数字地球”①、国际热核聚变实验堆（ITER）②、平方公里阵列射电望远镜（SKA）③等大科学计划和大科学工程。中国支持3500余人次丝路青年科学家来华开展科研工作，为沿线国家培训青年科技人员13500余人次，举办“创新中国行”“青少年创客营”④等丝路青年科技创新交流活动，发起成立“一带一路”国际科学组织联盟⑤。

① “深时数字地球”国际大科学计划是由中国科学家发起的首个国际大科学计划，致力于搭建全球地球科学家与数据科学家合作交流的国际平台，推动地球科学在大数据时代的创新发展，目前已有一大批丝路青年科学家参与。

② 国际热核聚变实验堆计划是中国以平等、全权伙伴身份参加的迄今为止规模最大的国际科技合作计划。中国科学院合肥物质科学研究院等离子体物理研究所作为中法联合体单位之一，承担了主机安装工程的关键任务。100多位中方青年科学家共同开发了目前国际上重量最大、技术难度最高的超导磁体，推动中国在可控核聚变领域实现由跟跑、并跑到领跑的华丽蜕变。

③ 平方公里阵列射电望远镜是由多个国家合资建造和运行的世界最大规模综合孔径射电望远镜，总部设在英国，望远镜台址分别位于澳大利亚、南非及南部非洲8国，建成后有效接收面积高达1平方公里，灵敏度比目前最大的阵列射电望远镜提高约100倍。中国是发起者、倡导者、研制者，形成了以“80后”“90后”青年科学家为核心的宇宙黎明和再电离探测团队等科学团队。

④ “一带一路”青少年创客营与教师研讨活动由中国科协、科技部和承办地省级人民政府共同主办，国际科学院组织科学教育项目、经济合作组织科学基金会、非洲科学院联盟提供支持，开展课程体验、科技教育论坛、教师工作坊等科技教育活动和文化参访体验活动。自2017年起，每年有来自30余个沿线国家和国际组织的200余名师生来华参加为期一周的活动。

⑤ 中国科学院自2013年以来率先打造“人才、平台、项目”相结合的“一带一路”科技合作体系，先后启动实施“发展中国家科教合作拓展工程”和“一带一路”科技合作计划。2018年11月，在北京召开的第二届“一带一路”科技创新国际研讨会上，“一带一路”国际科学组织联盟宣布成立。

案例 4.1

“创新中国行”活动：促进丝路青年科技人文交流

“非洲青年科技人员创新中国行”活动是《中非合作论坛—北京行动计划（2019—2021 年）》确定的内容之一，也是落实 2018 年中非合作论坛北京峰会成果的重要举措。2019 年 5 月，该活动在北京启动，埃及、肯尼亚、南非、埃塞俄比亚、坦桑尼亚等 18 个非洲国家的青年科技人员参加。参与该活动的非洲青年科研人员认为，非洲有着广阔的消费市场，但产品主要靠进口，中国不仅给我们提供商品，还帮助我们提高生产能力，增加当地就业，希望“一带一路”合作能帮助更多本土高科技企业成长。

欧洲科研创新中国行由中国科技部与欧盟驻华使馆共同主办，已举办 5 届活动，旨在为中欧政府、技术转移机构、科研院所、高校以及企业间的科技合作提供交流平台，陆续在武汉、长沙、北京、上海、深圳、杭州等中国城市召开。欧盟驻华大使史伟认为：“武汉是中国大学生最多的城市，欧盟与武汉将在可再生能源、城镇化建设、公共医疗、气候变化等方面开展更多合作。”欧洲委员会科研与创新总司长罗伯特—杨·史密兹认为：“中国和欧洲的科学家都不喜欢闭门造车，他们渴望同其他国家的科学家一起合作、攻克难题。如果我们能把这些优秀的人才集结在一起，就能开创一个双赢的局面。”

2018 年 9 月，在第 15 届中国—东盟博览会开幕式上，中国和东盟国家的科技主管部门负责人共同启动“东盟国家青年科学家创新中国行”。2019 年，东盟国家青年科学家创新中国行活动成为中国—东盟技术转移与创新合作大会暨 10+3 青年科学家论坛的配套活动，至今连续举办 4 届，主要项目包括专场技术对接会推介分享，赴中国高校科研机构、科技企业及孵化基地开展调研考察等。

案例 4.2

国际杰青计划：培养知华友华的丝路科技领军人才

在“中非科技伙伴计划”机制基础上，中国科技部于2013年启动实施“国际杰青计划”。在2017年“一带一路”国际合作高峰论坛上，中国启动实施“一带一路”科技创新合作行动计划，将“国际杰青计划”纳入，重点资助沿线国家青年科学家来华工作交流，招募了相当数量的发展中国家青年科学家赴中国科研机构、大学和企业开展交流合作。另外，中国一些地方政府也推出了青年科学家国际合作项目，比如广西实施的“东盟杰出青年科学家来华入桂工作计划”。

为了做好科技交流工作，“国际杰青计划”的主办方定期举行外国专家联谊座谈、“国际杰青计划”政策宣讲等活动，对在华丝路青年科学家进行走访慰问；每逢中国传统节日定时向在华丝路青年科学家发送祝福邮件，传播中国传统文化，加深其对中国的了解，推动各国青年专家相互理解、相互尊重、相互信任。

总的看，“国际杰青计划”有力促进了印度、巴基斯坦、孟加拉国、缅甸、蒙古国、泰国、斯里兰卡、尼泊尔、埃及等沿线国家青年科学家在中国相关科研院所和大学开展农业、医疗、物理、生态环境、装备制造等领域的合作研究，国际影响力显著提升。

例如，缅甸籍青年科学家 Thinn Thinn Nwet 是曼德勒科技大学一名研究人员，被中国农业科学院通过“国际杰青计划”引进工作后，成为中国农业科学院和缅甸曼德勒科技大学合作的“桥梁”，二者签署协议，共同推动中缅两国绿色农业发展；锡林郭勒职业学院借助“国际杰青计划”与苏丹籍青年科学家 Abdalla Noureldin Osman Kheiry 开展合作，并在他的帮助下与苏丹科技大学签订两校合作谅解备忘录，开展在苏丹联合办学等合作事宜。

二、多边、双边青年科技创新合作成效良好

十年来，结合设施联通、贸易畅通、资金融通、产能合作等合作项目的开展，中国与俄罗斯、韩国、日本、以色列等“一带一路”沿线国家不断加强双边青年科技合作。

例如，2019年6月，习近平主席访问俄罗斯期间，同普京总统共同宣布2020年、2021年举办“中俄科技创新年”，这是中俄两国首次举办以“科技创新”为主题的国家年活动。2020年8月，中俄科技部门在“中俄科技创新年”开幕式共同签署《2020—2025年中俄科技创新合作路线图》。“加强科研人员交流互动、高质量培养青年人才”是中俄科技创新合作的重点，具体举措包括：开展双边长短期学术进修、学校和学术互访，促进中俄青年学者之间的经验交流；支持在联合研究计划和项目框架内的科研人员交流；采取有针对性的方式开展人员培训、职业技能提高及科学教育中心之间的交流；开展双学位项目，联合指导本科生、硕士生和博士生论文；以硕士、博士研究生培养单位为基地，开展双边长短期教育交流、进修以及生产实践活动；探讨在中俄优先合作领域依托两国高校创建联合科学实验室和虚拟科研中心。

“中韩青年科学家交流计划”是在中韩政府间科技合作联委会框架下实施的一项科技人文交流项目，每年联合征集和资助一批科研项目，旨在为两国青年科学家提高科研能力、积累研究经验创造机会和平台，促进各自国家科技水平提升。

“中日青少年科技交流计划（樱花科技计划）”由中国科技部国际合作司与日本科学技术振兴机构联合实施，由后者全额资助以中国为主的亚洲青少年短期访问日本的学校、科研机构和企业等机构，与日本青少年以及各前沿领域科学家、研究人员等开展科技交流。

“中国—南非青年科学家交流计划”是中南政府间科技合作联委会机制下的重要合作内容。2017年，中国与南非两国科技部签署《关于共同实施青年科学家交流计划的谅解备忘录》。2018年，在两国元首见证下，

两国科技部签署《关于实施青年科学家交流计划的行动计划》。2019年以来，来自金山大学、林波波大学、夸纳大学、德班理工大学等南非高校的青年科学家陆续赴武汉大学、同济大学、天津科技大学、武汉工程大学、浙江理工大学、中科院国家天文台、矿冶科技集团等中国机构开展合作研究。

巴基斯坦30岁以下的人口占比达65%以上，因而中巴科技合作不仅惠及两国青年科技人员，也是中巴经济走廊建设的底座支撑。中国是巴基斯坦青年的首选留学与科技合作目的地，截至2022年12月，中巴两国已经开展数百项科技合作项目，涉及医疗卫生、航空航天、工程、生物技术、计算机科学等众多领域。例如，为贯彻落实习近平主席给北京科技大学全体巴基斯坦留学生重要回信精神，2022年11月，中国教育部中外人文交流中心与北京科技大学联合主办的中巴青年科技人文交流论坛在北京举行；中国科协青少年科技中心与巴基斯坦科学基金会开展涵盖教师培训、科教资源共享、青少年科技教育等方面的青少年科学教育合作项目。

为推动对外民间科技交流合作，中国科协组织实施了多项中外青年科学家交流活动。例如，“中俄青年科学家交流计划”以中俄科技创新年为契机推动中俄民间科技人文交流合作，组织两国青年科研人员、博士生、博士后等赴对方国家短期访问、参与学术交流活动、开展联合科研等。与之类似的还有“中国—北欧青年科学家交流计划”“中国—亚太青年科学家交流计划”等。

案例4.3

发展中国家技术培训班项目：科技援外培训普惠丝路青年科技人才

作为国家科技援外的重要组成部分，中国科技部每年组织实施发展中国家技术培训班项目，涉及农业技术、信息和制造技术、科技应对气候变化、资源环境、新能源、医疗卫生、科技政策与管理等众多领域，旨在帮助发展中国家培养技术人才，传授先进适用技术，促进发展中国家的科技水平提高、科研能力建设和产业技术进步。截至2022年3月，累计举办培训班700多个，培训学员超过13000人次，受到广大发展中国家的认可和欢迎。特别是“一带一路”倡议提出以来，发展中国家技术培训班项目的重点更加聚焦沿线国家。

新冠疫情发生后，结合网络培训等新形式，发展中国家技术培训班仍然保持较为活跃的运行。例如，黑龙江大学承办的“中蒙俄寒区水利工程建设与水资源高效利用国际培训班”、东软医疗系统公司承办的“数字化医学影像设备国际培训班”均调整为线上培训，这两个培训班共有来自斯里兰卡、埃塞俄比亚、安哥拉、孟加拉国、巴西、阿根廷、波兰等30多个沿线国家的青年学员参加，与线下培训的效果相当。

有的培训班因为太受欢迎，从中国开到了国外。例如，2018年，重庆医科大学承办的“聚焦超声无创治疗肿瘤技术发展中国家培训班”在埃及开罗开课，来自埃及、苏丹、也门、约旦、科威特、尼泊尔等中东、北非国家的青年学员参加了超声治疗技术理论知识学习、基础原理模拟实验和临床应用实践培训，被多家海外媒体跟踪报道，扩大了中国科技、中国医疗的国际影响力。

十年来，中国与东盟、非盟、阿盟等区域组织加强多边科技合作，为该区域青年科技人才提供发展平台与项目支持。

近年来，在中国—东盟科技伙伴关系等机制框架下，中国已支持超过1000个合作项目，服务于双方产业发展和社会民生，已有数千名东盟青年科学家在中国开展短期科研工作，数千名青年科技人来华培训。中国与东盟各国在铁路、能源、生物、海洋等重点领域共建了数十个国家级联合实验室，吸纳大量东盟青年科技人才入驻，基本形成覆盖中国和东盟国家的技术转移网络。此外，中国还在与泰国、菲律宾、印尼等多个东盟国家开展科技园区合作。如今，在东盟国家，无论是“接地气”的种植、育种、病虫害防治等基础农业领域，还是新能源、高铁、生物技术、电子信息、遥感卫星等“高大上”领域，都可以看到中国先进适宜的科技创新技术在当地落地生根、开花结果，中国和东盟国家青年科技人才在各行各业携手耕耘。

十年来，中国与拉丁美洲和加勒比国家的关系取得长足发展，中国成为巴西、智利、秘鲁、乌拉圭等国的最大贸易伙伴，拉美成为中国对外投资的第二大目的地。中拉科技创新合作保持良好发展态势，习近平主席在2014年7月访问拉美期间正式提出设立“中拉青年科学家交流计划”，由中国科技部国际合作司提供资助，支持拉美国家与中国有较好合作基础的科研机构和大学派出青年科学家，来华开展为期半年到一年的合作研究工作。目前，中拉双方已在农业技术、航空航天、清洁能源等科技领域开展深入合作，一批拉美青年科学家来华进行交流与培训。

2022年6月，上海合作组织青年科技创新论坛在深圳举行，500余位来自政府官员、驻华使节、高校负责人、青年科学家、青年创业者、青年组织代表等嘉宾以线上线下方式参与。《关于上海合作组织青年科技创新论坛的深圳倡议》在论坛上发布，倡议各国青年在科技创新、创新教育、人才培养、农业发展、乡村减贫、公共卫生、信息基础建设、可持续发展等领域不断深化友好交流。

十年来，中阿科技领域合作形式多样、亮点纷呈，中阿技术转移中心先后建设阿盟、沙特、阿联酋、约旦、阿曼、埃及、摩洛哥、苏丹8个中阿技术转移国外双边中心，有效推动中国一批先进适用技术与装备走向阿拉伯国家。2022年12月，首届中国—阿拉伯国家峰会在沙特首都利雅得举行，宣布双方全力构建面向新时代的中阿命运共同体。雄韬伟略的第一步，就是未来3—5年推进“八大共同行动”。“青年成才共同行动”是其中之一，中方将举办中阿青年发展论坛，启动“中阿高校10+10合作计划”；邀请阿方100名青年科学家来华开展科研交流，邀请3000名青少年参与中阿文化交流，邀请1万名阿拉伯人才参加扶贫减贫、卫生健康、绿色发展等领域专业培训；推动在阿方建设更多“鲁班工坊”。

中东欧16国是“一带一路”倡议融入欧洲的重要承接带，科技创新合作成为中国与中东欧国家合作的重要内容。2021年中国—中东欧国家领导人峰会上，中方倡议举办中国—中东欧国家青年科技人才论坛，拓展在数字经济、电子商务、健康产业等领域科技合作。首届中国—中东欧国家青年科技人才论坛于2021年8月在浙江省宁波市召开，并作为第五届中国—中东欧国家创新合作大会的框架活动，旨在打造青年科技人才的开放共享高地、创新发展高地、交流协同高地。

三、以共建联合实验室推动丝路青年科技创新与国际合作

十年来，中国与沿线国家有关机构发挥各自的技术和人才优势，合作建成53家“一带一路”联合实验室①，实现长期稳定的伙伴关系常态化、机制化，培养了一大批青年科技人才，促进了青年科技人员双向交流。尤其是青年科技人员依托联合实验室创新平台，开展高水平联合研究，促进技术转移，推动相关产业发展，成果实实在在惠及沿线国家人民。

例如，中国—埃及可再生能源联合实验室以中国电子科技集团公司第四十八研究所成熟的太阳能光伏产业技术为依托，联合埃及国家科学技术研究院太阳能光伏科研机构组建，重点突破相关领域核心技术，有助于埃及建设太阳能光伏工业体系，缓解能源短缺问题。联合实验室还为埃及太阳能光伏领域的青年科研技术人员开展了系列技术培训，在埃及开展成果转化示范性项目建设，促进当地太阳能光伏企业发展，为两国企业互利合作牵线搭桥。

中国—中亚人类与环境“一带一路”联合实验室依托中国西北大学考古学、地质学两个优势学科，与乌兹别克斯坦科学院、乌兹别克斯坦民族大学、吉尔吉斯斯坦民族大学、塔吉克斯坦民族大学等中亚国家高校和学术机构合作，以丝路沿线文化遗产与地质环境为研究对象，揭示丝绸之路

---

① “一带一路”联合实验室的建设是为了进一步贯彻习近平主席在首届“一带一路”国际合作高峰论坛上的重要倡议精神，推进落实《“一带一路”科技创新行动计划》，以“共建共享、需求导向、能力建设、示范引领”为宗旨，由中国科技部批准设立的国家级对外科技合作平台，旨在通过双方科学家的务实合作，为推进“一带一路”创新之路建设提供有力的科技支撑。中国科技部在2019年6月、2020年10月、2021年8月批准了三批共计53家“一带一路”联合实验室。

地质构造与环境协同演化机理，阐释东西文明交流互鉴规律，为推进“一带一路”沿线国家的文明传承、科技繁荣、民心相通提供科学支撑。

四、以共建科技园区为丝路青年提供创新创业

中国经验表明，通过建设科技园区，营造创新育人、创业留人、事业引人、资源助人的良好环境，为青年人才提供创新创业平台载体，从而打造吸引青年、留住青年、成就青年的活力之城。十年来，中国有关部门、科技园区、专业机构与部分“一带一路”沿线国家建立科技园区合作，培训科技园区与孵化器运维人才，举办国际创新创业大赛，培育各具特色的产业创新集群。

中国有关机构与沿线国家有关部门合作建设境外实体园区、与沿线国家科技园区结为“姊妹园区”、建设离岸高层次人才工作站和孵化器、与同类机构建立对口合作关系。例如，中国启迪控股公司是全球领先的科技服务业巨头，运营的清华科技园是世界科技园区翘楚，在英国、意大利、俄罗斯、澳大利亚、瑞士、荷兰、瑞典、韩国、泰国、埃及、巴西等沿线国家投资运营科技园区，形成“政府、企业、大学”“园区、产业、基金”“科技、产业、金融”立体三螺旋发展模式；中国比利时科技园是中国在欧洲新建的首个科技型境外园区，由中国联投集团、聚星科技公司投资运营，2014 年由习近平主席和时任比利时首相共同见证园区建设合作协议的签署。2016 年比利时首相访华时发言指出：“中国比利时科技园是中国和欧洲国家科技合作的成功典范。”

引进沿线国家优质创新要素落户中国，合作建设科技园区。例如，中以常州创新园是常州武进高新区和以色列有关企业合作共建；新加坡杭州科技园是在浙江—新加坡经贸理事会框架下，新加坡政府与浙江省的首个战略合作项目，导入新加坡在科技园建设方面的规划设计理念和运营管理经验，在浙江因地制宜打造环境生态化、生活城市化、产业现代化的科技园区。

中国科技园区还通过举办国际合作发展论坛、科技创新交流会、双创

周等多种活动，持续加强与“一带一路”沿线国家的合作。例如，成都高新区承办亚洲国际消费类电子产品展览会、中国—欧盟投资贸易科技合作洽谈会等，加速创新要素双向流动和丝路青年科技人才集聚。

为推动中国与沿线国家的科技政府部门、科技机构、科技企业的交流合作，推动科技园区合作落地，多个行业联盟也陆续成立。例如，2016年，来自中国、俄罗斯、乌克兰、格鲁吉亚、亚美尼亚等沿线国家科技机构在中国烟台发起成立“丝绸之路高科技园区联盟”，目前，联盟成员来自白俄罗斯国立技术大学科技园、俄罗斯科技园协会、乌克兰未来技术创新发展促进协会、格鲁吉亚国家科学院、亚美尼亚国家科学委员会等10多个沿线国家的几十家相关机构和烟台高新区、广东深圳高新区、厦门火炬高新区、山东济南高新区等20多家中国高科技园区。

五、国际技术转移合作成为丝路青年科技创新交流合作新赛道

十年来，中国科技部发起建立“‘一带一路’技术转移协作网络”，支持共建国家建立完善技术交易市场，共建并启动运行9家国际技术转移中心，与联合国开发计划署组建技术转移南南合作中心①，有力推动中国的先进适用技术成果在共建国家转移转化。例如，越南黄忠南科技公司依托中国—东盟技术转移中心，引进中国太阳能技术和太阳能热水器生产设备，让当地百姓更便捷地洗上了热水澡；阿联酋迪拜借助中阿技术转移中心成熟渠道，获赠宁夏大学提供的100万套风光互补节水灌溉技术装备；中国—加纳/赞比亚可再生能源技术转移合作项目推动非洲国家发展清洁能源产业；等等。

中国科学院、南京大学、清华大学、浙江大学、上海交通大学、复旦

① 技术转移南南合作中心是经中国科技部批准，由中国21世纪议程管理中心（中国科技部直属的公益一类事业单位）和联合国开发计划署联合组建的机构，旨在通过搭建技术转移平台和数据库，精准对接技术需求与供给，为南南合作伙伴、“一带一路”沿线国家提供适宜的可持续发展技术解决方案，共享中国技术创新发展经验，打造技术转移能力建设基地。

大学、中山大学等中国知名高校、科研院所也在积极推动和开展“一带一路”技术转移合作。例如，中国科学院成立全球“一带一路”技术转移转化中心，围绕知识链、资本链、产业链“三链链接”，搭建面向沿线国家的多元化创新集群和战略联盟。中国科学院组织开展“一带一路”国际合作研究计划，主要项目有气候变化、综合减灾、新发突发病原等领域研究。

总的看，通过国际技术转移合作实现科技信息共享和创新成果转化应用，更好地发挥了丝路青年科技人员创造力强、敢于攻坚克难的优势，并能较快打造涵盖研究开发、技术转移、科技咨询、科技创业、科技金融的全链条产学研合作示范项目，得到了沿线国家政府部门、高校科研院所、丝路青年科技人员的广泛响应和积极参与。

六、中国地方政府积极开发和承接“一带一路”青年科技合作项目

十年来，上海、北京、天津、浙江、广东、四川、山东、河南、陕西等中国地方政府开发了多个“一带一路”青年科技合作项目。

例如，上海市科委在年度“科技创新行动计划”设立“一带一路”青年科学家交流国际合作专项，目标是重点资助与上海有关部门签订科技合作协议的沿线国家青年科学家，来沪开展科研工作，促进上海与相关沿线国家的科技交流与长期合作。项目申报单位要求是注册在上海、具有独立法人资格的高校和科研机构，具备组织项目实施的相应能力及国际合作基础。申请项目的内容中须包含接收 1 名外籍青年科学家，来沪全职从事 12 个月及以上的科研工作。

世界科技与发展论坛由中国科协、中国科学院、中国工程院、四川省人民政府共同主办，2019 年起在成都连续举办 4 届，旨在推动民间科技人文交流，打造高端开放合作平台。青年前沿科技论坛是其中配套活动，以“青春 · 梦想 · 创新”为主题，设置“青 · 出于蓝——嘉宾寄语”“青 · 心相随——领航助力”“青 · 当自强——成长之路”“青 · 采飞扬——风采展

示”等多个活动。

为落实《中日韩未来合作十年展望》《2020中日韩合作展望》中关于“加强科技与创新合作”的有关安排，推动中日韩三国创新资源的交流、对接与合作，天津、郑州、深圳、青岛等城市承办了2022中日韩青年创新合作对接赛，探索中日韩从技术到产业、从创新到创业、从交流到友谊的合作新模式。总决赛在深圳举办，来自中日韩三国的科技创新机构代表、相关领域专家、投资人、企业代表以及18个青年创新项目团队参加，吸引中日韩三国71万余人次线上观看。

案例4.4

世界青年科学家峰会：凝聚“一带一路”优秀青年科学家，共同应对全球性重大挑战

世界青年科学家峰会由中国科协与浙江省人民政府共同举办，聚焦“汇聚天下英才 共创美好未来”主题，已连续举办三届。2019年，习近平主席向首届世界青年科学家峰会致贺信，强调“科技的未来在青年”。2020年，联合国秘书长古特雷斯向第二届峰会参会青年科学家代表致信。

三届世界青年科学家峰会不断加强与知名国际科技组织联系，持续聚焦联合国可持续发展计划，充分发挥科技共同体作用，积极构建开放创新生态，推动青年参与全球科技治理。至今，世界青年科学家峰会与100多个国家、国际科技组织和100多个国外大学建立交流联系，累计邀请30多位诺贝尔奖、图灵奖得主等世界顶尖科学家、近300位中外院士和2600余名青年科学家代表参会。

世界青年科学家峰会致力于搭建开放交流平台，努力让更多青年科学家在峰会交流思想、互学互鉴，让更多青年科学家在峰会举办地施展抱负、成就梦想。峰会举办地中国温州设立了总规模100亿元的世界青年科学家创业基金、4.3万平方米的世界青

年科学家孵化器和500亩的世界青年科学家创业园，正加快建设世界青年科学家产业城和学术中心。

第二节 中国与“一带一路”沿线国家青年科技创新交流合作经验、挑战与对策建议

一、丝路青年科技交流合作的主要经验：共建丝路青年科技创新共同体，推动科技合作创新之路建设

（一）中国与“一带一路”沿线国家科技合作为丝路青年科技人员提供更多发展机会和平台

科技创新是提升综合国力的核心要素，国际科技合作为构建人类命运共同体提供科技支撑、贡献中国力量，充分体现了“一带一路”建设的基本理念和原则。十年来，通过构建全域化、多元化、多层次的政府间、高校间、科研院所间、社会组织间、企业间等各类科技创新合作机制，中国与“一带一路”沿线国家科技人文交流的规模和质量大幅增加，科技创新成果更多惠及沿线国家。尤其是自2017年“共建‘一带一路’科技创新行动计划”[①]启动以来，中国与沿线国家在科技人文交流、共建联合实验室、科技园区合作、技术转移等方面合作提速增效。同时，中国与沿线国家及区域组织、国际组织加强双边、多边青年科技合作，提出创新议题、发出合作倡议、搭建合作平台。

总的看，“一带一路”青年科技合作较为顺利，不仅为各国科技创新发展积累了丰富经验，也推动了新成果、新技术、新产品在更大范围内的

① 共建“一带一路”科技创新行动计划是指中国与共建“一带一路”国家在科技人文交流、共建联合实验室、科技园区合作、技术转移等四方面开展合作，共同迎接新一轮科技革命和产业变革，推动创新之路建设。2017年5月，习近平主席在首届“一带一路”国际合作高峰论坛开幕式上提出，要将“一带一路”建成创新之路，启动共建“一带一路”科技创新行动计划。

传播与应用，带动沿线国家地区经济社会发展，得到了沿线国家社会各界和丝路青年的广泛认可和赞誉。肯尼亚《民族日报》网站发文称，“一带一路”是不折不扣的技术转让途径，除了为肯尼亚创造数以千计的就业岗位外，还为当地带来大量铁路技术专业知识，培养了一批工程师和司机。巴基斯坦《国家报》网站发文称，中国一直在帮助共建“一带一路”国家加快技术进步，消除极端贫困，实现高质量发展。芬兰《赫尔辛基时报》报道称，中国航天事业快速发展，并在许多方面助力了其他发展中国家的太空探索。菲律宾《马尼拉时报》报道称，中国具备强大的工业产能和超凡的科技实力，是菲律宾加速经济发展道路上重要的合作伙伴。

（二）中国科技创新经验与“一带一路”沿线国家共享，普惠更多丝路青年科技人才

十年来，中国坚持把科技创新摆在国家发展全局的核心位置，充分发挥科技创新的引领带动作用，努力在原始创新上取得新突破，在重要科技领域实现跨越发展，推动关键核心技术自主可控，加强创新链、产业链融合，中国科技实力正在从量的积累迈向质的飞跃、从点的突破迈向系统能力提升，科技创新取得新的历史性成就，形成了举国体制、规划科学、科教并举、产学研融合、应用创新、生态构建、原始突破等一系列中国科技创新经验。法国《世界报》报道称，中国已跻身世界科学大国行列。西班牙《先锋报》报道称，中国是科技强国，并且持续在科技领域取得里程碑式的成就。美国《华尔街日报》发布数据称，在世界顶尖研究型大学排名中，中国大学的研究成果和数量正以“前所未有”的速度飙升。

加强国际科技创新合作，中国既是倡导者，更是积极实践者。中国始终坚持面向世界、面向未来，以全球视野谋划和推动科技创新，旗帜鲜明反对科技霸权和脱钩断链，将中国科技创新的经验、技术、知识与“一带一路”沿线国家分享，推动完善全球科技治理，让科技成果为更多人所及所享，推动实现更加强劲、绿色、健康的全球发展。

值得关注的是，中国在选育用留青年科技人才方面形成完善的制度机制经验。比如，针对青年科技人才成长中的烦恼，中国科技部等五部门发布《关于开展减轻青年科研人员负担专项行动的通知》，通过挑大梁、增机会、减考核、保时间、强身心等措施减负松绑。同时，中国政府还加大对青年科技人才的支持力度，比如，“国家重点研发计划”单独设立400余项青年项目。

《中国科技人力资源发展研究报告（2020）》显示，中国科技人力资源结构不断优化，年轻化特点和趋势明显，截至2020年底，39岁及以下人群约占3/4。从天宫、北斗、嫦娥到天和、天问、羲和，一项项标注中国科研高度的成果背后，是传承忠诚与梦想的航天青年的身影；面对新冠疫情，连续奋战36小时设计出样件，用5天时间完成隔离服从概念到实物转变的是沈阳橡胶院科研攻关青年突击队；负责多款龙芯处理器设计的是中国科学院计算技术研究所青年科学家团队；助力中国在认知智能的技术和产业走在世界前列的是科大讯飞认知智能国家重点实验室青年创新团队；探索浩瀚宇宙，“把梦做上天”的是哈尔滨工业大学紫丁香学生微纳卫星团队……他们不但展现了当代中国青年敢于创新、勇攀高峰的精神风貌，让青春在逐梦的征途上发出夺目的光彩，也为丝路青年分享中国科技创新机遇、提升科技创新能力和实效提供了样板示范。

十年来，中国与“一带一路”沿线国家大部分科技合作项目均涉及青年内容，“青年科技合作”写入了中国与有关国家、国际组织的双边、多边合作文件。中国与沿线国家合作开展了大量丝路青年科技创新交流合作项目，一大批丝路青年科学家、科技人员、研究生、大学生等不同群体参与到中国的优势科技领域，进行理论实践学习、项目研究、共建联合实验室、共建科技园区、国际技术转移合作、人文交流，互信互知的丝路青年科技人才将中国科技的“火种”带向沿线国家，产出一大批引领性、示范性的科技创新成果。

二、中国与“一带一路”沿线国家青年科技交流合作面临的主要挑战

（一）中国与沿线国家科技合作面临不平衡不充分矛盾和不确定性风险

由于沿线国家经济社会发展差异较大，涵盖发达国家、发展中国家、

欠发达国家，部分经济和科技相对有基础的沿线国家与中国科技合作已见成效，其他国家与中国的科技合作处于起步阶段或者探索推进阶段。部分沿线国家经济落后，政局动荡，产业基础薄弱，国民科学素养较低，缺乏科技研发平台和主体，对需要时间沉淀和前期较大投入的国际科技合作意愿不足或者力有不逮。另外，受全球经济复苏缓慢、新冠疫情冲击、地缘政治挑战、地区冲突等因素影响，造成中国与沿线国家青年科技交流合作遭遇人员流动受限，部分合作项目缩小规模、延期、暂停或者提前终止。

（二）中国尚有不少领域亟待创新攻关“卡脖子”技术瓶颈

随着中国国力的增强，一些西方国家和政客对中国高技术领域进行打压，对中国科技、中国创造恶意抹黑，阻碍沿线国家与中国开展正常科技合作、技术转移。一些战略性产业的“卡脖子”技术攻关具有投资规模大、建设周期长、技术难度高等特点，因此，中国必须加强科技自主创新能力，加强与沿线国家和其他国家科技合作，以构建求同存异、合作共赢的创新共同体，突破违反市场原则的科技壁垒。

（三）中国科技创新体制机制亟待进一步完善，以适应国际科技合作需要

面对激烈的国际竞争，在单边主义、保护主义上升的大背景下，如何提升原始创新能力，构建跨区域、跨国的创新共同体，需要中国有关部门进一步完善科技创新体制机制，尤其是要解决某些科技创新领域部门协同协调不够、普惠性政策落实不足的问题。

企业是“走出去”的市场主体，具有市场敏感度高、运作灵活高效等特点，但是中小企业自主创新能力有限，资金、资源薄弱，整合科技资源往往面临体制约束，因而在部分中国与沿线国家科技合作项目中，缺乏在沿线国家产业合作已有成效的中小企业参与，可能造成市场信息传导滞后、产学研合作脱节、科技合作成果不能更好地服务沿线国家经济社会发展、国际科技创新进度跟不上技术迭代等问题。

三、高质量推进中国与“一带一路”沿线国家青年科技交流合作的对策建议

（一）进一步发挥“一带一路”科技合作的青年担当与青年作为

结合沿线国家科技创新合作需求，密切科技人文交流合作，加强合作平台建设，强化合作研究，引导各类丝路青年科技人才参与打造发展理念相通、要素流动畅通、科技设施联通、创新链条融通、人员交流顺通的“一带一路”科技创新共同体。在中国与沿线国家的双边、多边合作，以及科技创新法规政策中增加和落实青年内容，形成青年科技创新政策协作网络，将“丝路青年科技合作”纳入制度保障。

聚焦沿线国家在经济社会发展中面临的关键共性技术问题，鼓励丝路青年科学家参与基础理论、生态环境、能源安全、人口健康、粮食安全、自然灾害、文化遗产保护传承等领域的联合攻关科研项目。加强“一带一路”联合实验室、技术转移中心、先进适用技术示范与推广基地等平台载体建设，促进科技资源互联互通，构建青年友好型国际产学研合作网络，吸纳更多丝路青年科技人才参与高水平科学研究，促进适用技术转移和成果转化，提升沿线国家的科技创新能力。推动共建特色科技园区，鼓励中国科技型企业在沿线国家布局，集聚更多丝路青年创新创业。

（二）加快培养更多知华友华亲华的丝路青年科技人才

中国有关政府部门要完善和落实沿线国家青年科技人才来华工作、科研、交流的政策，提升杰出青年科学家来华工作的规模和成效。依托高校、社会组织、科技企业、科技园区，建设不同类型的培训载体，面向丝路青年广泛开展先进适用技术、科技管理与政策、科技评估、科技创业等学历教育、短期培训、访问学者、项目合作研究等多种形式的科技人才培养项目。

（三）加强丝路青年科技人文交流

依托国际展会和青年科技人才交流项目，打造“一带一路”青年科技人才联盟、青年科技组织、青年科技国际峰会、青年科技大赛、青年创新

创业大赛等各类科技人文交流平台，增进丝路青年科技人才的互信和理解。推动沿线国家科技部门和机构合作开展科普活动，促进青少年科普交流。借鉴中国青年科技奖[①]的成功经验，建议中国有关科技部门、社会组织等联合沿线国家有关机构发起设立“一带一路”或者双边、多边的青年科技奖，表彰在促进“一带一路”科技合作、科技创新中作出突出贡献的青年科技人才，激发丝路青年科学家的创新创业热情。

① 中国青年科技奖由中共中央组织部、人力资源和社会保障部、中国科协、共青团中央联合发起，已连续举办 17 届，旨在表彰在国家经济发展、社会进步和科技创新中作出突出贡献的青年科技人才，成为杰出青年科技工作者成长成才的摇篮。在 30 年来近 1500 位获奖者中，有近 10%的获奖者当选两院院士。

第五章
共建数字丝绸之路：中国与“一带一路”沿线国家青年数字经济合作十周年

中国信息通信研究院发布的《全球数字经济白皮书（2022年）》显示，数字经济已成为各国应对疫情冲击、加快经济社会转型的重要选择，各国加速数字经济发展战略政策出台与落地实施，进一步推动数字经济发展。丝路青年是数字新消费和数字经济就业创业的主力军和先锋队。《中国移动互联网发展报告（2022）》等智库报告数据显示，全球上网人口超过50亿，互联网普及率超过60%。数字经济在各国催生了网络协同制造、在线办公、电子商务、数字文娱、互联网营销、网约配送等大量新产业、新业态、新模式，成为丝路青年就业创业的“星辰大海”。相比传统谋生方式，数字经济就业创业具有多样性、趣味性、灵活性、科技性，以及数字化、智能化、网络化等适合青年群体广泛参与的显著特征。据《中国青年报》调查显示，75.1%的受访青年愿意在数字经济领域就业或创业，不少丝路青年在数字经济领域创造新的解决方案，闯出一片新天地，成为时代“弄潮儿”。

第一节 中国与“一带一路”沿线国家青年数字经济合作综述、成效与典型案例

一、共建数字丝绸之路多点开花、成效良好

十年来，中国先后成立中共中央网络安全和信息化委员会办公室、国家数据局等职能部门，出台网络安全法、数据保护法、个人信息保护法、关键信息基础设施安全保护条例、数据出境安全评估办法等数字经济配套法规条例，构建了完善的数字治理体制机制。

中国积极开展双边、多边数字治理合作，为推动全球数字治理作出重要贡献。例如，在2016年担任二十国集团轮值主席国时，中国就首次将“数字经济”列为二十国集团创新增长蓝图中的一项重要议题，牵头制定和发布了全球首个由二十国集团领导人共同签署的数字经济政策文件(《二十国集团数字经济发展与合作倡议》)。

2017年召开的首届“一带一路”国际合作高峰论坛上，30个国家首脑签署的联合公报提出，实施“电子商务、数字经济、智慧城市、科技园区等领域的创新行动计划”，共建“网络空间命运共同体”。

2020年，中国提出《全球数据安全倡议》，希望以此为基础，同各国共同探讨制定反映各方意愿、尊重各方利益的数字治理国际规则。

中国连续9年举办世界互联网大会①，将其打造为全球数字经济交流合作的重要平台。在第四届世界互联网大会上，中国、埃及、老挝、沙特、塞尔维亚、泰国、土耳其和阿联酋等国家代表共同发起《“一带一路”数字经济国际合作倡议》，数字经济合作纳入了大部分中国与沿线国家的双边合作机制。

《区域全面经济伙伴关系协定》(RCEP)②设立“电子商务”专章，这

---

① 世界互联网大会在增进理念共识、加强对话交流、促进产业发展、助推科技创新等方面取得丰硕成果，成为全球互联网共享共治和数字经济交流合作的高端平台。

② 2020年11月15日，东盟十国以及中国、日本、韩国、澳大利亚、新西兰共15个

是首次在亚太区域内达成的范围全面、水平较高的多边电子商务规则成果，这些内容将为各成员国加强电子商务领域合作提供制度保障，有利于营造良好的电子商务发展环境，增强各成员国电子商务领域的政策互信、规制互认和企业互通，将大大促进区域内电子商务发展。

中国与非洲国家共同制定实施“中非数字创新伙伴计划”，与东盟国家举办中国—东盟数字部长会议和中国—东盟数字经济发展合作论坛，推动数字经济区域国际合作稳步拓展。

截至 2022 年 12 月，中国已与 17 个沿线国家签署“数字丝绸之路”合作谅解备忘录，与数十个沿线国家签署电子商务合作备忘录并建立双边电子商务合作机制①。

十年来，中国数字科技企业积极参与“一带一路”沿线国家数字基础设施建设，与周边国家累计建设 34 条跨境陆缆和多条国际海缆，系统容量超过 100Tbps，直接连通亚洲、非洲、欧洲等地；阿里云、华为云、京东云、浪潮信息等中国云计算服务商在沿线国家建设了一批新型数据中心和地域节点，为当地提供云计算、大数据存储等服务；中国—东盟信息港、中阿网上丝绸之路全面推进，实施“数字丝路”国际科学计划，“数字丝路地球大数据平台”②实现多语言数据共享。

十年来，中国与沿线国家、国际组织共同召开一系列数字经济主题的会展活动，为丝路青年分享数字经济红利搭建合作平台。例如，第二届“一带一路”国际合作高峰论坛召开了“数字丝绸之路”分论坛；中国国家发展改革委、中国人民外交学会在世界互联网大会机制下连续举办数字

国家，签署区域全面经济伙伴关系协定。这标志着当前世界上人口最多、经贸规模最大、最具发展潜力的自由贸易区正式启航。

① 截至 2023 年 1 月，与中国建立电子商务合作的国家包括：菲律宾、老挝、泰国、巴基斯坦、新加坡、白俄罗斯、塞内加尔、乌兹别克斯坦、瓦努阿图、萨摩亚、哥伦比亚、意大利、巴拿马、阿根廷、冰岛、卢旺达、阿联酋、科威特、俄罗斯、哈萨克斯坦、奥地利、匈牙利、爱沙尼亚、柬埔寨、澳大利亚、巴西、越南、新西兰和智利。

② “数字丝路地球大数据平台”是中国科学院 A 类战略性先导专项“地球大数据科学工程”的一部分，以“数字连接，共享繁荣”为主旨，具备千万亿字节级的软硬件平台环境，实现地球大数据的检索、共享、产品可视化展现。

丝绸之路国际合作论坛（2018年创办）、“一带一路”互联网国际合作论坛（2020年创办）；中国分别与捷克、匈牙利、塞尔维亚、科威特等沿线国家联办数字丝绸之路合作论坛；2018年以来，中国国家互联网信息办公室、国家发展改革委、工信部、广西壮族自治区人民政府连续举办中国—东盟信息港论坛。

案例5.1

中国与东盟数字经济合作：搭建丝路青年创新创业新赛道

东盟国家高度重视发展数字经济，正在执行《〈东盟数字一体化框架〉行动计划（2019—2025）》。中国与东盟互为第一大贸易伙伴和重要的投资合作伙伴，这为双方数字经济合作发展构成了有利条件。

《中国—东盟战略伙伴关系2030年愿景》提出，提升数字互联互通。2019年召开的第22次中国—东盟领导人会议发布了《中国—东盟智慧城市合作倡议领导人声明》。2020年召开的第23次中国—东盟（10+1）领导人会议上，发表了《中国—东盟关于建立数字经济合作伙伴关系的倡议》。2021年召开的第24次中国—东盟（10+1）领导人会议上，双方就深化数字经济、互联互通、智慧城市等领域合作达成共识。2022年，双方通过《落实中国—东盟数字经济合作伙伴关系行动计划（2021—2025年）》，持续加强在智慧城市、5G、人工智能、电子商务、大数据、区块链、远程医疗等领域的合作。中国与东盟共建“中国—东盟网络安全交流培训中心”，签署《中国—东盟非传统安全领域合作谅解备忘录》，中国与印尼、泰国签署网络安全合作备忘录，积极探索有效的网络安全合作机制。

青年群体是中国与东盟国家数字经济合作的主要策划者、参与者和受益者。一是数字基础设施普及和升级为东盟青年在数字经济就业创业提供坚实支撑。比如，中国面向印尼、柬埔寨、老挝、泰国、马来西亚等东盟国家开展北斗应用场景合作，华为等中国通信企业参与印尼、泰国等东盟国家5G基础设施和应用场景建设。

二是中国与东盟国家的数字技术应用和产业化合作吸纳当地青年就业。比如，中国企业在泰国、老挝、缅甸、柬埔寨等东盟国家建设运营了一批数据中心和海外云计算中心，中国企业商汤科技、港湾工程公司与马来西亚G3 Global科技公司合作共建马来西亚首个人工智能产业园。

三是中国企业在东盟的新业态布局为东盟青年创业就业提供新赛道。比如，阿里巴巴、腾讯、京东、蚂蚁等中国头部互联网公司通过投资、并购、技术和商业模式输出等方式，在东盟国家运营跨境电商、智能物流、移动支付、网络借贷等新型数字服务。

二、中国数字科技企业积极拓展“一带一路”市场，为丝路青年创新创业搭建新平台

十年来，中国数字科技企业积极布局“一带一路”沿线国家市场，既有华为、腾讯、阿里巴巴、京东、百度、海康威视、中兴通讯等行业领军企业，也有图胜科技、云从科技、海纳云等初创企业。中国不少“走出去”的数字科技企业创始人、高管团队、技术团队、市场团队多来自头部企业系、中国名校系、海归系、商帮同乡系等“青年新四军”，背景渊源深，人脉互通性强，使得中国数字科技企业在“一带一路”沿线国家市场拓展中，形成了业务合作、相互投资、联合投资、交叉持股等合纵连横的抱团合作机制，促进了资金、项目、人才、政策等要素资源融合集聚，创业创新的“星星之火”呈现“燎原之势”。

表 5.1 入选 2022 福布斯中国数字经济 100 强且由 45 岁及以下的青年企业家创办的数字科技企业及其“一带一路”市场布局情况

序号	企业名称	所属行业	总排名	“一带一路”市场布局情况
1	美团	电商	12	推出海外住宿业务，已有近百个国家、5000 多个城市、超 12 万个酒店入驻美团 APP，参投印度、印尼、尼日利亚等沿线国家生活服务平台。
2	拼多多	电商	16	推出“国家品牌馆”和海外版 Temu，拓展“一带一路”跨境电商市场。
3	中天科技	通信设备	42	依托光通信、智能电网等先进技术和服务经验，产品出口和市场布局俄罗斯、巴西、印度、南非等 40 多个沿线国家。
4	天马微电子	显示屏	47	在印度、韩国、日本及欧洲等沿线国家和地区布局手机、平板、智能穿戴、车载、医疗等上百个应用领域的显示屏市场。
5	东山精密	电子元件	60	在北美、欧洲、东南亚等沿线国家和地区设有不同职能的运营机构，2022 年上半年海外市场收入占比 79.4%。
6	烽火通信	通信设备	79	在全球 50 多个国家构建了完备的销售与服务体系，形成 11 个全球交付中心，产品服务覆盖 90 多个沿线国家和地区。
7	三七互娱	网络游戏	81	通过自研、对外投资等方式，制作了一批质量较高、玩法上较为创新的网络游戏，成功抢占发达国家地区市场，海外市场收入占比超过 30%。
8	苏宁易购	电商	82	布局近百个沿线国家跨境电商市场。
9	太极股份	信息化	89	参与部分沿线国家相关领域的信息化规划与建设。
10	三环集团	电子元件	96	部分细分产品全球市场占有率领先，在德国、泰国等沿线国家设立分支机构。

备注：

(1)2022 福布斯中国数字经济 100 强入选企业均为上市公司，总市值达 16.45 万亿元人民币，平均市值达 1645 亿元，代表了中国数字经济最具竞争力的企业群体，覆盖互联网、电信运营商和家电、电子制造企业。

(2) 45 岁及以下的中国青年企业家担任董事长或者法人代表的入选企业有 10 家，占比 10%，大部分入选企业掌舵人仍然是经验丰富的中年企业家。入选企业的董事会、监事会、管理层中，年轻人亦有一定比例，可见中国数字经济头部企业的核心层多以“中青配”来保障公司的决策科学性、创新性和高效性。

(3) 大部分入选企业的技术、市场等核心部门的管理人员、骨干员工则以青年人才为主，体现了数字经济的创新特征。

案例 5.2

华为：创新驱动丝路青年搭建构建万物互联的智能世界

华为创立于 1987 年，是全球领先的信息与通信（ICT）基础设施和智能终端提供商。目前华为约有 19.5 万员工，业务遍及 170 多个国家和地区，服务全球 30 多亿人口，覆盖大部分“一带一路”沿线国家。从一个注册资金只有两万元的贸易代理公司，到今天成为数千亿营收的世界 500 强和通信行业巨头，华为成为中资企业走出去的典型代表，在《人民日报》和当代中国与世界研究院等多个机构的“一带一路”品牌影响力评选中名列榜首。

华为的人才管理经验是“让青年人才在良性约束下自由发挥”。尽管华为创立至今已有 40 余载，创始人任正非年过七旬，但是打造执行力超强、年轻的“狼性团队”始终没有改变。任正非反复强调华为要有少年英雄，要让有朝气、有活力、敢闯敢干的优秀人才脱颖而出。

全球领先的创新网络是华为成功的底气。华为近十年累计投入的研发费用超过人民币 8450 亿元，从事研究与开发的人员占公司总人数的 54.8%，研发费用支出占全年收入在 20%以上。因此，华为可以与全球学术界、科技界构建长期开放合作关系，构筑最具活力的全球青年创新资源池，识别产业需求并攻克世界级难题，持续探索新理论、新架构、新技术，支撑企业长期可持续发展。

建设年轻人喜欢的企业文化是华为成功的内核。华为建立内部网站心声社区，公司绝大多数政策、决定，包括任正非的讲话、各级高管的讲话都会第一时间发表在心声社区，让全球员工评价、监督和参与，进而保持企业的强大凝聚力。华为把工作含义定义为“工作可以是享受，也是生活的一部分”。很多年轻人进入华为之后，会潜移默化接受这种观念，最后发展到为工作废寝忘食，以办公室为家。华为设立首席员工健康与安全官，成立健康指导中心，为员工提供健康与心理咨询。对于在海外艰苦地区进行工程项目的员工，每半年要进行强制性体检，体检通不过的，不再留驻艰苦地区工作。

连接全球青年创新资源，赋能全球青年人才是华为全球市场布局可持续发展的主要动力。华为开发者大会已连续举办4届，堪称“ICT领域的青年技术达人嘉年华”，在中国、阿联酋、葡萄牙、新加坡、沙特、南非等多个“一带一路”沿线国家召开，为全球开发者提供他们所急需的基础设施、技术指导、开发能力和资源支持，旨在培养本地青年技术人才，实现开发者能力进阶。作为华为全球企业社会责任旗舰项目，“未来的种子”旨在培养本地ICT人才，已有108个国家和地区、400多所高校的3万余名学生从中受益。

总的看，华为的成功源于青年、依靠青年、赋能青年，通过青年人才在全球开疆辟土，构建开放合作共赢的全球青年创新网络，同时为当地培养青年人才，创造就业、创新、创业机会，促进当地数字经济发展，从而共建互利共赢产业链供应链，成就伟大企业。

案例 5.3

字节跳动：技术出海，为丝路青年建设全球创作与交流平台

字节跳动是全球规模最大的互联网创作与交流平台，产品服务覆盖全球150个国家和地区、75个语种，2021年营收617亿美元，旗下抖音、抖音国际版分别为中国和海外规模最大的短视频社交平台，活跃用户分别超过6亿和10亿。

字节跳动超常规飞速发展，恰恰体现了青年创新的无穷力量和无限可能性。字节跳动从高管到一线员工，几乎全为风华正茂的年轻人，核心产品和市场的负责人几乎为清一色“90后”。字节跳动负责人认为：“公司非常鼓励年轻人，招聘时不看资历，而看是不是聪明、年轻、有冲劲。只要给足年轻人机会，年轻人就能涌现出来。”

尤其是随着抖音国际版风靡全球，互联网繁盛的创造力、年轻人蓬勃的热情和创意，使得一大批丝路青年网络达人通过抖音国际版展现了精彩人生。

例如，米络星集团是一家中国老牌直播企业，入驻抖音国际版拓展海外业务，面向“一带一路”沿线国家复制中国成熟的网红产业模式，已孵化、培养、服务10多万名来自土耳其、日本、泰国、印尼、马来西亚、越南等沿线国家的青年网络达人，涵盖生活、才艺、娱乐、时尚等领域。

越来越多的年轻人在抖音国际版上分享书籍和阅读体验，逐渐形成“线上图书角”BookTok，爱书人在该话题下发布书籍打卡、推荐、点评等内容，相关视频的播放量超过840亿次。德国青年畅销书作家莎拉·斯普林茨认为：“BookTok吸引了许多年轻读者，创作者可以发布情感充沛的书评短视频。我在BookTok上看过许多创作者阅读并推荐我的书，这是让我实现梦想的催化剂。”

印度青年桑吉塔·简虽然在10岁时遭遇车祸导致脊椎永久损伤，但她在抖音国际版开通了English With Geet和The Official Geet两个频道，用自己擅长的美式发音，向410万年轻粉丝分享同义词、习惯用语、词汇等教学内容。同时，她还把自己与印度德里贫民窟孩子打交道的经历分享给粉丝，与大家探讨家庭暴力和自信等问题，在抖音国际版开启“网红”之路。

塞内加尔青年哈比·拉梅因为新冠疫情在意大利失去工作，尽管并不熟练使用内容创作者的专业工具，但凭借幽默、简短、无声的创意风格，他用一部廉价手机制作、模仿、改编网上找到的其他视频，让大众感受到身边的人也可以带来欢乐。如今，哈比·拉梅是抖音国际版拥有最多粉丝的10名用户之一，粉丝数量超过1.3亿。

案例 5.4

小米：青年团队与丝路青年共筑年轻的世界500强

小米公司是一家将目标客户群定位为全球年轻消费者，以智能手机、智能硬件和IoT平台为核心的消费电子及智能制造公司，2021年营收达3283亿元，同比增长33.5%，业务遍及全球100多个国家和地区。在全球经济面临诸多挑战之际，小米依靠青年团队并以极具韧性的商业模式实现了“快、更稳”的增长目标。

由于不少沿线国家年轻人占比较高，青年消费者偏好与小米的产品和技术乃至商业模式比较契合，“一带一路”倡议成为小米国际化步伐的加速器。2021年，小米智能手机出货量达1.9亿台，同比增长30%，全球智能手机市场占有率达到14.1%，在全球14个市场排名领先，在全球62个市场排名前五；小米电视出货量继续保持中国领先、全球前五；小米智能空调全球出货量超过200万台；小米互联网业务实现营收282亿元，同比增长18.8%。

“米粉”是对小米产品忠实拥趸的网络热称，近年来沿线国家“米粉”群体不断壮大，到2021年末，“米粉”月活跃用户近5.1亿（中国以外的“米粉”近3.8亿）。“米粉”们不仅广泛分享使用小米产品的体验，部分“米粉”还加入小米产业链。例如，资深“米粉”、俄罗斯青年德罗兹多夫·叶夫根尼自发创立小米俄罗斯粉丝论坛，而后该论坛成为小米俄罗斯官方MIUI（小米交互系统）粉丝站，现拥有11万注册粉丝，每日浏览量达7万人次，叶夫根尼也成为小米俄罗斯分销伙伴的正式员工。

小米从不吝啬对年轻人的培养，即使是经济下行挑战更大的2022年仍逆势招募5000名青年工程师，并继续落实“3年手机全球第一”“5年研发投入超千亿”等战略。目前，小米绝大部分事业部一把手都是“80后”，在小米近2000人的中层核心管理队伍中，“90后”占比也达60%。2020年，小米开启“新十年创业者计划”，更加重视高潜员工培养，陆续选拔数百名年轻干部，激励他们以创业者心态和投入度，和公司共绘未来十年的美好蓝图。

案例 5.5

借鉴中国方案，成就人生梦想：丝路青年分享中国数字经济发展红利的创业故事

十年来，越来越多丝路青年创办的技术公司借鉴中国数字经济发展经验，加大与中资企业合作力度，利用先进的数字技术和数字经济模式推动当地数字化转型。

赞比亚青年光明创办了电子支付公司BroadPay。创业之前，光明作为技术工程师曾两度在华为赞比亚公司工作。从华为离职后，光明发现赞比亚60%的人没有银行卡，电子支付市场潜力巨大。拥有编程基础的光明开发了一款电子支付软件，能够通过APP操作或者发送短信实现小额转账。光明陆续和2000多家遍布在赞比亚街头巷尾的杂货店达成合作，并向杂货店支付推广佣金，这些杂货店店主也为BroadPay带来超过10万笔电子支付交易。同时，光明还和赞比亚一些基建公司和商家合作，引导用户通过手机支付水电费和购物，目前已有1000多家机构用户接入BroadPay。

乌干达青年迪莉娅从中国学成回国后，当了一年的实习医生，切身感受到医疗体系落后给当地民众带来的苦痛，而11年

的中国学习生活经历促使她用数字解决方案改善当地医疗体系。她随后在乌干达首都坎帕拉成立一家健康科技初创公司，公司名称在当地主要语言卢干达语中意为“我的医生”，并上线同名APP，与当地医疗从业者委员会合作，为用户提供在线问诊服务和医疗保健建议。

刚果（布）的“90后”留学生布科特·格雷斯常将中国的自然风景、传统文化拍下来，放到海外社交网站上，他的账户名称就是“携手打造文化共兴的中非命运共同体”。在中国的学习生活中，他感受到数字经济对非洲的巨大机遇，随即开展直播带货，向中国网友介绍非洲好物，致力于“哪里有非洲咖啡，我就在哪里，我就是非洲咖啡的代言人。”同时，他也为中国好物“代言”，将中国好物推荐给非洲消费者。

意大利青年托马塞洛对中国灿烂悠久的文化产生了浓厚兴趣，刚到中国时，曾多次尝试与同学和老师进行交流，却因为难以掌握中文而屡屡受挫。他发现，很多在中国的外国人常常因为无法拿出专门时间而放弃学习中文，严重影响他们在中国的学习、工作和生活。因此，他开发了中文学习数字平台，注册用户通过人工智能技术在平台进行中文对话，系统可以对谈话内容自动进行语言识别，指出其中错误，生成课后辅导方案，并根据其中文水平定制个性化学习方案。目前，他研发的软件已被世界上最大的中文教学机构采用。

马来西亚青年艾迪·莫克早年创办了一家提供快递柜服务的企业，由于当地数字基础设施落后和项目商业模式单一，运营状况不佳。随后艾迪·莫克获得了免费到中国接受电商培训的机会，到了中国的“淘宝村”学习。学成归国后，艾迪·莫克将原先功能单一的快递柜升级为可以快递取件、物流跟踪、统计分析业务数据的智能快递柜，并在农村地区招募和培训合伙人。而今，当地农村电商开始兴起，小卖部店主帮助村民网购、寄件、收件，纷纷成为艾迪·莫克的合作伙伴。

三、丝路电商[①]成为丝路青年数字经济创新创业的主赛道

近年来，跨境电商凭借线上交易、非接触式交货、交易链条短等优势成为稳外贸、促消费的重要抓手。据中国海关数据，2022 年，中国跨境电商进出口规模达 2.11 万亿元，五年增长近 10 倍，覆盖“一带一路”沿线全部国家，使一大批丝路青年创业者成长为新型贸易经营者。目前，中国跨境电子商务综合试验区达 165 个，多个城市正发力打造丝路电商节点城市，企业自行建设、具有独立域名、用于开展电商业务的独立网站超过 20 万个，海外仓布局超过 2000 个，越来越多的中国创业者在亚马逊、抖音国际版、脸谱网等海外电商、社交平台开店和推广，丝路电商正成为“一带一路”经贸合作新渠道和新亮点。

据公开数据，中国电子商务从业人员从 2012 年的 1700 万人增长到 2021 年的 6530 万人，增长近 3 倍，其中跨境电商从业人员达 200 万人以上，中国跨境电商行业吸引着越来越多追求梦想的年轻人参与其中，企业高管团队、技术团队、业务团队多以勇于担当、敢于创新的青年人才为主。据本书编委会抽样调查，中国跨境电商企业高管团队中，30—40 岁占比 58%，30 岁以下占比 31%，二者合计 89%；头部电商平台员工平均年龄多未超过 35 岁，在电商平台开店的店主的平均年龄只有 25 岁。从消费侧看，19—40 岁的青年用户是中国进口跨境电商主力消费群体，占比高达 82.9%。与中国类似，“一带一路”沿线国家跨境电商同样是丝路青年创新创业的主赛道。

目前，丝路电商形成平台型、自营型和直播带货型三种模式。

平台型丝路电商是涵盖商家、用户的第三方交易平台，通过构筑服务买卖双方的中介撮合、线上店铺展示交易系统、智能营销系统、数字支

---

① 丝路电商是按照共建“一带一路”倡议，充分发挥中国电子商务技术应用、模式创新和市场规模等优势，与共建国家签署电子商务合作备忘录并建立双边电子商务合作机制，共同开展政策沟通、规划对接、产业促进、地方合作、能力建设等多层次多领域的合作。

付、跨境物流、网络借贷等生态体系，吸引更多沿线国家商家和消费者在平台交易，形成用户流量、商品流通、资金融通等规模优势、品牌优势、场景优势、资本优势和生态优势，以及多样化的盈利模式。知名平台型丝路电商有阿里巴巴国际站、天猫国际、速卖通、敦煌网、亚马逊、亿贝（eBay）、来赞达（Lazada）、虾皮购物（Shopee）等。平台型丝路电商基于全球市场布局，拓展丝路国家市场，输出在领导型市场的成熟经验（如阿里巴巴的“让天下没有难做的生意”、腾讯微商的“让天下人人均可做生意”），在沿线国家设立分站或者收购当地知名电商平台，邀请商家入驻和当地用户注册使用，从而将沿线国家纳入该平台的全球商品流、资金流和数据流，更好发挥协同效应和规模效益。

自营型丝路电商主要面向目标客户群搭建自有的集中采购、仓储物流、市场销售、售后服务等运营体系，依靠品牌、品种、品类、品质、价格等某些细分领域比较优势，吸引和聚合特定用户群，从而逐渐做大营收和利润。尽管成长速度和交易规模普遍不及平台型丝路电商，但是自营型丝路电商的生命力和利润率同样很高。知名自营型丝路电商有京东全球购、网易考拉、兰亭集势、米兰网、聚美优品、名创优品等。自营型丝路电商基于自有产业链供应链利益更大化的需要，会选择一些与之在要素资源匹配的沿线国家市场针对性拓展，从而延长其价值链。

直播带货具有全天候、零距离、少接触、体验好、价格优惠、供需精准匹配等优势。丝路直播电商主要在速卖通、抖音国际版、网易考拉、敦煌网等头部跨境电商平台开展，主播主要为沿线国家在华留学生、外语和传媒相关专业的中国毕业生。

案例 5.6

阿里巴巴：为丝路青年搭建互利共赢“电商+”生态

阿里巴巴集团是全球规模最大的数字经济企业，发展成为涵盖中国商业、国际商业、本地生活服务、菜鸟、云、数字媒体及娱乐、创新业务的“电商+”生态体系。十年来，跨境电商、普惠金融、云计算、世界电子贸易平台（eWTP）倡议等阿里巴巴重点业务板块多服务于“一带一路”贸易畅通，也为全球中小微企业和丝路青年创造普惠和可持续的发展机遇。

阿里巴巴国际站是中国最大的综合型外贸在线批发交易平台，为来自中国和全球的供应商提供与海外批发买家之间的询盘、线上交易、数字化营销、数字化供应链履约和金融等服务，已有来自190多个国家的超过4000万买家在该平台寻求商机或完成交易。

2014年上线的天猫国际是中国领先的进口电商平台，主要为中国消费者直供海外原装进口商品，已有全球87个国家和地区的29000多个海外品牌入驻。

创立于2013年的菜鸟物流致力于“全球72小时必达”，满足广大商家和消费者的多种物流需求，拥有9个自营海外分拣中心，并与500多个物流伙伴合作，跨境和国际业务的日均履约超过450万个包裹。

全球速卖通是中国唯一覆盖“一带一路”沿线全部国家的跨境出口B2C平台，在100多个国家的购物类APP下载量中排名第一，上线18种语言的版本，海外成交买家数量突破1.5亿。

来赞达是东南亚领先的电子商务平台，月活跃卖家超过100万，2016年由阿里巴巴投资10亿美元控股。“Trendyol”是土耳其领先的电商平台，阿里巴巴集团于2018年入股。“Daraz”是南亚地区领先的电商平台，拥有当地最大的物流和支付网络，2018年被阿里巴巴集团收购。

十年来，在布局“一带一路”市场的同时，阿里巴巴培养了一大批丝路青年人才，成为阿里巴巴全球网络的新鲜力量和沿线国家数字经济发展的中坚力量。例如，2018年，马云公益基金会成立1000万美元的非洲青年创业者专项基金，每年资助10名“非洲青年创业英雄”；2017年以来，阿里巴巴商学院与联合国贸易和发展会议联合开展互联网创业者计划，为来自越南、马来西亚、新加坡、南非、埃塞俄比亚、卢旺达等沿线国家青年创业者提供系统培训。

第二节 中国与“一带一路”沿线国家青年数字经济合作经验、挑战与对策建议

一、丝路青年数字经济合作的主要经验：分享数字经济发展的中国方案与中国经验，引导更多丝路青年共建数字丝绸之路

（一）中国数字经济蓬勃发展，与“一带一路”沿线国家共享发展机遇

十年来，中国数字经济实现跨越式发展，拥有全球最大的数字消费市场，数据资源领先全球，数字产业创新活跃，积极建设数字中国，数字经济规模连续多年位居全球第二，人工智能、云计算、大数据、区块链、量子信息等新兴技术已跻身全球第一梯队，形成海量数据和丰富场景引领的中国模式。

与此同时，中国始终致力于推动构建开放、公平、非歧视的数字营商环境，为全球数字治理贡献中国方案和中国智慧，加强与“一带一路”沿线国家的数字经济合作，促进沿线国家分享中国数字经济发展红利。埃及高等教育部副部长希沙姆·法鲁克认为：“我们愿意积极主动与中方开展合作，将中国企业、研究实验室和智慧城市等领域的专业知识和技术引进埃及。”突尼斯通信技术部部长纳吉认为：“突尼斯与中国在信息通信、北斗导航等领域的合作富有成效。事实证明，与中国加强数字经济合作是必然趋势。”世界经济论坛官网刊文称：“中国为解决数字经济相关的复杂问题作出了努力，能为全球发展带来解决方案，中国倡议定有许多值得学习和分享的地方。”

（二）中国数字科技企业“走出去”与丝路青年人才团队构建并行

十年来，不少中国企业通过青年人才主导的“技术应用创新＋平台

构建"的商业逻辑，实现自身业务板块做大做强和协作共进。不少丝路青年创新达人、技术达人选择加入中国数字科技企业全球产业链供应链，实现高质量创业和知识、技能、流量变现。

一是参与到华为、科大讯飞、联想、小米等拥有核心技术和庞大市场的中国企业全球生态体系中，通过创新变现得以成功创业，中国企业也得以成为其首个用户，将其创新成果应用到自身的用户群体，例如华为的全球开发者多达数百万人。

二是参与到阿里巴巴、腾讯、字节跳动等全球化的互联网平台，基于平台的海量全球用户，通过销售商品、提供服务、创意创作获得持续收益，构筑"巨平台+海量小微创业者+海量用户"的互联网生态体系。

三是瞄准"一带一路"市场新机遇，选择某些细分市场创业，在本国样板市场取得成功后，向沿线国家推广。

二、中国与"一带一路"沿线国家青年数字经济合作面临的主要挑战

（一）数字经济发展不平衡不充分，数字技术接入和应用的双重"鸿沟"严重制约数字经济国际合作

目前，不少"一带一路"沿线发展中国家仍处于数字化转型起步阶段。受资源禀赋、宗教文化、地理区位等因素影响，部分沿线国家数字基础设施数量少、质量差、互联网普及率处于较低水平，数字服务尚未普及，难以在软硬件层面形成有效的互联互通。中国国家信息中心《"一带一路"大数据报告》显示，"一带一路"沿线国家"南北失衡"问题突出，非洲、中亚、东南亚、南亚地区基础和应用落后或相对落后，缓解与弥合"数字鸿沟"，帮助数字技术欠发达的国家和地区，借鉴中国、连接中国，让全球共享数字红利的重要性和急迫性日益明显。

另外，中国与"一带一路"沿线国家数字经济合作不少领域仍然处于试点探索阶段，多为部分中国头部企业基于全球市场战略考量，对沿线国家进行投资和布局，进入该国市场的时间不长。另外，除了少数头部企

业、上市公司能够实现较强盈利能力，不少沿线国家初创数字科技企业还没有形成稳定的盈利模式。不少沿线国家产业数字化红利尚未全面显现，传统产业中小微企业数字化转型基础薄弱、成本高企、自发零散、质量不高。

（二）数据安全和网络安全风险加大，形势严峻

由于“一带一路”沿线国家网络空间治理、隐私保护、知识产权等法律法规的立法程度不一、权责不明，网络安全和数据安全保障水平良莠不齐，数据泄露风险较高，给建立数据互通互联带来“信任危机”。加之一些数字经济企业由青年技术专家创办，重视技术创新和商业价值变现，但往往忽视合法合规与商业伦理，不规范经营问题较为突出，甚至出现利用监管漏洞进行违法犯罪活动的情况。

（三）数字经济领域丝路青年人才支撑不足

不少“一带一路”沿线国家发展数字经济面临研发人才、管理人才和技能型人才的“三重约束”，尤其是精通数字经济规则、熟悉本地市场的复合型人才匮乏。例如，不少沿线国家高校、职业院校设置了电子商务专业，但是相关人才培养主要服务于本地电商市场，而有关跨境电商的课程设置、专业设置、学科建设、技能培训则相对较少；麦肯锡一项研究预测，到 2030 年，中东地区现有工作的 45%可能会实现智能化，而现有人才培养体系难以满足需求；吉尔吉斯斯坦、塔吉克斯坦、土库曼斯坦等中亚国家数字经济人才严重不足，当地青年缺乏基本的网络技能，亟须“数字扫盲”。

（四）少数西方国家蓄意破坏抹黑中国数字经济发展

少数西方国家霸权思想根深蒂固，以国家安全和外交利益为由，将部分中国数字科技企业列入出口管制清单，加大对中国的数字技术打压和封锁，干扰中国数字科技企业的正常商业行为，遏制“数字丝绸之路”发展，导致“一带一路”和全球数字经济部分领域的产业链供应链断链脱钩，给沿线国家数字经济发展带来巨大损失。

三、高质量推进中国与“一带一路”沿线国家青年数字经济合作的对策建议

（一）提升“一带一路”数字经济“硬联通”“软联通”水平，优化丝路青年创新创业环境

继续推进中国与“一带一路”沿线国家数字经济战略对接，将共建数字丝绸之路纳入双边、多边合作框架，以包容性理念共同制定有利于发展中国家、中小微企业遵循和落实的规则标准，推动沿线国家数字经济结构性改革和制度性开放，加快建设贯穿六大经济走廊、连接“一带一路”沿线重点国家和港口的信息通道，提升沿线国家的国际网络连接能力，进一步推动丝路青年对新一代信息技术普及应用，实现对数字基础设施项目的共建共享共用和可持续建设运行，将中国数字红利转化为“一带一路”区域红利。构建“一带一路”网络安全合作机制，增强数字经济国际合作风险管理能力，共同打击跨国网络犯罪和网络恐怖主义，提升数字治理水平，打造丝路青年广泛参与和受益的网络空间命运共同体。

（二）建设数字经济自贸区，扩大丝路青年就业创业载体平台

探索在中国自由贸易试验区、中国跨境电子商务综合试验区、中国海外产业园区等建设数字经济自贸区，将数字经济纳入自由贸易体系，复制中国改革经验，实施规则、规制、标准等制度性开放，完善公平竞争制度，构建监管沙盒、产业沙盒、创新加速器等包容性创新激励机制①，实现全球化多赢的数字产业化、产业数字化的要素市场化配置，激发丝路青年创新创业活力，促进沿线国家数字经济大中小微企业融通发展。

（三）加快数字经济丝路青年人才培养

推动中国与“一带一路”沿线国家双边、多边合作中进一步丰富数字

---

① 从近年来中国数字经济企业“走出去”来看，往往面临国内外监管不统一等“水土不服”问题，同时数字经济又是创新最前沿、最频繁的领域，技术创新、场景应用往往与现行国内外法律、监管存在盲区或者冲突，因而构建包容性创新激励机制可以同时满足支持创新和审慎监管的要求。

经济合作内容，以培养数字经济的“中国通”和“海外通”为目标，增加相关领域青年人才培养项目。着眼于数字经济创新生态系统和创新活动全生命周期，推动中国的孔子学院、孔子课堂、高校、科研院所、产业园区、数字经济企业等进一步加大与沿线国家有关机构合作，提高数字经济相关知识和技能在沿线国家普及率，并结合海外人才选育、双创孵化等需求，共建数字经济相关的学科专业、科研基地、产教融合基地、产学研转化平台，推广沿线国家互认的职业技能证书，扩大数字经济丝路青年人才培养规模。充分利用华为开发者大会、华为“未来种子”计划、阿里巴巴互联网创业者计划、讯飞开放平台、小米 MIUI 生态等中国数字经济企业发起运营的创新创业孵化平台，培养更多数字经济领域的丝路青年创新创业人才，引导其广泛参与到中国企业的数字经济全球价值链。

第六章

共建互利共赢产业链供应链：中国与“一带一路”沿线国家青年先进制造业及产能合作十周年

制造业是国民经济命脉所系，是立国之本、强国之基。中国是全球唯一拥有联合国产业分类中所列全部工业门类的国家，拥有 41 个工业大类、207 个工业中类、666 个工业小类。在全球制造业分工体系中，中国先进制造业及产能合作的优势主要体现在模块化架构产品、部分大型复杂装备等领域，前者如工程机械、家电、电子消费品，后者如通信设备、高铁、核电装备和水电设备等，加之基础设施建设的比较优势，十年来，中国顺应经济全球化的历史潮流，积极推进技术转移、对外投资、金融对接、园区开发等“一带一路”先进制造业及产能合作，重塑全球价值链，再造世界经济关系，助力沿线国家加快工业化、城市化和农业现代化进程，实现共同发展、共同繁荣。

第一节　中国与“一带一路”沿线国家青年先进制造业及产能合作综述、成效与典型案例

一、中国持续保持世界第一制造大国地位，“一带一路”先进制造业及产能合作全面推进

（一）中国稳步推进制造强国建设

十年来，中国新型工业化步伐显著加快，产业体系更加健全、产业链

更加完整，产业整体实力、质量效益以及创新力、竞争力、抗风险能力显著提升，一大批领军企业脱颖而出，入围世界500强企业的工业企业达到73家，规模以上工业企业资产规模实现翻番，迎来从“制造大国”向“制造强国”的历史性跨越，制造业增加值从2012年的16.98万亿元增加到2022年的近33.5万亿元，占全球比重从2012年的22.5%提高到2022年的27.7%，持续保持世界第一制造大国地位，世界500种主要工业产品中有四成以上产品产量位居世界第一，智能手机、智能电视、节能冰箱、全自动洗衣机、变频空调、汽车等中高端产品已走进寻常百姓家，显著改善了人民的生活品质。

十年来，中国制造向中国创造迈进的步伐不断加快。高技术制造业占规模以上工业增加值比重从2012年的9.4%提高到2022年的15.5%，制造业研发投入强度从2012年的0.85%增加到2021年的1.54%，专精特新“小巨人”企业的平均研发强度达到10.3%，570多家工业企业入围全球研发投入2500强；中国已布局建设23家国家制造业创新中心和国家地方共建制造业创新中心，支持建设125个产业技术基础公共服务平台，共性技术供给能力大幅提高；规模以上工业企业新产品收入占业务收入比重从2012年的11.9%提高到2021年的22.4%；大国重器亮点纷呈，“蛟龙”潜海、C919商飞、“嫦娥”揽月、“北斗”组网、“九章”问世，一大批重大标志性创新成果引领中国制造业不断攀上新的高度。

十年来，中国制造业生产模式发生了深刻变革。新一代信息技术与制造业融合取得了长足进展，2021年，中国重点工业企业关键工序数控化率、数字化研发设计工具普及率分别达到55.3%和74.7%，较2012年分别提高30.7和25.9个百分点，建成一批智能示范工厂，智能制造应用规模全球领先，石化、钢铁、建材等行业已拥有一批制造能力和智能化水平独步全球的领先企业。中国已初步形成绿色制造体系，规模以上工业单位增加值能耗“十二五”“十三五”分别下降28%和16%，2021年又进一步下降5.6%。

十年来，中国制造业市场主体数量持续增长，实力和活动不断增强。截至2021年底，中国规模以上工业企业达到40万户，较2012年增长了

23.5%。骨干龙头企业持续做强做优，中国制造业企业500强营业收入从2012年的21.7万亿元增长到2021年的40.24万亿元，有58家制造业企业进入2021年世界500强榜单，比2012年增加27家。中小企业专业化能力显著提升，截至2021年底，已培育4万多家“专精特新”中小企业、4700多家专精特新“小巨人”企业、800多家制造业单项冠军企业。

（二）“一带一路”国际产能合作全面推进

十年来，中国出台《国务院关于推进国际产能和装备制造合作的指导意见》等政策文件，以产能契合度高、合作愿望强烈、合作条件和基础好的发展中国家作为重点国别，并积极开拓发达国家市场，大力推进“一带一路”国际产能合作。中国同哈萨克斯坦、马来西亚、阿联酋、阿尔及利亚、沙特、苏丹、埃及、埃塞俄比亚等几十个沿线国家签署产能合作有关文件。中国积极参与和引领区域、次区域产能合作，推动发表《中国—东盟产能合作联合声明》《澜沧江—湄公河国家产能合作联合声明》等重要文件。通过把产能合作纳入多边合作的机制化轨道，中国与周边国家产能合作、中非产能合作、中欧产能合作、中拉产能合作全面推进，基本形成开放包容、多方共赢的国际产能合作格局，带动一大批中资企业将装备、技术、服务、标准、品牌等要素资源全面走出去。

案例6.1

中哈产能合作：诠释两国青年使命担当

哈萨克斯坦是世界上最大的内陆国，也是中国重要的陆上邻国。习近平主席2013年访哈期间首次提出建设“丝绸之路经济带”倡议，李克强总理2014年访问哈萨克斯坦期间提出“国际产能合作”倡议。

十年来，中哈两国政府签署《中华人民共和国政府与哈萨克斯坦共和国政府关于加强产能与投资合作的框架协议》等配套文件，积极构建多层次对接交流机制，推动相关配套措施出台，为中哈产能与投资合作多元化与可持续发展提供保障和支撑。

多层次、多领域的产能合作项目成为两国合作的金名片与招牌：采用中国资本、中国技术和国际标准的哈萨克斯坦札纳塔斯100MW风电项目全容量并网发电，中亚地区装机容量最大的风电项目开始满负荷输送绿色电力；中国石油工程建设公司承担了哈萨克斯坦三大炼油厂之一的奇姆肯特炼油厂现代化改造工程，结束了哈萨克斯坦不能生产高标号燃油的历史；中国有色金属建设公司承建的巴甫洛达尔电解铝厂是哈萨克斯坦独立以来建成的唯一一座电解铝厂，应用了世界上最先进的中国电解铝核心技术，被誉为“镶嵌在美丽哈萨克斯坦大草原上的璀璨明珠”。

中哈产能合作也为两国青年践行初心、勇担使命提供了广阔舞台。例如，中国石油化工集团哈萨克斯坦公司构建了“德才兼备、以德为先、汇通中外、任人唯贤”的人才管理体系，已有数十名中哈青年员工走上中高层领导岗位，多名中方青年员工光荣加入中国共产党。新冠疫情暴发后，公司青年团队开创了当地石油公司正常运营的先例——闭环式倒班模式，实现场地消毒、划线隔离、车辆接送、病毒检测、人员交接等环节零差错；地处北半球风带的哈萨克斯坦，拥有强对流气候，常年盛行东北风和西南风，是世界上最适合开发风能的国家之一，中国电建总承包建设的哈萨克斯坦札纳塔斯100MW风电项目青年工程师面对当地经济基础薄弱、失业率高、治安环境堪忧、自然条件恶劣等挑战，斗志昂扬苦干、快干，及时解决技术难题，高质量完成项目各项建设任务。

案例 6.2

中非产能合作：非洲青年就业创业和技能锻造的大机遇大平台

尽管非洲工业化水平总体偏低，但各国政府和民众都有强烈的经济发展需求，且资源丰富、人口年轻化，中非产能合作前景广阔，成效显著，亦得到非洲各界的广泛赞誉。例如，非洲开发银行行长唐纳德·卡贝鲁卡认为："制造业产能从先发国家逐渐转移至后发国家是历史潮流必然，非洲将逐步承接中国富余优质产能，而非洲自贸协定有助于本区域内人员、货物的自由流动，无疑为非洲制造的产品打开了更加广阔的消费市场。"中国传媒大学加纳留学生约翰·德姆亚克尔认为："中国企业不仅来到非洲投资，还向非洲国家进行技术转移，中国品牌的轿车、卡车在非洲生产装配、销售和使用，让非洲国家不依靠援助也能实现自主发展，有更强大的能力应对各种挑战。"

十年来，中国支持非洲国家根据自身国情和发展需求，改善投资软硬环境，以产业对接和产能合作为龙头，助力非洲工业化和经济多元化进程。中国已与 10 多个非洲国家建立产能合作双边机制，合作建设经贸合作区、经济特区、工业园区、科技园区，吸引中国等各国企业赴非投资，建立生产加工基地并开展本土化经营，扩大当地青年就业规模，促进产业升级和技术合作。截至 2022 年 6 月，中非产能合作基金累计投出项目 26 个，投资金额 33 亿美元，撬动中国企业对非投融资 186 亿美元。截至 2022 年 9 月底，中非发展基金已累计对 37 个非洲国家决策投资超过 64 亿美元，撬动中国企业对非投融资 310 亿美元。数十家中资企业与非洲企业合作建设光伏电站，累计装机容量超过 1.5 吉瓦（GW），填补非洲光伏产业链空白，有效缓解当地用电紧缺问题，并促进低碳减排。

非洲丰富的青年劳动力为中非产能合作及中资企业在非洲投资兴业提供了人才保障。中资企业通过产能合作、本地人才选育用、当地公益活动开展等项目，帮助非洲青年提升人生际遇、工作能力、劳动技能、社会资源和经济收入。以下列举 3 个典型案例：

中国航空技术国际控股有限公司使用中国优惠贷款在加蓬的恩考克、弗朗斯维尔和让蒂尔港建设了三所职业教育培训中心，并提供整体教学方案、配套师资培训、辅助运营管理等一体化援助，这是目前中部非洲水平最高的现代化职业教育培训中心，培训内容涵盖电子电工、机械加工、焊接技术等专业，每年可为加蓬培养3000余名技术人才，满足中资企业在加蓬的产能合作人才需求。

中国家电巨头海信集团与中非发展基金合作，在南非、冈比亚、埃及、尼日利亚、安哥拉等非洲国家投资建设家电生产基地。以海信南非家电产业园为例，2021年生产冰箱54万台、电视39万台，纳税超过1.5亿元人民币，直接招聘南非青年技能人才超过3000名，带动供应链岗位15000多个，培训当地青年技术工人8000余人次。海信冈比亚公司青年员工莱恩·斯图华特认为：“中资企业的科研和管理水平居世界前列，给非洲青年提供了开阔视野的平台，为我们带来了用先进技术创造美好生活的机会。”在中国与冈比亚的产能合作推动下，中方累计邀请1000多名冈比亚青年来华学习，冈比亚大学孔子学院于2019年正式揭牌运行，在冈比亚青年中掀起了“中文热”，促进了冈比亚青年对中国工业、文化、科技、教育等领域的了解，加深了两国人民的友谊。

中国医药工业龙头企业人福医药集团在马里、埃塞俄比亚投资建设现代化制药厂和销售公司，年产能达1500万瓶口服液制剂、2000万瓶大容量注射剂，产品供应马里、埃塞俄比亚、尼日尔、科特迪瓦、塞内加尔、布基纳法索、几内亚等非洲国家。人福医药在非洲的成功要素在于：一是坚持本地化，西非国家的葡萄糖、生理盐水等注射液过去多需要进口，但由于运输和储存条件要求比较高，许多医药代理商并不愿参与，导致这类产品在当地供不应求，而人福药业进入非洲市场十年来，始终坚持本地化生产经营，西非国家至此基本告别大输液产品缺货的状态；二是坚持本地青年人才选育，人福药业建立了涵盖医药代理、医院、制药企业、医药研发的非洲市场医药贸易和生产加工的供应链，与中国医科院校联合培养非洲青年学员，将生产线提供给当地医学院作为非洲大学生实习基地，带动一大批医药行业的非洲青年创业就业。

案例 6.3

中拉产能合作：为欠发达地区青年人才本地化就业创造广阔舞台

十年来，中国一直保持拉美第二大贸易伙伴的地位，中拉贸易总额 2021 年首次突破 4500 亿美元，2022 年再创新高，达 4857.9 亿美元；截至 2020 年底，中国对拉美及加勒比地区直接投资存量达 6298.1 亿美元。目前，21 个拉美和加勒比国家与中国签署共建“一带一路”合作文件。中国产能“走出去”战略与拉美国家改善基础设施、加快工业化步伐的意图契合，因而产能合作成为中拉双方战略的最大交集。多米尼加政府地区一体化部部长米格尔·梅希亚认为：“在和平合作、开放包容、互学互鉴、互利共赢的丝路精神指引下，拉中产能合作为拉美人民带来越来越多实实在在的利益。”

2014 年 7 月，习近平主席在巴西首都巴西利亚首次提出中拉双方共同构建“1+3+6”整体合作新框架的倡议，推动中拉务实合作在快车道上全面深入发展，即双方全速发动贸易、投资、金融合作三大引擎，能源资源、基础设施建设、农业、制造业、科技创新、信息技术六大合作领域。

2015 年 5 月，李克强总理在访问巴西期间，首次提出中拉产能合作的“3×3”新模式，即契合拉美国家需求，共同建设物流、电力、信息三大通道；遵循市场经济规律，实行企业、社会、政府三者良性互动的合作方式；围绕中拉合作项目，拓展基金、信贷、保险三条融资渠道。为此，中方做出三项承诺：一是产业领域承诺，中拉产能合作侧重中国具备领先技术的先进装备制造业和基础设施领域；二是实施规则承诺，双方合作遵从市场导向；三是金融承诺，中方专设300亿美元的中拉产能合作专项基金，提供金融租赁支持和中长期出口信用保险，并积极推动人民币国际化，以化解双方合作中的金融风险。

十年来，中拉产能合作形成项目更多、覆盖更广、涉及领域更多元的典型特色，有力推动各国经济社会发展，为各国青年提供广阔的创新创业和就业舞台，培养了大量掌握先进制造业技能的青年人才。以下列举中拉产能合作促进青年就业及创新创业的3个案例：

巴西东北部风力资源丰富，中国企业拥有先进的设备和技术，两国共同开发风电资源可谓符合“天时地利”。巴西东北部皮奥伊州拉戈阿—杜巴鲁市LDB风电扩建项目首次将中国成熟的风机设备引进巴西，是中广核在巴西首个自主建设和管理的绿地风电项目，为巴西东北部地区源源不断地输出绿色能源。拉戈阿—杜巴鲁市经济发展水平有限，以前当地许多年轻人不得不离开家乡到大城市找工作，而LDB风电扩建项目则为该市及巴西东北部地区带来高质量的就业岗位，当地年轻人争相参加技术培训，希望能争取到工作机会。皮奥伊州州长惠灵顿·迪亚斯表示，中国企业承建的清洁项目不仅为巴西提供更多清洁能源，帮助皮奥伊州成为巴西和世界清洁能源领域的模范之一，而且创造大量可持续的青年就业岗位和稳定收入，衷心感谢中国企业。

为改善能源结构，阿根廷政府提出到2025年可再生能源发电占比达20%的目标。十年来，中阿（根廷）清洁能源产能合作不断取得新成果，为当地青年提供更多就业岗位和学习机会，助力当地解决电力短缺、实现能源转型、增进民生福祉。中国能建葛洲坝集团负责阿根廷“基塞”水电站项目建设，在当地组建以年轻员工为主的建设团队，在项目营地员工活动室设立“中国书架”，涵盖中国文化、中国历史、汉语学习等多个门类的实体书，供中外方员工免费借阅，满足员工的阅读喜好和业余充电需求。以“中国书架”带来的“中国热”为契机，项目团队适时开展特色节日展示、书法体验、工艺品制作、美食分享等丰富多彩的中国文化系列活动，让更多青年员工和当地青年了解中国企业、中华文化。

中国是秘鲁的主要贸易伙伴、第一大出口目的地国、在拉美的第二大投资目的地、主要进口来源国。秘鲁有着丰富的水力发电资源，但分布不均衡，水电开发总量仅占技术可开发量的6.6%。中国三峡集团是全球最大的水电开发运营企业，在秘鲁先后承接电力产能合作项目10多个，连续两年发布秘鲁社会责任国别报告，在秘鲁高校设立奖学金，广泛参与秘鲁社会公益事业，与政府、社区、合作伙伴、NGO等利益相关方和谐共处。秘鲁圣加旺水电站项目是中国三峡集团以EPC模式在秘鲁承建的第一个水电站，项目所在地经济发展落后，虽然有大量青年劳动力，但是因为缺少工作机会，往往背井离乡前往大城市务工，项目建设为当地青年发展带来转机。项目制定了社区青年培训发展计划，为当地青年提供模板工、钢筋工、混凝土工、仓库管理员、安全管理员等专业技能培训，聘用技能考核合格的人员，并安排中国师傅以传帮带的形式提高聘用员工的工作技能。

二、中国大型装备优质产能加快出海，抢占全球中高端市场

十年来，中国装备制造业已形成比较健全的现代产业体系，拥有完整的系统集成能力，整体性价比优势使得该行业拥有较强的国际竞争力，尤其是铁路、核电、特高压等大型装备成为中国先进制造业"走出去"的名片。比如，铁路方面，中国完成非洲第一条电气化铁路亚吉铁路和蒙内铁路建设；核电方面，中国不仅技术成熟、稳定可靠，并且拥有模块化的建设能力，中国主导建设的核电站受到很多"一带一路"沿线国家青睐；特高压输电作为世界级技术难题，被中国国家电网公司攻克，中国制造的高效、低耗、安全的特高压输电网能够实现数千公里、千万千瓦级电力输

送，满足沿线国家远距离和跨境的输电，海外市场前景广阔。

案例 6.4

新时代高铁青年：助力中国高铁赢得世界广泛赞誉

从“和谐号”到“复兴号”，从“中国制造”到“中国标准”，中国铁路总体技术水平迈入世界先进行列，高速、高原、高寒、重载铁路技术在世界处于领先地位，形成具有独立自主知识产权的高铁建设和装备制造技术体系。十年来，服务“一带一路”建设，中国高铁产业走出国门，中老铁路、亚吉铁路、蒙内铁路等相继开通运营，雅万高铁等全部采用安全可靠、技术先进、运营成熟的中国铁路技术标准。中国铁路技术装备出口全球100多个国家和地区，发布150余项中国铁路技术标准外文版，实现全产业链“走出去”。中国在铁路建设项目、高铁标准、中欧班列物流品牌三方面同时发力，铁路网成为中国连接世界的丝绸之路。

作为国内轨道客车行业中出口最早、出口数量最多的企业，中车长春轨道客车股份有限公司制造的高铁和地铁不仅穿行在祖国大好河山，还出口到澳大利亚、巴西、泰国、沙特、新加坡、新西兰、阿根廷等20多个“一带一路”沿线国家。

长客鼓励每位高铁青年技工立足岗位创新创造，一批批青年工匠和技师成长为制造国之重器的中坚力量，师带徒，徒学艺，高铁制造技术和工匠精神代代传承。例如，凭借在焊接岗位的钻研和“小改小革”，长客高速动车组制造中心铝车体车间焊工臧铁军在24岁时获评“全国技术能手”，成为长客建厂以来最年轻的工人高级技师和一级操作师。如今，手拿焊枪10多年的臧铁军，参与生产动车组全系车型，焊接过4500多个动车组车体，完成近25万米的无缺陷焊接，长度相当于绕地球赤道6圈。

案例 6.5

中国国家电网布局“一带一路”产能合作：青年骨干“电”亮世界、“网”联四洲

中国国家电网有限公司是全球最大的能源电力企业和电网公司，连续多年位列全球《财富》500 强前列，将服务和参与“一带一路”建设作为国际化发展的核心，在全球 51 个国家开展国际业务，成功投资运营 10 个国家和地区的 13 个骨干能源网项目，以优质电力能源供应服务所在国家和地区经济社会发展。

掌握核心技术，才能拥有话语权。十年来，中国国家电网累计牵头立项国际标准 145 项，并在国际上率先建立完整的特高压交直流、智能电网技术标准体系，发起创立 8 个国际电工委员会（技术委员会），累计推广 525 项中国标准应用于“一带一路”沿线国家电力工程，不断加强中国在全球能源电力行业的影响力和规则标准“软联通”。

十年来，中国国家电网在“一带一路”沿线国家打响“中国品牌”“中国标准”，打造国际产能合作“超级工程”，一批批走出国门的青年工程师、青年建造工人，展现“电网铁军”有理想、敢担当、能吃苦、肯奋斗的青春风采。

例如，作为世界银行“点亮非洲”计划的首批示范工程，埃塞俄比亚离网太阳能项目是东非地区首个离网太阳能项目，采用智能离网光伏系统，将非洲丰富的太阳能资源转化为电能，促进当地清洁能源利用，助力当地民生改善。该项目地处东非高原，海拔高，地质条件复杂，中国国家电网青年工程师克服战线长、高温多雨等困难，顺利实现项目建设投运。

埃及国家电网升级改造项目是中埃产能合作首个签约项目，也是埃及最大的输电工程，有效解决埃及电力供应不足问题。项目中国青年技术工人吃苦耐劳，“身怀绝技”，在将近 40 度的高

温下打地基、建高塔，从日出忙到日落，工程效率是当地电建公司的5倍。随着项目高效建设运营，越来越多的埃及青年参与到中国国家电网在当地产业链供应链就业，跟随中国青年师傅学习搭台建塔、“穿针引线”的技术活。

沙特智能电表项目是沙特建设智能电网和智慧城市的重要组成部分，部署安装了500万只中国自主研发制造的智能电表，是全球单次部署规模最大的智能电表项目，也是中国用电信息采集系统业务首次大规模进入海外市场，带动国产通信计量芯片等高端产品和国内产能输出超过6亿美元。1600多支施工队伍面临复杂的调度协调工作量，以及当地气候干燥炎热、水土不服、语言文化差异、新冠疫情冲击等问题，历程虽然艰辛，但项目青年建设者以坚忍不拔的责任心和使命感，超前完成各项工作。

十年来，中国国家电网大力实施人才“本土化”运营管理，聘用、培养一大批丝路青年电力人才，为所在国青年发展积极履行企业社会责任。例如，中国国家电网联合西安交通大学、香港理工大学、香港电灯有限公司成功举办四届“一带一路”电力能源工程坊，培训沿线国家青年电力工程师；中国国家电网公司长期资助巴西马累贫民区青少年交响乐团，让贫民区青年通过音乐改变命运，成为中资企业履行海外社会责任的成功典范。

三、中国重点行业优质产能规模化向“一带一路”沿线国家转移

十年来，石化、钢铁、有色金属、建材、汽车等重点行业通过技术革新、结构升级、治理优化等综合施策，经营管理和产品服务竞争力全面提升，优质产能规模化向外转移。例如，马来西亚关丹园区现代钢铁项目、印尼镍铁项目、埃塞俄比亚陶瓷和建材工业园项目等一批重大产能合作项目加快推进，不少中国新能源车企开展“一带一路”市场拓展和产能合作。

案例 6.6

比亚迪年轻化战略：青年团队塑造丝路青年汽车市场领导者

比亚迪的新能源汽车运营足迹遍布 70 多个国家和地区、400 多个城市，累计交付突破 220 万台，在全球设立 30 多个工业园。2022 年前三季度，比亚迪共销售新能源汽车 118 万台，远超 2021 年全年总量，成为全球新能源车销量冠军。十年来，比亚迪积极参与“一带一路”绿色发展，以更高层次的绿色技术和产品，推动更高水平对外开放，促进全球汽车转型和消费升级，走出一条从自主创新到全面开放的发展之路。

比亚迪的成功在于坚持产品、品牌年轻化。新能源汽车相对更受年轻人追捧，因而比亚迪车型外观越来越年轻化，中国龙元素融入车型设计让很多丝路青年成为比亚迪的拥趸。2021 年，比亚迪成立主打年轻化产品设计的海洋网。另外，比亚迪还深度参与汽车拉力赛，赞助王者荣耀比赛，开展短视频宣传、车型拟人漫画创作，这些举措无一不贴近年轻人群体。

年轻团队是比亚迪长期保持竞争力的核心要素。比亚迪全球员工超过 60 万人，是全球员工最多的车企，绝大部分是初涉职场的年轻人，仅 2022 年比亚迪招聘应届生达 3.5 万人。为了构建稳定的青年员工团队，比亚迪为员工建设住房、商场、学校等配套公共服务设施，他们能够享受比亚迪的购房、购车、子女入学等福利，刚毕业的大学生也有单身公寓，这为青年员工安心工作解除后顾之忧。为了更好地留住优秀青年人才，激励他们的工作热情和创新潜力，比亚迪推出员工持股计划，数千名青年中层管理人员、核心青年骨干员工获得公司股票。

案例 6.7

中国石油天然气集团：深度参与“一带一路”能源治理，为丝路青年创造高质量发展平台

中国石油天然气集团是中国国有重要骨干企业和全球主要的油气生产商和供应商之一，2021 年，在世界 50 家大石油公司综合排名中位居第三，在《财富》杂志全球 500 家大公司排名中位居第四，海外业务遍及全球近 90 个国家和地区，海外资产规模居中国跨国公司第一位。

十年来，中国石油深耕“一带一路”沿线国家，形成中亚—俄罗斯、中东、非洲、美洲、亚太五大油气合作区，建成中亚天然气管道和中哈原油管道、中缅油气管道、中俄油气管道和海上通道，亚马尔 LNG 项目、中俄东线、阿布扎比陆上和海上项目等重点油气产能合作项目落地投产，超半数油气贸易量来自沿线国家。

十年来，中国石油在“一带一路”产能合作的竞争力不断增强。工程技术业务通过强化技术攻关与集成，加速瓶颈技术突破，加快中国先进技术的海外推广应用，实现在中东、亚太等油气高端市场收入稳步增长，国际市场综合竞争力持续提升。工程建设业务在稳固传统服务领域的同时，积极推动环境工程和项目管理业务做精做强，努力拓展非常规油气开发、LNG、海洋工程等新型业务领域，连年荣登“ENR 榜单”“全球十大油气工程承包商”。装备制造业务强化“制造＋服务”，产品质量和服务水平大幅提升，“中石油制造”“中石油标准”影响力遍及全球。

伴随海外业务的快速发展，中国石油实施国际化人才集聚专项工程，在项目实战中锻造了一批批优秀的国际化青年人才队伍。一是统筹外籍青年人才、合资合作企业青年人才、本土青年人才等国际化人才一体化配置，以项目聘用、技术合作等方式引

进海外高端青年人才，完善对口帮扶、选拔培育、使用轮换、返回安置等管理制度；二是实施“国际化新千人培育计划”，海外投资业务以复合型领军人才和高端商务人才为重点，国际贸易业务以国际市场开发、风险控制等骨干人才为重点，工程服务业务以项目管理人才为重点，分级分类抓好国际化青年人才常态化、规模化储备和培养；三是完善海外项目青年人才激励政策，建立收入分配与岗位绩效和价值贡献相匹配、具有国际竞争力的薪酬体系，建立家属陪同、子女随学、定期轮休、商业保险等福利保障制度，免除青年人才后顾之忧。

案例 6.8

中国河钢集团塞尔维亚钢铁公司：青年骨干助力老牌工厂焕发青春

中国河钢集团塞尔维亚钢铁公司（以下简称“河钢塞钢”）的前身是拥有百年历史的斯梅代雷沃钢厂，因经营不善而连年亏损。2016 年，中国河钢集团收购斯梅代雷沃钢厂，在短短半年内实现扭亏为盈，5000 余名员工重返工作岗位。2018 年，河钢塞钢首次成为塞尔维亚第一大出口企业，优质钢材出口到 30 多个国家和地区。

中国河钢集团组建老中青结合的中方管理团队，带领河钢塞钢涅槃重生。团队对河钢塞钢的设备逐一进行诊断分析和改造升级，从河钢集团引入 20 多项技术和管理制度，实现精益生产，企业节能环保、质量效益水平稳步提升。

中方管理团队将“利益本地化、用人本地化、文化本地化”的理念融入河钢塞钢的日常经营管理，钢厂创造的经济效益主要用于企业扩大再生产、生产设施再完善、员工待遇再提高。目前，斯梅代雷沃市的 10 万人口中有 2 万多人的工作与河钢塞钢有关联，钢厂的重生为当地发展注入新动力。

跨文化建设方面，河钢派驻塞尔维亚的工作人员主动学习东道国语言，与当地孔子学院和大学合作，聘请汉语教师为外籍员工讲授中文知识，斯梅代雷沃中学也专门开设汉语言课。河钢塞钢还引入一些中国企业关爱青年员工的做法，比如改善公司食堂就餐环境、为青年员工家庭学龄儿童提供书包文具、设立员工困难家庭救助基金等。

四、丝路青年积极参与中国与“一带一路”沿线国家制造业及产能合作园区建设运营

十年来，中国与“一带一路”沿线国家政府机构、投资促进机构、国际商协会、产学研单位、国际投资中介机构等联合建设制造业及产能合作园区，因地制宜创建具有鲜明特色的高能级对外开放平台，承接国际产能合作重点项目，集聚产业链供应链的重点企业和青年人才。

其中，国家发展改革委、商务部等中国政府部门支持建设数十个国际产能合作示范区，为丝路青年人才提供广阔创新舞台。比如，中国—阿曼（杜库姆）产业园主要开展石油化工、天然气化工、建筑材料、海洋产业、清真产业、现代农业、遭受国外“双反”产业等产能合作；中国沙特（吉赞）产业园主要开展钢铁、石油化工、硅产业、船舶服务业等产能合作。

案例 6.9

中阿（联酋）产能合作示范园：中国青年建设者打造“一带一路”产能合作样板项目

阿联酋是最早加入共建“一带一路”倡议的国家之一，长期对华友好，政局稳定，地理位置优越，基础设施发达，社会治安良好，营商环境宽松，法律制度健全，中阿（联酋）两国合作成果丰硕，中国是阿联酋最大的贸易伙伴，双边贸易额在 2022 年

前8个月达到640亿美元，同比增长27.93%。

2015年12月，习近平主席在北京与阿联酋阿布扎比王储穆罕默德举行会谈，就中阿（联酋）双边合作事宜达成系列重要共识，中阿产能合作示范园建设成为两国重大合作项目。2016年10月，中国国家发展改革委正式明确中阿（联酋）产能合作示范园由江苏省牵头推进。作为首家“一带一路”产能合作园区，中阿（联酋）产能合作示范园结合阿联酋产业发展需要，遵循国际惯例和可持续发展原则，重点推动高端制造、新能源、精细化工、仓储物流、金属加工等双方关切领域合作，规划总面积12.2平方公里，于2018年5月动工。2022年10月，首家入园企业超景工业开工投产。

中国江苏国际经济技术合作集团牵头组建的江苏省海外合作投资有限公司负责中阿（联酋）产能合作示范园投资建设和运营管理。建设伊始，园区还是大片沙漠，高温如同炙烤，五年来，园区从无到有，逐渐成为现代化、国际化的产业园区，是中方青年突击队奋勇拼搏、攻坚克难、探索新路的结果。

2017年5月，中方青年突击队正式成立，由江苏省有关政府部门派出挂职人员、江苏省海外合作投资有限公司股东单位派出人员以及应届毕业生组成，平均年龄30岁，其中50%具有研究生及以上学历，80%具有海外学习工作背景。他们扎根“沙漠”，在异国他乡全身心投入到规划建设、招商引资、运营服务、金融投资工作中。

面对阿联酋恶劣天气以及项目时间紧、要求高，没有当地可借鉴先例的情况，中方青年突击队在阿联酋建立项目管理服务中心，编制发布《企业入园服务手册》，密切对接当地政府部门、外方业主单位，采用一站式服务管理，为境外入园企业提供专人、全流程、全方位服务。为保证入园企业的建设工程质量和进度，中方青年突击队全体队员均吃住在工地，“80后”“90后”组成的青年群体成长为一个强有力的团队，已帮助10多个产能合作项目入驻园区。

2019年5月4日，江苏省海外合作投资有限公司青年突击队荣获第十四届“江苏青年五四奖章集体”称号。青年突击队负责人说:“我认为一代人就应该有一代人的担当，我们将积极拥抱新时代，为推动‘一带一路’建设、构建人类命运共同体而努力！让青春在为祖国、为民族、为人类的奉献中焕发出更加绚丽的光彩。”

案例6.10

中国与马来西亚“两国双园”国际产能合作模式：促进两国青年多层次交流合作

近年来，中国和东盟国家共同推动落实《中国—东盟产能合作联合声明》，树立了区域合作的成功典范。中马钦州产业园区是中国政府与外国政府合作的第三个国际园区，于2012年经中国国务院批准设立。2013年，中马两国领导人直接倡议并亲自推动的政府间重大合作项目、中国在马来西亚设立的第一个国家级产业园区、中马钦州产业园区的姊妹园区、“一带一路”建设重大项目——马中关丹产业园区在马来西亚开园。至此，“两国双园”国际产能合作模式正式启动，在世界上开创了两个国家在对方互设产业园区、联袂发展的先河。两国政府建立高层级的“两国双园”联合合作理事会机制，构建常态化园企对接机制，持续深化协调沟通和合作发展。

十年来，“双园”从昔日荒地蜕变为现代化国际园区。中马钦州产业园区形成以棕榈油、燕窝、生物医药、电子信息、新能源等为主的产业集聚，聘用青年产业工人超过3万人；引进以青年人才就业创业为主的新业态平台企业超70家，实现产值超20亿元、税收超1亿元；成立青年学院，为园区青年人才提供导师帮带、专题培训、实践历练、考察交流等社会教育服务。马中关丹产业园区打造以钢铁、轮胎、玻璃、铝型材为主的产业集群，创造近2万个青年就业岗位。

十年来，得益于“两国双园”这一平台载体引领示范作用的不断强化，“两国双园”所在地的钦州市和关丹市、广西壮族自治区和彭亨州的青年人文交流活动实现全领域拓展。钦州和关丹轮流举办“两市双日”活动，马来西亚拉曼大学在中马钦州产业园区共建“两国双园”国际创新创业联合孵化基地，广西举办马来西亚（南宁）燕窝节、中国—马来西亚（广西）线上榴莲节等文化交流活动，两国青年友谊日益加深。

值得关注的是，十年来，中资企业在境外投资建设的不少境外经贸合作区①发展为以中国优势制造业主导的国际产能合作示范区和丝路青年创新创业的产业载体。

表6.1　中资企业在“一带一路”沿线国家投资建设的境外经贸合作区

序号	国家	园区名称	牵头投资运营的中资企业
1	柬埔寨	西哈努克港经济特区	西哈努克港经济特区有限公司
2	柬埔寨	柬埔寨山东桑莎（柴桢）经济特区	诸城服装针织进出口有限公司
3	柬埔寨	柬埔寨桔井省斯努经济特区	中启海外（柬埔寨）实业有限公司
4	柬埔寨	华岳柬埔寨绿色农业产业园	华岳集团有限公司
5	柬埔寨	柬埔寨齐鲁经济特区	齐鲁（柬埔寨）经济开发有限公司
6	老挝	老挝万象赛色塔综合开发区	云南省海外投资有限公司
7	老挝	老挝云橡产业园	云南农垦集团
8	老挝	老挝磨丁经济开发专区	老挝磨丁经济专区开发集团

① 中国境外经贸合作区是指在中华人民共和国境内（不含香港、澳门和台湾地区）注册、具有独立法人资格的中资控股企业，在境外投资建设的基础设施完备、主导产业明确、公共服务功能健全、具有集聚和辐射效应的产业园区。

续表

序号	国家	园区名称	牵头投资运营的中资企业
9	马来西亚	马中关丹产业园	广西北部湾东盟投资有限公司
10	泰国	中国—东盟北斗科技城	武汉光谷北斗控股集团
11	泰国	泰中罗勇工业园	华立产业集团
12	文莱	大摩拉岛石油炼化工业园	浙江恒逸石化有限公司
13	印度尼西亚	中国·印尼经贸合作区	广西农垦集团
14	印度尼西亚	印度尼西亚东加里曼丹岛农工贸经济合作区	如皋市双马化工有限公司
15	印度尼西亚	印度尼西亚苏拉威西镍铁工业园	青岛市恒顺众 集团
16	印度尼西亚	中国印尼综合产业园区青山园区	上海鼎信投资集团
17	印度尼西亚	中国·印度尼西亚聚龙农业产业合作区	天津聚龙集团
18	印度尼西亚	印尼西加里曼丹铝加工园区	江苏如皋市双马化工有限公司
19	印度尼西亚	中民投印尼产业园	中国民生投资股份有限公司
20	印度尼西亚	广西印尼沃诺吉利经贸合作区	广西农垦集团
21	印度尼西亚	华夏幸福印尼卡拉旺产业园	华夏幸福卡拉旺产业新城开发公司
22	印度尼西亚	中国·印尼经贸合作区	广西农垦集团
23	缅甸	缅甸皎漂特区工业园	中信集团
24	越南	越南北江省云中工业园区	富华有限责任公司
25	越南	越南龙江工业园	前江投资管理有限公司
26	越南	中国—越南（深圳—海防）经贸合作区	深越联合投资有限公司
27	巴基斯坦	海尔—鲁巴经济区	海尔集团
28	巴基斯坦	瓜达尔自贸区	中国海外港口控股有限公司
29	印度	万达印度产业园	万达集团

续表

序号	国家	园区名称	牵头投资运营的中资企业
30	印度	印度马哈拉施特拉邦汽车产业园	北汽福田汽车股份有限公司
31	印度	特变电工（印度）绿色能源产业区	中国特变电工能源（印度）有限公司
32	斯里兰卡	斯里兰卡科伦坡港口城	中国交建集团
33	乌兹别克斯坦	乌兹别克斯坦“鹏盛”工业园	温州市金盛贸易有限公司
34	塔吉克斯坦	中塔工业园	新疆塔城国际资源有限公司
35	塔吉克斯坦	中塔农业纺织产业园	新疆中泰化学股份有限公司
36	格鲁吉亚	格鲁吉亚华凌自由工业园	新疆华凌集团
37	哈萨克斯坦	哈萨克斯坦中国工业园	新疆三宝集团
38	匈牙利	中欧商贸物流园	山东帝豪国际投资有限公司
39	吉尔吉斯斯坦	吉尔吉斯斯坦亚洲之星农业产业合作园区	河南贵友实业集团
40	阿联酋	中阿（联酋）产能合作示范园	江苏省海外合作投资有限公司
41	阿曼	中国—阿曼产业园	中阿万方投资管理有限公司
42	阿尔及利亚	中国江铃经济贸易合作区	江西省江铃汽车集团
43	埃及	埃及苏伊士经贸合作区	中非泰达投资股份有限公司
44	埃塞俄比亚	埃塞俄比亚东方工业园	江苏永元投资有限公司
45	埃塞俄比亚	埃塞中交工业园区	中国交建集团
46	埃塞俄比亚	埃塞俄比亚—湖南工业园	埃塞俄比亚湖南工业园运营管理公司
47	吉布提	吉布提国际自贸区	中国招商局集团
48	毛里求斯	毛里求斯晋非经贸合作区	山西晋非投资有限公司
49	南非	海信南非开普敦亚特兰蒂斯工业园区	青岛海信中非控股股份有限公司

续表

序号	国家	园区名称	牵头投资运营的中资企业
50	尼日利亚	越美（尼日利亚）纺织工业园	越美集团
51	尼日利亚	尼日利亚宁波工业园区	宁波中策动力机电集团
52	尼日利亚	尼日利亚卡拉巴汇鸿开发区	江苏汇鸿国际集团
53	尼日利亚	莱基自由贸易区	中非莱基投资有限公司（北京）
54	尼日利亚	尼日利亚广东经贸合作区	中富工业园管理有限公司
55	莫桑比克	莫桑比克万宝产业园	湖北万宝粮油股份有限公司
56	莫桑比克	莫桑比克贝拉经济特区	鼎盛国际投资有限公司
57	苏丹	中苏农业开发区	山东国际经济技术合作公司
58	塞拉利昂	塞拉利昂农业产业园	海南橡胶集团
59	坦桑尼亚	坦桑尼亚巴加莫约经济特区	中国招商局集团
60	坦桑尼亚	江苏—新阳嘎农工贸现代产业园	江苏海企技术工程有限公司
61	津巴布韦	中津经贸合作区	皖津农业发展有限公司
62	乌干达	乌干达辽沈工业园	辽宁忠大集团
63	乌干达	非洲（乌干达）山东工业园	昌邑德明进出口有限公司
64	赞比亚	中垦非洲农业产业园	中垦集团
65	赞比亚	赞比亚中国经济贸易合作区	中国有色矿业集团
66	赞比亚	中材赞比亚建材工业园	中材集团
67	俄罗斯	俄中托木斯克木材工贸合作区	中航林业有限公司
68	俄罗斯	俄罗斯乌苏里斯克经贸合作区	康吉国际投资有限公司
69	俄罗斯	中俄现代农业产业合作区	东宁华信经济贸易有限责任公司

续表

序号	国家	园区名称	牵头投资运营的中资企业
70	俄罗斯	中俄（滨海边疆区）农业产业合作区	阿尔玛达公司
71	俄罗斯	俄罗斯龙跃林业经贸合作区	俄罗斯龙跃林业经贸合作区管理有限公司
72	俄罗斯	俄罗斯圣彼得堡波罗的海经济贸易合作区	上海实业集团
73	俄罗斯	中俄—托森斯克工贸合作区	恒达—西伯利有限责任公司
74	白俄罗斯	中白工业园	中工国际股份有限公司
75	比利时	中国—比利时科技园	联投欧洲科技投资有限公司
76	法国	中法经济贸易合作区	中法经济贸易合作区有限公司
77	塞尔维亚	塞尔维亚贝尔麦克商贸物流园区	温州外贸工业品有限公司
78	塞尔维亚	塞尔维亚中国工业园	中国路桥集团
79	匈牙利	中匈宝思德经贸合作区	烟台新益投资有限公司

案例 6.11

海尔—鲁巴经济区：优秀青年人才促进海尔国际化布局与本地化运营

海尔—鲁巴经济区由中国海尔集团和巴基斯坦鲁巴公司共同出资，以海尔在巴基斯坦的工业园为基础扩建而成，这是中国在境外正式挂牌的首个经济贸易合作区，目前拥有数十名中国常驻青年技术人员和3000多名巴基斯坦青年员工。海尔实施本土化创新，最大化地满足巴基斯坦消费者需求，成为巴基斯坦第二大家电品牌和第一大外资家电品牌。

考虑到巴基斯坦人喜欢使用毛毯、穿大袍子，当地家庭主妇一次要清洗多件大件衣物，海尔青年工程师在园区生产线对洗衣机工艺做了改良，扩大洗衣容量，并针对当地电压不稳、时常断电的情况给洗衣机增添“自动启动”功能，让洗衣机能够在恢复电力供应后自动工作。海尔巴基斯坦青年员工谢赫扎德的工作是在流水线组装冰箱，经过中国青年工程师的传帮带，成为为数不多能够操作所有生产线的骨干员工。谢赫扎德认为：“在同中方技术人员相处过程中，我学到了很多，现在我的收入足够养活一家八口人。我和中国朋友相处得很愉快，我很满意我的工作。”

进一步分析，海尔集团是国际产能合作的中国典范，海尔产品遍及全球200多个国家和地区，覆盖大部分“一带一路”沿线国家，服务超过10亿用户家庭，连续4年作为全球唯一物联网生态品牌入选“BrandZ最具价值全球品牌100强”，连续14年稳居“欧睿国际全球大型家电零售量”第一名，2022年全球营业收入达3506亿元。

十年来，海尔创造了170余项对行业有重大影响的原创技术，全部创新成果均快速转化至产业链，给用户带来全新体验，筑牢企业核心竞争力。海尔创新源泉来自全球10大研发中心、71个研究院、33个工业园、133个制造中心、23万个销售网络的超过6万名青年员工。另外，通过打造“科技助力创业，创业加速科创”融合创新模式，海尔旗下海创汇平台孵化出由青年创业者、技术专家主导的7家上市公司、102家瞪羚企业、120家专精特新“小巨人”企业。

依托“人单合一”管理模式及“世界就是我的研发部”的开放创新理念，海尔搭建全球年轻创新者聚集的生态社区和一站式创新服务平台（HOPE平台），跟踪、分析和研究与产业发展密切相关的超前3—5年的技术，并推进这些技术的产业化转化。HOPE平台把技术、知识、创意的供方和需方聚集到一起，提供交互的场景和工具，促成创新产品的诞生，涉及家电、能源、健康、日化、汽车、烟草、材料、智慧家居等20多个领域。目前，HOPE平台上聚集着高校、科研机构、大公司、创业公司的青年双创群体，覆盖超过100个核心技术领域，有12万人以上中国青年社群专家和100万人以上全球可触达青年专家资源。

案例6.12

乌兹别克斯坦鹏盛工业园：输出中国管理经验，培养优秀乌方青年员工

乌兹别克斯坦是位于中亚中部的内陆国家和人口大国，历史悠久，文化底蕴深厚，资源丰富，地理位置优越，是欧亚大陆桥重要的中转站，也是古老的丝绸之路上各种文化的交汇地。乌兹别克斯坦政治稳定、人民友好和平，对外国人特别是中国人非常友善。乌国内市场对瓷砖、鞋、水龙头等消费品有着旺盛需求，而乌独特的区位优势也为产品出口到中亚、独联体地区、欧洲创造了良好条件。中资企业技术成熟、产能领先、资本雄厚，双方产能合作能够迅速填补有关市场空白。

乌兹别克斯坦鹏盛工业园是中国民营企业直接在乌投资建立的首个中乌合资工业园区，已入驻皮革、瓷砖、鞋履、手机、水龙头阀门、食品加工等领域生产加工企业，聘用乌本土青年员工占比超过85%。

乌方青年员工受教育程度普遍较高，学习能力强，通过专业培训能很快熟悉中国数控设备的操作，掌握浇筑、电焊等手工技术。另外，为进一步提升青年员工工作效率，园区实行规范化管理。一是从中国引入先进的指纹和面部识别系统，用于科学记录青年员工考勤；二是实行计件工资，以调动当地青年工人生产积极性；三是实行"评优评先"机制，为当地优秀青年员工提供去中国接受培训和考察的机会；四是将工资与工龄挂钩，为当地青年员工提供长期稳定的就业保障。

科学和人性化的管理为青年员工创造了良好的工作环境和氛围。园区负责人艾哈迈多夫认为："我经常和员工们打交道，总能看到他们脸上的笑容。现在，很多年轻人都自发学习汉语，经常和中方技术人员进行沟通和交流。和谐的工作氛围不仅促进了生产，也让两国员工的心紧密相连。"

第二节 中国与“一带一路”沿线国家青年先进制造业及产能合作经验、挑战与对策建议

一、丝路青年先进制造业及产能合作的主要经验：构建互利共赢国际产能合作新格局，为产业链供应链上的丝路青年人才提供高质量发展平台

（一）中国先进制造业呈现“创新引领、集群打造、锤炼先锋”的高质量发展态势，使得越来越多丝路青年共享发展良机

十年来，中国制造业增加值逆势上涨，进出口总额位居世界第一，制造业品类齐全，竞争力强，是全球制造业的核心力量，正加速建设“技术先进、模式创新、产业引领”的先进制造业强国。中国青年报社社会调查中心联合问卷网调查数据显示，十年来，94.8%的受访中国青年对“中国制造”的力量更加认可，94.7%受访青年感到身边人体现出来的“工匠精神”给自己很强的感染，70.2%受访青年希望在全社会形成重工匠、铸匠心的良好氛围。可以说，中国制造在一代代青年手中滚滚向前，以熟练领先的职业技能筑基中国制造的大厦，以精益求精的工匠精神夯实制造强国的基石，以勤学苦练的奋斗精神逐梦出彩，以踔厉奋发的开拓创新引领世界。

十年来，一批批中国青年工程师、青年建造工人、青年业务骨干成为中国与“一带一路”沿线国家先进制造业及产能合作的主力军和先锋队，在沿线国家打造了一支支涵盖当地青年人才的高绩效团队，形成“抓创新、求变革、育生态”的中国先进制造业“走出去”经验，即：提升中国先进制造业关键和前沿技术产学研核心能力，深化供给侧结构性改革，实现产业协同多元融合，提升中国制造全球竞争力，秉承共商、共建、共享原则，优化区域协调和开放合作，构建“一带一路”先进制造业协同发展生态。

（二）国际产能合作促进丝路青年分享中国制造向价值链高端环节延伸的发展红利

十年来，随着“一带一路”倡议的推进，对外承包工程快速签约和落地，中国的铁路、核电、特高压等优势产能装备加快出海，石化、钢铁、有色金属、建材、汽车等富余产能在沿线国家规模化向外输出，多支国际产能合作基金成立，金融服务国际产能合作成效显著，国际产能合作的层次开始由加工制造环节为主向合作研发、联合设计、市场营销、品牌培育、管理咨询等价值曲线的高端环节延伸，促进越来越多丝路青年分享中国的装备、技术、服务、标准、品牌走出去的发展红利。

二、中国与“一带一路”沿线国家青年先进制造业及产能合作面临的主要挑战

（一）多重风险相互叠加，中国与沿线国家先进制造业及产能合作的稳定性受到极大挑战

“一带一路”沿线区域国家多为新兴经济体，相较成熟经济体而言，投资经营风险普遍较高，包括政局不稳、政权更迭导致政策稳定性和连续性较差等政治风险，还有暴力恐怖主义、民族分裂主义、宗教极端主义等传统与非传统安全风险，以及由劳工等社会问题引发的生产中断风险等。尤其是在新冠疫情暴发后，不少沿线国家财政资金短缺、债务扩张的状况更加严重，利率变动、结汇限制、经济政策不稳定、产能合作履约等风险可能不断升级。

（二）部分沿线国家与中国开展核心技术和产业竞争，部分国家恶意抹黑中国与沿线国家先进制造业及产能合作

由于部分西方发达国家在某些领域占据专利、技术研发、产品设计、重要装备、设备部件等供应链优势，中国企业对其存在一定依赖性，使中国先进制造业走出去及国际产能合作面临出口与管制风险、金融制裁风险、投资风险、贸易风险。同时，随着部分沿线国家经济实力增强，其在低端制造环节形成与中国相竞争的格局。一些沿线国家不再仅满足于参与

低附加值的劳动密集型生产制造，对提升全球价值链地位提出新的发展诉求，对外合作门槛随之提升。一些西方媒体有意歪曲解读，给中国贴上“向发展中国家输出过剩及落后产能”“新殖民主义”等标签。

（三）部分中资企业国际化能力不足成为重要短板

近年来，一些中资企业受限于国际化能力不足，特别是前期开拓市场的青年员工受限于能力、经验等短板，对入驻国家市场环境、产业规则、法律法规等不熟悉，曾经遭遇损失。比如，部分中国车企对沿线国家市场的特点和规则不了解，在品牌形象维护、知识产权保护、外方违约责任追究、反倾销诉讼等方面自我保护能力不足；部分中国工程机械企业关键技术和关键零部件依赖发达国家企业，售后服务因市场布局滞后也受到制约；部分钢铁企业由于技术水平不高、国际商务谈判能力不足，在国际钢铁市场饱和的情况下被迫挤在红海市场惨烈竞争。部分中资企业具有国际化视野的人才队伍，尤其是中高级经营管理人才和技术人才较为匮乏。

三、高质量推进中国与“一带一路”沿线国家青年先进制造业及产能合作的对策建议

（一）提升中国与沿线国家先进制造业及产能合作的层次和质量

加快落实中国与有关沿线国家已签署的相关领域共同行动计划、自贸协定、重点领域合作谅解备忘录等双边、多边机制文件，推动产业政策、行业标准、监管法规等跨国别协同与互认。以深化供给侧结构性改革为主线，健全制造业对外直接投资政策保障体系，促进中国制造业“走出去”与完善创新链、优化供应链、提升产业链、升级价值链相结合。合理有序引导区域产业转移和优化制造业全球布局，全面提升中国在全球产业链供应链中的优势地位和运营能力。持续推动互联网、大数据、人工智能等数字技术和先进制造业深度融合，强化企业技术创新主体地位，重点突破“卡脖子”核心技术，培育世界级先进制造业集群，实现“中国制造”向“丝路智造”的转型升级。

（二）提升中资企业可持续国际化核心能力，优化青年人才选育服务链

中资企业要加快构建以核心能力为基础的国际化战略，合理权衡国际化广度扩张和深度拓展问题，优化技术创新、品牌运营、市场进入、生产运营等策略，有效识别与防范企业国际化的战略风险、国别风险、市场风险、法律风险、财务风险、运营风险，提升跨国可持续经营能力。积极履行企业社会责任，加强与沿线国家高校、青年组织、社会组织、社区等交流合作，为当地青年提供更多就业、学习、扶贫、助残等针对性公共服务，树立中资企业正面形象，提高当地人和丝路青年的获得感和认同感。

通过内部培养、外部延揽、轮岗交流、系统培训等多举措结合，中资企业要尽快建立老中青结合的多元化海外用人机制，大力实施"中高级管理人才国际化，基层管理人才及操作人员本土化和年轻化"的人力资源战略，引进具有国际经营能力、熟悉国际运营模式的高级人才，同时不拘一格降人才，敢于将责任、重担和重要岗位交付青年骨干。

中国政府部门和中资企业要加强海外青年员工人文关怀，完善薪酬、福利、社保、安全保障、婚姻、家庭、社交、教育、医疗健康、心理辅导等配套政策，确保中国青年员工安心工作、安全工作和快乐工作。由于部分中资企业在沿线国家产能合作的时间相对不长，设立的企业和工厂多处于起步发展期，招聘当地员工以青年劳动力为主，因而中资企业要做到合规经营，加强当地青年员工的薪酬保障、订单式职业教育、跨文化管理和社区融入，将发展模式由相对低端的资源驱动升级为以人为本的人才驱动。

推动更多中国民营企业、中小企业以抱团合作、人才共享、联合出海等方式组建战斗力强、敢于创新的青年国际团队，探索在全球配置要素资源和发展壮大。中方青年团队要积极学习沿线国家语言，尊重当地文化，遵守当地法律和国际通行规则，规范运作，建立完善风险管理机制，将过去小规模、碎片化的国际贸易努力向"贸易畅通＋产能合作"升级。

（三）推动"一带一路"产业园区量质齐升，促进企业和丝路青年共同集聚发展

基建先行为中国与沿线国家产业合作开辟了道路，产业园区基础设施

较为完善，且能为企业提供工商注册、用工、税务、法律、融资、仓储、物流等一站式服务，有利于带动优质要素资源集聚。推广深圳特区、苏州工业园区、泰达开发区等产城景智融合的中国本土园区建设运营经验，以及国际产能合作示范区、境外经贸合作区等“一带一路”合作园区的发展经验，以“资源换项目”、特许经营权、设立区域市场节点等多种形式，引导先进制造业、能源、基建、金融等领域中资企业持续参与沿线国家产业园区建设运营，搭建青年友好型营商环境，吸引中小企业和青年创业者入驻，促进更多富含工作激情、创新能力强、合作意愿高的丝路青年以安全、高效、集聚、抱团发展的方式共建互利共赢产业链供应链。

第七章
携手抵御粮食危机：中国与“一带一路”沿线国家青年现代农业合作十周年

农业交流和农产品贸易自古以来就是丝绸之路的主要合作内容。借古丝绸之路，中国从西方引入了胡麻、石榴、苜蓿、葡萄等作物品种，并把掘井、丝绸、茶等生产技术和产品带到了中亚，促进了沿线国家间农业技术产品和农业文明的传播交流。消除饥饿、实现粮食安全、改善营养状况和促进可持续农业，是联合国2030年可持续发展议程的重要目标。作为世界第一大粮食生产国，中国人不仅把饭碗牢牢端在自己手里，也为应对全球粮食安全问题作出积极贡献。民以食为天，“一带一路”地区地域广阔、农业资源丰富，农业国际合作成为沿线国家共建利益共同体和命运共同体的最佳结合点之一。尤其在当前全球粮食供求失衡严重的形势下，更需要在“一带一路”框架下发展沿线国家农业贸易和投资，促进农业增产，提高农业及粮食合作水平，共同促进农业可持续发展，携手抵御粮食危机。

第一节　中国与“一带一路”沿线国家青年现代农业合作综述、成效与典型案例

一、“一带一路”建设在推动中国与沿线国家的农业合作方面成绩显著

“一带一路”沿线分布有多个农业国家，拥有丰富的农业资源。据世

界银行数据显示，在农业增加值排名前十位的国家中，除中国外，有6个沿线国家（印度、印度尼西亚、土耳其、俄罗斯、巴基斯坦、伊朗）。农业在“一带一路”沿线国家的国民经济构成中占比较高，如2019年埃塞俄比亚农业增加值占该国GDP比重达33.88%；柬埔寨、缅甸的占比均在25%以上。但与此不相称的是，大多数沿线国家的农业劳动生产率普遍低下，农作物单产水平远低于世界平均水平，农业基础设施普遍落后，缺乏技术和资金，亟须通过吸引外资与国际合作来解决本国农业困境。

2017年5月，农业部、国家发展改革委、商务部、外交部等中国四部委联合发布《共同推进“一带一路”建设农业合作的愿景与行动》，提出农产品贸易、农业科技、农业投资、农业能力建设等领域的具体举措，成为农业国际合作的纲领性文件。

十年来，中国政府持续推进与联合国粮农组织、国际农业研究磋商组织等的粮农治理和科技创新合作，与“一带一路”沿线国家在双边、多边、南南合作机制下积极开展农业对接，在沿线国家开垦荒地、传播农业技术、推广优良品种、建立农业合作区，合作领域不断拓展，链条不断延伸，合作主体和方式不断丰富，显著扩大沿线国家农业贸易规模，提升区域粮食生产稳定性，带动农业农村丝路青年就业和脱贫。

截至2021年底，中国与86个沿线国家签署农渔业合作协议，与其中一半以上的国家就农业合作建立稳定的双边工作机制，并签署《关于合作编制柬埔寨现代农业发展规划的谅解备忘录》《中国东北地区和俄罗斯远东及贝加尔地区农业发展规划》等多个中长期农业发展合作规划；累计投资农业项目超过800个，投资存量超过170亿美元；进博会、农博会、茶博会等一系列展会活动让中外农产品贸易更加丰富便利，2022年，中国农产品进出口金额达3343.2亿美元，同比增长9.9%；法律保障、人才培养、标准互认、农业合作示范区建设等服务体系和产业合作平台逐步搭建，农业国际合作一路高歌猛进，成果丰硕！

2017年12月，中国农业大学成立“一带一路”农业合作学院/中国南南农业合作学院，这是中国首家注重南南农业合作、“一带一路”农业合作的高校平台。非洲农业发展青年领袖培养项目系该学院的重点人才培养项目，由中国政府资助，世界粮食计划署、世界银行、联合国农发基金、联合国粮农组织共同支持，为非洲国家40岁以下的政府官员、企业家提供系统培训。

案例7.1

中德青年加强交流合作：共做推动现代农业发展的“新青年”

农业合作是中德双边关系的重要组成部分，合作机制健全，平台及项目建设内容丰富、成效显著。进入新时代，中国脱贫攻坚取得举世瞩目的成就，开始向推进乡村振兴战略升级，需要更多青年人才投身“三农”，而德国也面临农业农村对青年人吸引力下降等问题，因此中德两国青年加强对话交流，通过互学互鉴，能够为国际农业发展做出更多示范性贡献。

中德农业周是中德农业合作重大创新，迄今连续举办8年，不少两国农业领域青年企业家、青年技术专家通过该平台对接合作，取得诸多成果。

2021年，中国江苏省南京市召开首届中德农业青年领军者论坛，与会两国青年一致表示，要做交流友好使者，发挥桥梁纽带作用，增进两国农业界沟通与合作；同时，要肩负时代责任，怀揣远大理想，做推动现代农业发展的“新青年”。

中德农业中心是中德两国农业部门为落实2014年3月习近平主席访德时两国领导人达成的共识，而在华共建的双边农业合作平台，也是目前中国在国内、德国在海外与伙伴国共建的唯一一个双边农业合作平台，发展成为两国农业政策研究、青年人才交流和经贸合作的重要平台，合作内容不断丰富，层次不断提高，累计邀请100多名德国专家和企业代表来华考察和开展工作，成功在华举办中德现代生态农业合作、农机推广、农民职业教育培训、土壤研究、植物育种、畜牧合作等10多场研讨活动，并在德国柏林绿色周、科隆国际食品展、汉诺威畜牧展期间举办中德农业合作专场研讨会，得到两国青年的积极参与和好评。

中德青年农业实用人才项目是中德两国政府共同支持、共同谋划的政府间合作项目，于2015年启动，旨在共同选拔农业领域优秀中国青年到德国学习，通过参加实践型高级培训课程，为中国培养具有国际化视野和较高管理水平的农业实用人才。

案例7.2

杨凌示范区：农业青年专家引领旱区现代农业发展，打造“一带一路”农业合作样本

位于陕西省关中平原中部的杨凌示范区是中国农业对外开放的重要窗口，拥有中国唯一的农业特色自贸试验区、综合保税区，建成“一带一路”现代农业国际合作中心、上合组织国家农产品贸易服务平台、上合组织农业技术交流培训示范基地、中非现代农业技术交流示范和培训联合中心、丝绸之路葡萄酒科技创新联盟、国际联合苹果研究中心等平台，持续扩大农业国际合作，培养了一大批农业丝路青年专家，为全球旱区农业发展贡献中国智慧、杨凌力量。

十年来，杨凌示范区高度重视青年农业专家选育，成立青年企业家协会，实施育种专家培育支持计划，支持在农作物、畜牧育种等领域业绩突出并具有发展潜能的优秀青年专家参与“一带一路”农业合作。

杨凌示范区与西北农林科技大学发起成立“丝绸之路农业教育科技创新联盟”，通过举办海外农业专题培训班、海外国家或地区研究院所与西北农林科技大学开展学生实习和派送留学生、举办智库研修班、开展国际农业科技研究项目等方式，推动与沿线国家涉农大学、科研机构在青年人才培养、科学研究、技术推广、青年人文交流、智库建设等方面开展合作。

杨凌示范区先后承办哈萨克斯坦农牧专题培训班、蒙古农业大学青年教师培训班、原中国农业部农业“走出去”高端智库研修班等丝路青年人才培训项目，为哈萨克斯坦农业部农产品加工研究所、哈萨克斯坦赛福林农业技术大学、哈萨克斯坦国立农业大学选派的青年技术人员、青年教师、博士生提供实习岗位、研修交流等服务，聘用和接受数百名沿线国家留学生开展实习、就业和科研。

二、中国青年成为中国农业科技“走出去”的中坚力量

十年来，中国通过科研院校参与援建农业技术示范中心、派出高级农业专家、派遣青年技术团队、开展青年人才培训等方式，同140多个国家和地区开展农业科技交流，向发展中国家推广农业技术1000多项，带动项目区农作物平均增产30%—60%。

案例7.3

中国农业科学院：青年人才成为“一带一路”农业科技合作“活水源泉”

作为中国农业科技对外合作的牵头单位，十年来，围绕农业和农村经济中带有全局性、观念性、方向性的重大问题，中国农业科学院开展关键技术研究和协同攻关，攻克一批农业生产的关键技术，取得一大批具有自主产权的成果，与83个国家、38个国际组织、7个跨国公司等建立广泛的科技合作关系，有13个国际机构在中国农业科学院设立驻华办事处，共建联合实验室/联合研究中心62个，育种、植物保护、畜牧医药、农用机械等领域的61项新技术和新产品实现“走出去”，取得良好的社会经济效益。

海外农业研究中心是中国农业科学院农业科技“走出去”的

公共平台，其主办的海外农业研究大会已连续成功举办六届，成为推动“一带一路”农业交流互鉴、科技创新合作、智力服务支持的重要平台。2022 年，该中心与联合国粮农组织驻华代表处等机构共同举办“食物减损主题青年创客坊”，呼吁各国青年通力协作，为全球农业可持续发展贡献青年力量，比赛历时 5 个月，获得来自 21 个国家的 50 个创意方案。

聚焦青年人才培养、支持青年人才“挑大梁”，近年来，中国农业科学院实施“青十条”行动①，在人才引进、培养、评价、激励和服务保障等方面出台措施，45 岁以下青年人才持续稳定在科技人才总量的 2/3，形成整体规模适度、结构功能明晰、学科布局合理、年龄梯次配备、以服务“三农”为己任的青年人才队伍。

其中，每年投入 5000 万元实施青年英才计划，遴选和资助一批 40 岁以下、有潜质成长为领军人才的青年人才；每年投入 3000 万元实施青年创新计划，遴选一批 35 岁以下的青年科研人员，支持其开展前沿性、原创性、颠覆性、非共识性研究；实施青年启航计划，资助新入职博士开展原创研究；每年投入 1000 万元实施博士后奖助计划。另外，中国农业科学院建立了“推年轻”常态化机制，不唯名校、不唯学历、不唯身份，优化该院本科、硕士、博士的招聘比例。

案例 7.4

助力全球粮食安全：中国青年将中国水稻推广到更多“一带一路”沿线国家

半个世纪前，杂交水稻在中国率先成功研发并大面积推广，

① “青十条”行动包括青年英才计划、青年创新计划、青年启航计划、博士后奖助计划、优秀研究生培养计划、青年绿色通道行动、青年引航行动、国际人才培养行动、青年保障行动、成立青年人才联合会等。

在印度、孟加拉国、越南、菲律宾、巴基斯坦、美国、印度尼西亚、缅甸、巴西、马达加斯加等60多个国家成功试种或推广，为各国粮食增产和农业发展作出巨大贡献。为了推广杂交水稻技术，中国向亚洲、非洲、拉美、太平洋岛国派遣了大批农业青年专家和技术人员。截至2021年底，中国已向40多个国家和地区派出近1100名农业专家和技术员，成为联合国粮农组织南南合作框架下资金援助最多、派出专家最多、开展项目最多的发展中国家。

袁隆平农业高科技股份有限公司是“杂交水稻之父”袁隆平院士为主要发起人创立的现代化种业集团，杂交水稻种子业务全球领先。在巴基斯坦、菲律宾、越南、孟加拉国等“一带一路”沿线国家，水稻品种研发进入成果集中产出阶段，育成品种在当地市场具备明显竞争力。同时，隆平高科被中国商务部授予第一个“中国杂交水稻技术援外培训基地”，已实施近200期援外培训项目，培训1万多名农业丝路青年人才。

在袁隆平院士的榜样带动下，隆平高科有越来越多的青年人才脱颖而出。例如，水稻栽培师李建武在读大学时，因为种植的水稻田长势特别好而被袁隆平院士偶然看中，本科毕业就被破格录取，负责杂交水稻的高产培养工作；湖南杂交水稻研究中心研究员邢俊杰2012年留学归来后，决定重点加强杂交水稻抗体研究，帮助水稻更好抵抗病虫害，在隆平高科的资助下，从零开始，坚持不懈，已取得一些突破和荣誉；隆平高科杂交水稻海外推广经理刘法谋实践袁隆平“杂交水稻诞生于中国，但它属于全人类”的理念，不断邀请国际友人到中国参观培训，实际感受杂交水稻的产量，改变他们的种植观念和习惯；隆平高科种业科学研究院技术员唐倩莹创制出一批具有重大产业利用价值的低镉、抗病、耐逆优异水稻新种质。

三、丝路青年用热情和汗水浇灌中非农业科技合作之树

农业科技应用水平较低是导致非洲粮食安全问题的重要原因。当前，非洲正处在提高农业发展水平、实现粮食安全目标的关键时期，中国农业技术及农业生产管理模式等在非洲的推广应用，不仅能有效帮助非洲转变农业生产方式、提升生产效率和粮食安全水平，而且有助于非洲应对气候变化，实现农业可持续发展。十年来，中非构建农业科研机构“10+10”合作机制，中国已与20多个非洲国家的农业科研机构开展深入合作，共建中非热带农业科技创新联盟、中非现代热带农业联合研究中心、中非绿色农业发展研究中心等，为双方青年科研人员、生产一线的青年农技能手和青年企业家开展农业产学研合作提供平台，各类成果不断涌现。

例如，过去由于农业发展滞后，刚果（布）民众食物结构单一，全国90%人口的日常主食是木薯，但当地种植技术不高，木薯产量一直提不上去，吃饭成了刚果（布）的大难题。中国热带农业科学院青年专家来到刚果（布），在中国援刚果（布）农业技术示范中心手把手地教当地农民如何科学种植木薯和其他作物。如今，许多刚果（布）农民掌握木薯种植、收获、贮藏等技术，示范中心大棚里也长出小青菜、黄秋葵、甜玉米、彩色椒等几十种果蔬。中国专家还成功示范种植了“华南5号”木薯，每公顷产量达51吨，是当地品种产量的5.6倍，为消除饥饿做出积极贡献。2014年6月，刚果（布）总统萨苏应邀访华，向习近平主席赠送油画《勤劳的一家》，画中，几名非洲妇女在屋里忙碌，有的搅拌木薯面粉，有的加工恩戈叶，有的往灶里添柴火，她们制作的正是“马尼奥克”。在刚果（布），“马尼奥克”是招待贵客的主要食物。萨苏总统送画蕴含着温情的寓意：习近平主席是尊贵的客人，中国是真正的朋友。

十多年前，曾有着“非洲粮仓”之称的津巴布韦经历了数年的经济衰退，粮食产量急剧下滑，规模可观的良田无人经营，一度抛荒。安徽农垦

集团在津巴布韦成立皖津农业发展有限公司，帮助当地开发荒地，种植玉米、大豆、小麦、土豆等农作物，共为津巴布韦生产粮食约15万吨。安徽农垦集团还发起成立安徽农业“走出去”联盟，一批安徽农业青年成为非洲的垦荒人。通过引入大型农机设备和先进技术，安徽农垦集团在非洲的农场从整地、播种、施肥到收割实现全程机械化，农产品平均产量是当地农户的2—3倍。同时，安徽农垦集团在非洲还带动数千名当地青年参与到农产品初深加工产业链，培养一大批新型职业农民。

授人以鱼，不如授人以渔。中国政府通过援建农业技术示范中心、派出高级农业专家等方式，与非洲青年分享农业生产技术和管理经验，提升当地农业发展水平。例如，中国农业农村部国际交流服务中心自2012年以来累计向非洲11个国家派出38个组、367人次农业专家（相当部分为年富力强的青年专家），共向受援国传授适用技术近千项；福建农林大学依托农业技术示范中心，在卢旺达成功推广菌草种植和食用菌技术；中国援苏丹农业技术示范中心研发的棉花品种“中国1号”“中国2号”显著提高当地棉花单产，种植面积连续多年占苏丹棉花种植总面积的90%以上；中方在布隆迪试点建设的杂交水稻减贫示范村项目帮助4个村庄的全体村民脱贫。此后，该模式不断推广，带动布隆迪全国建成22个同类型示范村，惠及2800户2.25万人，户均年增收1340美元。布隆迪总统恩达伊施米耶3次视察中国援布农业项目，多次表达对中国政府的感激之情。

农业要发展，人才很关键。在开展对非农业合作过程中，中方毫无保留地把从中国农业发展和脱贫攻坚中总结的经验和智慧分享给非洲青年。例如，中国农业农村部系统自2012年以来为非洲52个国家举办400余期农业培训班，累计培训学员近万人次；“中非科技小院”项目以中国农业大学曲周实验站为基地，采用“实践—理论—再实践”模式，帮助非洲国家培养农业科技人才，被评为2021年“联合国粮农组织国际减贫案例”。回顾在“中非科技小院”的实践经历，中国农业大学赞比亚籍留学生戴维·穆腾丹戈坦言收获颇丰：“中国大力发展现代农业科技，农作物产量大幅提升。我希望学习掌握相关技术，为家乡农业发展贡献更多力量。”

受益于中非共同开展的能力建设项目，越来越多非洲青年投身家乡农业农村事业。例如，尼日利亚人喜欢吃兔肉，但专门的肉兔养殖场较少，尼日利亚青年穆赫塔尔·穆萨·达乌德看到商机后，在网上学习中国同行的做法，自制一套给兔子自动喂食喂水的简易装置，并开办了一家养兔场；尼日利亚青年因诺森特·莫吉迪曾两次前往中国接受培训，学习农作物种植技术和现代农业理念，在当地开办了一家农场，成为小有名气的农业专家，经常有人前往他的农场请教农作物种植和病虫害防治方面的知识。

四、越来越多丝路青年受益中国与东盟国家农业的深度合作

东盟是中国最大的农产品贸易伙伴，对中国出口排前十位的有谷物、橡胶、蔬菜、水果、鱼类和珍珠等，2022 年，中国自东盟进口农产品 2468.6 亿元人民币，同比增长 21.3%。2022 年召开的第 25 次中国—东盟领导人会议发布《中国—东盟粮食安全合作联合声明》，确定 2023 年为“中国—东盟农业发展和粮食安全合作年”，双方重点深化农业绿色发展、减贫与乡村振兴、数字农业与智慧农业等领域合作。

十年来，中国与东盟国家在农作物品种选育和栽培技术、动植物疫病防控、农村沼气、气候变化、数字农业等领域开展务实合作。东盟是中国农业对外投资的重点区域之一，在东盟国家投资成立 400 多家农业企业，占中国农业对外投资存量总额和占中国境外农业企业总数的比例均超过 40%。中国为东盟国家举办 800 余期农业技术培训班，培养数万名东盟青年农技人员。

十年来，中国广西壮族自治区充分发挥毗邻东盟的独特区位优势，与越南、老挝、柬埔寨、文莱等多个东盟国家农业部门签署合作协议，加深与东盟国家在农机经贸、技术上的合作，将一批农业生产先进经验成功推广复制到东盟国家，先后在东盟国家建成 8 个境外农业合作示范区、3 个境内农业对外开放合作试验区，连续多年举办中国—东盟农业合作论坛、

中国—东盟农业国际合作展、中国（广西）—东盟现代种业发展大会、中国（广西）—东盟农产品贸易对接活动等系列活动，促成中国—东盟农业培训中心、澜湄农业合作广西分中心等国家级重大农业人才交流平台落户，为东盟国家培训青年农技人员1万余人。

随着中国与东盟国家农业合作做深走实，越来越多的两地青年关注粮食安全，参与到农业合作领域就业创业。例如，第13届中国—东盟青年营上，东盟青年赴柳州工业博物馆参观，了解螺蛳粉生产从“手工作坊”跑步进入“流水线生产”的奥秘。柬埔寨青年莫妮认为：“在广西看到很多产自柬埔寨的农产品，这让我感到很亲切。中国的产业成果及其背后发展过程，以及中国人的奋斗、创新精神让人印象深刻。”

中国广西壮族自治区科学技术厅“百名东盟杰出青年科学家来华入桂工作计划”引进的东盟青年专家有30%左右来自农业领域。例如，缅甸农业科学院青年技术员乔乔珊被引进到广西农业科学院，学习掌握先进的农作物病虫害防控技术，将新技术、新设备引进到缅甸的种植业。多名越南农业科学院青年技术员同样被引进到广西农业科学院，通过一年学习，把中国木薯育种技术带回越南。

五、境外农业合作园区为丝路青年创新创业提供新平台

十年来，中国有关部门、企业通过在沿线国家共建示范区、科技园区、经贸园区、农业技术示范中心等境外农业合作园区，汇集要素资源，提供公共服务，吸引企业、资金和优势技术，为沿线国家发展现代农业提供示范样板，为丝路青年参与农业就业创业提供平台载体，为农业市场主体订单式培养新型职业农民提供教学基地、实践基地。

例如，中国黑龙江省牡丹江市接壤俄罗斯，边境线长达211公里。牡丹江市打造“境外种植、粮食回运、境内加工”为特色的食品跨境加工产业链，由牡丹江市民营企业、种植养殖大户创办的境外农业园区、中小型农场和蔬菜生产基地遍布俄罗斯远东地区，经营范围囊括农产品种植、养殖和加工、仓储、销售、运输等全产业链，吸纳大量两国青年在农业领域

就业，仅每年春天就有数万名牡丹江青年农民到境外园区辛勤耕作，被誉为“中俄两国农业合作开发的新典范”。

表 7.1　中国农业农村部认定的境外农业合作示范区

序号	园区名称	组织实施企业
1	塔吉克斯坦—中国农业合作示范园	新疆利华棉业股份有限公司
2	莫桑比克—中国农业技术示范中心	湖北省联丰海外农业开发集团
3	江苏—新阳嘎农工贸现代产业园（坦桑尼亚）	江苏海企技术工程股份有限公司
4	乌干达—中国农业合作产业园	四川友豪恒远农业开发有限公司
5	亚洲之星农业产业合作区（吉尔吉斯斯坦）	河南贵友实业集团有限公司
6	苏丹—中国农业合作开发区	山东国际经济技术合作公司
7	老挝—中国现代农业科技示范园	深圳华大基因科技有限公司
8	柬埔寨—中国热带生态农业合作示范区	海南顶益绿洲生态农业有限公司
9	斐济—中国渔业综合产业园	山东俚岛海洋科技股份有限公司
10	赞比亚农产品加工合作园区	青岛瑞昌科技产业有限公司

十年来，中国农业农村部及地方政府认定多批次境外农业合作示范区，要求牵头企业秉承共享发展理念，结合东道国实际，立足区域资源优势和产业特色，优化示范区规划设计，加强全产业链建设，推动一二三产融合，建立健全运营管理与服务机制、风险防控体系，打造产业聚集融合平台，引领带动企业抱团走出去，促进农业丝路青年就业创业。

例如，塔吉克斯坦—中国农业合作示范区形成上下游联动的劳动密集型产业集群，带动当地青年就业4000余人，年缴纳税费1000万美元以上，实现农产品就地加工，产品销往西亚、欧洲等地区。

莫桑比克—中国农业技术示范中心是该国农业新品种、新技术、新模式试验示范的重要基地和技术推广的重要平台。中国青年专家深入莫桑比克不同地区进行旱稻、芝麻等品种试验，开展现场培训和技术帮扶，受到当地农民的广泛欢迎和认可。在一次蔬菜技术培训结束后，农户拉着中国专家们的手久久不放，反复说道“希望你们不要走，希望每天都见到你们”。

江苏—新阳嘎农工贸现代产业园是习近平主席出访坦桑尼亚时的中坦农业合作的高访项目，以中资企业在当地设立的纺纱厂为核心，利用坦桑尼亚适宜的棉花种植环境，打造棉花种植—轧花—纺纱—织布—印染—制衣产业链，同时包含棉籽榨油、棉饼饲料、农机推广、农技培训、物流服务等项目，吸纳数百名当地青年技工就业，并通过农业种植及皮棉加工等专业化培训使得超过2000名当地青年受益，部分人员已成为各自领域的骨干。

苏丹是世界重要产棉国，中国—苏丹农业合作开发区是中国在苏丹投资额最大的非资源领域生产性合作区，成立至今一直得到苏丹政府的高度重视和大力支持，为振兴苏丹棉花产业起到良好示范作用。目前，园区棉花种植面积超过20万亩，成功培育多个棉花新品种，每年带动3万多名当地青年就业。

柬埔寨过去基本没有大规模的香蕉种植产业，也缺少相关配套企业。柬埔寨—中国热带生态农业合作示范区从中国引进香蕉组培苗厂、育苗厂、有机肥厂、包装厂、中转冷库等产业链配套设施，基本形成香蕉全产业链布局。2019年5月，柬埔寨香蕉首次直接出口中国，当年出口量达13万吨，次年超过30万吨。示范区的成功，让柬埔寨青年意识到中国市场、资金、人才和技术的优势，看到柬埔寨发展香蕉种植业的希望。如今，越来越多的柬埔寨青年学习中国香蕉种植技术，参与到示范区香蕉生产加工，实现脱贫致富，买了摩托车、汽车，建了新房。

第二节 中国与“一带一路”沿线国家青年现代农业合作经验、挑战与对策建议

一、丝路青年现代农业合作的主要经验：“授人以渔”，分享中国现代农业发展经验，促进更多丝路青年参与农业全产业链就业创业

（一）中国现代农业国际合作目标更高、形式更多、成效显著，惠及广大“一带一路”沿线国家及其民众，为丝路青年参与农业就业创业奠定良好基础

十年来，中国与“一带一路”沿线国家农业合作普遍实现促进农产品贸易、提高农业双向投资、增进农业科技合作和人员往来等基本目标，有力保障中国重要农产品供应，促进友好交流，履行国际责任。

同时，随着中国在全球农产品市场中的作用不断提升，以及中国综合国力的不断发展，农业投资合作已从早期的种养环节，发展到加工、储运、贸易等多环节共建，如支持沿线国家农业基础设施建设、提供农用物资设备、转移适用农业技术、建设农业产业园，有效带动合作国农产品加工产业发展。尤其是境外园区不仅有利于整合优势资源，分享发展经验，更是成为“一带一路”农业合作的有效载体平台。

另外，在更好保障国内重要农产品供应的同时，中国也积极利用国内超大规模市场、完备的通道物流体系等优势促进全球农产品贸易，成为全球农产品市场的稳定器。例如，哈萨克斯坦的小麦通过中欧班列在中国连云港转海运出口到越南、马来西亚，泰国大米则海运经中国连云港通过中欧班列出口哈萨克斯坦。

（二）丝路青年对参与农业国际合作的意愿愈加强烈，平台和机制更加丰富

十年来，各国更加重视农业基础地位，更加注重全球农业资源的整合利用和农产品市场的深度开发，对开展农业国际合作的诉求也更加强烈，

为丝路青年普遍参与农业合作提供了难得历史机遇。同时，中国与沿线国家积极开展战略对接，双、多边合作机制日益完善，基础设施互联互通、资金融通等，为开展农业国际合作提供了充分保障。

面对落后的经济条件、艰苦的自然环境、复杂的政治环境、严峻的疫情形势、多变的市场挑战等多重不确定性风险，中国青年专家成为“一带一路”农业合作的拓荒者、主力军和稳定力量，迎难而上，开拓创新，将使命担当展现在异国他乡的田间地头，向沿线国家推广中国成熟适用的农业技术，开发适用本地的农产品品种，建设农业技术示范中心、境外农业合作示范区等现代农业园区，培训当地农技人才，帮助当地农民增产增收，得到沿线国家社会各界的广泛赞誉。

正是一批批中国青年专家的无私奉献、引领示范，吸引了越来越多的丝路青年改变低端低效的农业生产方式，通过技能培训、职业训练、现场学习等方式，掌握中国农业技术和产业化方案，参与到中国与沿线国家农业合作的产业园区、产业项目、市场主体就业创业，获得实实在在的收益，也夯实了共建“一带一路”的民意基础。

二、中国与“一带一路”沿线国家青年现代农业合作面临的主要挑战

（一）农业持续增长动力不足和农产品市场供求结构显著变化，全球粮食安全及贫困问题仍然困扰着很多发展中国家

近年来，全球农业发展格局深度调整，气候变化和极端天气对粮食主产区影响不断加深，生物质能源、金融投机活动等非传统因素使农产品国际市场不确定性持续加强，加之受新冠疫情冲击、地缘冲突等因素影响，农产品贸易更是被国际关系和单边主义所裹挟，粮食、种子等农产品资源成为大国竞争博弈的工具，全球粮食产业链供应链受到冲击，国际粮价高位运行，很多低收入国家陷入粮食危机。联合国粮食及农业组织、国际农业发展基金、联合国儿童基金会、联合国世界粮食计划署、世界卫生组织联合发布的《2022年世界粮食安全和营养状况》指出，2021年全球受饥

饿影响的人数高达8.28亿，较2020年增加约4600万，自新冠疫情暴发以来累计增加1.5亿。

（二）“一带一路”农业国际合作高质量发展对丝路青年提出更高要求

从全球范围看，由于农业较低的收益率和较高的经营风险以及其特殊的地位，不少国家采取各种措施来确保本国农民经济利益的实现和降低农业经营风险，一定程度限制了农业要素资源市场化高效配置。相对新兴产业，农业投资、生产、回报的周期长、见效慢，对青年群体的吸引力在衰减，一些发达国家青年对农业缺乏兴趣，甚至不愿意从事农业生产和投身农业科技攻关。同时，区域贸易更为活跃，世界贸易组织面临改革，区域全面经济伙伴关系协定（RCEP）生效实施，全球农业竞争面临新的统一市场和更加开放、高效、透明的投资环境，对农业国际合作提出高质量发展的新要求，亟须共育国际竞争新优势，加快优化资源配置和产业链供应链布局。

中国自改革开放以来，“三农”工作取得巨大成就，对世界粮食安全作出重大贡献。中国既要将农业发展的中国方案、中国经验分享给沿线发展中国家，让更多发展中国家青年参与到农业领域就业创业，切实解决粮食危机，也要将现代农业的中国智慧与沿线发达国家对接，做大做强农业的市场价值，促进更多发达国家青年愿意在农业领域绽放青春光彩。

三、高质量推进中国与“一带一路”沿线国家青年现代农业合作的对策建议

（一）加快推动中国现代农业“走出去”

以“一带一路”共建国家为重点，聚焦粮食等重要农产品，深入分析双方合作潜力，系统谋划合作布局，推动境外农业合作示范区、援外农业技术示范中心、境外农业经贸园区、农业对外开放试验区等中国与沿线国家的农业合作园区协同发展，支持中国与沿线国家农业产业链供应链对接协同，以及大中小企业融通发展，围绕大豆、玉米等组建重点国别重点农产品投资合作联盟。优化“走出去”公共服务，构建农业对外投资合作境

外风险预警与防控体系，引导农业企业守法合规经营。引导中国数字农业、跨境电商、农旅融合等新业态的青年技术专家、青年企业家创新模式，拓展“一带一路”农业服务贸易。推动中国农业高校、职业院校、科研院所、龙头企业、农业园区开展国际合作，建设教育联盟，采取学历教育、技能教育、职业教育、现场传帮带、产教融合、校企合作等多种教育方式，为沿线国家培养更多青年职业农民、青年农业经营能手、青年农技人才、青年农业贸易人才。

（二）推动农业农村国际合作中增加和丰富青年题材

在双、多边机制平台中，推动中国与“一带一路”沿线国家农业农村各领域务实合作，增加和丰富青年人才培养、青年人文交流、青年创新创业等相关项目，提升丝路青年参与农业农村国际合作的话语权。推动中国与沿线国家和区域间的农业农村发展规划、青年发展规划对接，推动青年题材成为沿线国家现代农业可持续发展的关键指标及重点任务。推广中国乡村振兴经验，引导丝路青年参与农村减贫、农村人居环境整治、乡村治理等方面国际交流合作。

（三）引导丝路青年深化农业科技合作

优化农业科技创新环境，鼓励中国青年科学家在生物育种、植物保护、畜牧兽医、资源环境、农机装备等基础学科产生重大理论突破。推动中国有关部门和机构加强与有关国际组织合作，发挥农业科技“走出去”联盟的桥梁作用，共建中国农业技术海外试验示范基地、中国农业科技国际合作中心、国际联合实验室 / 联合中心等平台载体，促进农业科技创新要素跨境流动，吸纳更多丝路青年科技人才参与到中国农业科技全球合作网络体系，为中国农业企业“走出去”提供科技支持。推动更多丝路青年科技工作者参与国际农科院院长高层研讨会、“一带一路”热带农业科技合作论坛、国际渔业科技与创新大会等农业领域国际品牌会展，并在其中增设青年题材活动，扩大农业青年人文交流规模和质量。

第八章
货通丝路：中国与“一带一路”沿线国家青年贸易合作十周年

贸易先行是“一带一路”从古至今的重要特色。古丝绸之路作为经济全球化的早期版本，被誉为全球最重要的交通大动脉、商贸大通道，以中国与沿线国家和地区的商贸融通先行，平等开放、互惠互利，成为时空跨度最大、影响最悠久的中外全方位交流合作大平台。如今，贸易畅通是共建“一带一路”的着力点，是推动各国经济持续发展的重要力量。在全球贸易增速总体放慢的背景下，中国与沿线国家共同建设自由贸易网络体系，消除投资和贸易壁垒，共同提高技术性贸易措施透明度，降低非关税壁垒，提高贸易自由化便利化水平，共同拓宽贸易领域，优化贸易结构，挖掘贸易新增长点，促进贸易平衡，以投资带动贸易发展，共同优化产业链、供应链和服务链，促进沿线国家产业互补、互动与互助，推动形成互利共赢、多元平衡、安全高效的开放型经济体系。

第一节　中国与“一带一路”沿线国家青年贸易合作综述、成效与典型案例

一、中国与“一带一路”沿线国家贸易往来日益密切，贸易规模和质量持续提升

十年来，中国深度参与全球贸易治理，办好进博会、广交会、服贸会等重大经贸展会，坚定维护多边贸易体制，积极参与世界贸易组织改

革，用好《区域全面经济伙伴关系协定》（RCEP），积极推动加入《全面与进步跨太平洋伙伴关系协定》（CPTPP）[①]和《数字经济伙伴关系协定》（DEPA）[②]进程，强化数字贸易领域的国际治理合作，在WTO电子商务谈判中提出代表发展中国家利益的中国方案，在第12届WTO部长级会议上推动各方就电子传输暂免关税问题达成共识，倡导各方共建网络空间命运共同体。

中国大力发展高技术、高质量、高附加值产品贸易，推动劳动密集型产品高端化、精细化发展，支持品牌产品出口，增加能源资源产品、优质农产品进口，积极支持跨境电商、海外仓、市场采购贸易方式、外综服等新业态新模式的发展，大力发展数字贸易和绿色贸易，货物贸易总额自2017年起连续6年位居全球第一，货物与服务贸易总额也于2020年起跃居全球第一。

中国与“一带一路”沿线国家的贸易往来日益紧密。2013—2022年，中国与沿线国家的进出口年均增长8.6%，2022年达13.83万亿元，比上年增长19.4%，高出外贸整体增速11.7个百分点，占中国外贸总值的比重达32.9%，较上年提升3.2个百分点，较2013年提升7.9个百分点。

中国对中东、中亚、东盟、金砖等地区的进出口增长较快。2022年，中国同中东国家贸易额达5071.52亿美元，同比增长27.1%，继2021年创下35.7%的增速新高后，中国同中东国家贸易继续保持高位、快速增长，遥遥领先于中国同前三大贸易伙伴增速，即东盟（15%）、欧盟（5.6%）和美国（3.7%）；中国对中亚5国进出口同比增长45.4%，约为建交之初的100倍，中国已经超越俄罗斯成为中亚最大的贸易伙伴；中国与金砖国家双边贸易额超5500亿美元，同比增长12.9%；中国对东盟进

① 全面与进步跨太平洋伙伴关系协定（Comprehensive and Progressive Agreement for Trans—Pacific Partnership，CPTPP）是亚太国家组成的自由贸易区，是美国退出跨太平洋伙伴关系协定（TPP）后该协定的新名字。2021年9月16日，中国正式提出申请加入。

② 《数字经济伙伴关系协定》（Digital Economy Partnership Agreement，DEPA）由新西兰、新加坡、智利于2019年5月发起、2020年6月签署，是全球首份数字经济区域协定，旨在加强数字贸易合作并建立相关规范的数字贸易协定。2021年11月1日，中国正式提出申请加入。

出口6.52万亿元，增长15%，占中国对沿线国家进出口总值的47.1%。

十年来，中国全力保障外贸产业链供应链稳定，持续优化营商环境，提升贸易便利化水平。2022年，中国对沿线国家出口中间产品4.44万亿元，增长23.9%，占同期中国对沿线国家出口总值的56.3%。同期，中国进口能源产品、农产品稳定增长，分别进口2.46万亿元和3704.1亿元，增速分别为58.8%和13.4%。

十年来，中国内外贸市场对接活跃，成长起一批既从事外贸、又从事内贸的顶天立地的大企业和铺天盖地的中小微企业，尤其是民营企业与沿线国家贸易的活力进一步激发。2022年，中国民营企业对沿线国家进出口7.85万亿元，增长26.7%，占同期中国与沿线国家进出口总值的56.8%，比重较上年提升3.3个百分点。

案例8.1

浙江省义乌市：丝路青年共建“世界小商品之都”

义乌拥有全球最大的日用消费品批发市场——义乌国际商贸城，营业面积640余万平方米，商位7.5万个，从业人员21万多人，日客流量21万人次，经营26个大类、210万个单品，被联合国、世界银行与摩根士丹利等权威机构称为“全球最大的小商品批发市场”。

义乌是一座联通世界、货通全球的城市，起始于2014年的“义新欧”中欧班列联通欧亚大陆。2022年，“义新欧”总共开出2269列，呈现迅猛、健康增长态势，班列质量不断提升。宁波舟山港连续14年成为全球货运吞吐量第一大港，七分之一的出口集装箱来自义乌。目前，义乌与全球230多个国家和地区、658个城市有直接贸易往来，有234条货运物流专线，开设160余个海外仓，还有20余个在海外重点城市设置的贸易促进平台。2022年，义乌进出口总值达4788亿元，同比增长22.7%，进出口、出口和进口值占浙江省份额分别为10.2%、12.6%和3.8%。

同期，义乌对“一带一路”沿线国家合计进出口 1831.1 亿元，同比增长 13.3%。

义乌是丝路青年创新创业的热土。2019 年，访问义乌的丝路青年超过 50 万人次，在义乌常住的丝路青年超过 1.5 万人。他们在义乌生活得很好、融入得很好，既是义乌同全球贸易的增长极，也是与各国民心相通的促进者。

十年来，义乌持续优化营商环境，激发市场主体活力，2022 年义乌新设市场主体 18.06 万户，主体新设量连续五年超 10 万户。截至目前，义乌在册市场主体数突破 90 万户，占浙江省 1/11，位居浙江省县级市第一，且主要为丝路青年创业者创办，从业者以敢于开拓、善于创新的年轻人为主。

二、中国进出口商品交易会成为丝路青年外贸人绽放青春的广阔舞台

中国进出口商品交易会（以下简称“广交会”）由中国商务部和广东省人民政府联合主办，是中国目前历史最长、规模最大、商品最全、采购商最多且来源最广、成交效果最好、信誉最佳的综合性国际贸易盛会，已成功举办 132 届，与全球 229 个国家和地区建立贸易关系，累计出口成交约 1.5 万亿美元，累计到会和线上观展境外采购商约 1000 万人，有力地促进中国与世界各国的贸易交流和友好往来。

广交会记录着一批批外贸人的青春和记忆，见证了一家家中国企业挺进世界舞台的蜕变和绽放，参与这个享誉全球的“中国第一展”，是许多丝路青年外贸人的成长必修课。

例如，广东外语外贸大学是中国华南地区外语语种最多、高层次外语人才最集中的高校。广外与广交会的合作已有 32 年，每届广交会的广外学生志愿者都以扎实的知识素养、流利的外语水平、积极的实习态度、敬业的工作精神，活跃在广交会的外商翻译、外贸业务等岗位，获得广交会

主办方、参展商、采购商等多方好评。而广交会也使每届学生志愿者走出安静舒适的校园，迎面社会各方面的挑战，提升专业能力与责任担当。

香港青年黄跃中通过广交会开始连接内地市场，继而在内地开拓业务版图，做起外贸公仔生意。借着互联网发展的东风，他又创立广州梦映动漫公司，获得上亿元投资，面向超5000万用户提供可从事二次元动漫创作、阅读以及设立虚拟社区的服务。为了让来内地创业的港澳青年安心发展，黄跃中在公司所在园区租下上千平方米的办公室，为港澳创业青年提供一年的免费入驻机会，目前有数个项目入驻。

在第131届广交会上，江苏汇鸿国际集团组建10支参展青年突击队，发挥外语、商务、设计等专长，搭载沉浸式直播工具，面向海外市场采用汉语、英语、法语、西班牙语直播带货；推出“衣”订精彩青创项目，为消费者提供3D设计、柔性生产、物流仓储一站式服务，让消费者深度参与服装设计，订制拥有自己个性标签的产品。

江苏金太阳纺织科技公司始终把青年人才作为重要培育和锻炼对象，设立行业规模最大的家纺设计研发机构，设计师团队平均年龄30岁左右，金太阳品牌成为中国家纺面料行业创新的代名词。经过江苏金太阳纺织科技公司在广交会的展位，采购商们都会忍不住用指尖去感受产品的柔亮丝滑。

案例8.2

以广交会为媒：非洲外贸青年扎根广州、创业广州

伴随着非洲经济的发展和有关各方加强贸易投资合作意愿的不断增强，广交会的非洲参展企业和采购商不断增加。据《羊城晚报》报道，来自非洲的采购商人数大约占广交会采购商总数的5%左右。尼日利亚中国商会会长麦克妙斯认为：“非洲是广交会的‘老朋友’，广交会对非洲中小企业的帮助很大”。正是因为广交会的巨大商机，以及广州这座城市的开放包容性，不少非洲青年把广州作为实现自己梦想的重要地点。

作为广州的经济、行政、商贸和文化中心，越秀区是来穗外国人最活跃的居住地、工作地和贸易地之一。广交会为周边区域带来庞大的商贸人流，毗邻广交会展馆的宝汉直街“近水楼台先得月”，也因客商纷至沓来而兴旺，成为非洲青年客商聚集规模最大的地区。

目前，宝汉直街的非洲青年客商形成两种贸易模式：

一是个人带货模式。经同乡介绍或者受周边赚钱朋友的影响，越来越多非洲青年客商远渡重洋来到广州宝汉直街，提着黑色塑料袋，坐着摇晃的公交，循着口耳相传的路线，将中国商家库存的衬衫、领带、沙发等小商品运回非洲，赚取差价。由于不少非洲青年客商不懂中文和英文，在华非洲留学生就成为买卖双方的沟通桥梁。

二是公司化经营。据公开数据，在宝汉直街常住的非洲青年客商有数百人，其中不少人在当地外国人综合服务中心的帮助下注册贸易公司和加工厂，租用正规商铺和办公室，聘用中非青年员工，成为中非贸易“正规军”，稳健开展中非贸易，融入当地社区。

三、服务贸易①成为丝路青年创新创业新赛道

十年来，以青年为主要就业及创新创业群体的服务贸易快速发展，中国服务贸易年均增长6.1%，是全球平均增速的两倍，服务进出口总额连续8年稳居世界第二位，其中与“一带一路”沿线国家双边贸易额增长

① 世界贸易组织界定了服务贸易的12大领域，包括商业服务、通讯服务、建筑及相关工程服务、金融服务、旅游及旅行相关服务、娱乐文化与体育服务、运输服务、健康与社会服务、教育服务、分销服务、环境服务及其他服务等。进入21世纪以来，全球服务贸易发展迅速，在世界贸易总量中的比重不断提升，服务出口的发达程度已成为衡量一个国家软实力与综合国力的重要指标。

33%，呈现量和质双提升的特征。2022年，中国服务进出口总额5.98万亿元人民币，同比增长12.9%。

十年来，中国积极推动与“一带一路”沿线国家共建以“需求定制、个性培训、供需对接”为导向的服务贸易人才培养培训体系。例如，2018年，联合国贸发会议和中国服务贸易协会签署《共同助推“一带一路”国家能力建设合作备忘录》，共建跨境电商基地；华中科技大学与烽火通信公司共建中国首个“一带一路”服务贸易人才培养基地，每年培养万名外籍青年人才，武汉光谷成为中国向沿线国家输出服务贸易人才的大本营之一；十年来，服务贸易领军企业德勤公司在中国大陆累计招聘两万多名应届毕业生，同期还提供3.7万多个实习岗位，以培训学习、职业发展和资源共享为主的德勤（中国）大学落户北京怀柔，每年为1.5万名丝路青年提供培训机会。

案例8.3

中国（北京）国际服务贸易交易会：促进丝路青年成长为服务贸易的主力军

中国（北京）国际服务贸易交易会（以下简称“服贸会”）是全球唯一一个涵盖服务贸易12大领域的综合型服务贸易交易会，自2012年起每年在北京举行，由中国商务部和北京市人民政府共同举办，世贸组织、联合国贸发会议、经合组织等国际组织共同支持。青年题材是服贸会的重要板块，曾举办过“一带一路”国际青年创新创业论坛、北京城市副中心国际青年建筑设计师论坛、服务贸易与文化贸易青年论坛等多个活动。

十年来，一群群满怀理想、干劲十足、创造力迸发的丝路青年在历届服贸会随处可见：他们是服贸会的设计师，带来精致、前沿、有趣的展品，营造出一个个令人惊艳的体验场景；他们是服贸会的策划人，精心挑选展示内容，在反复打磨、精益求精中搭建各具特色的展览展示区；他们是服贸会的服务者，来自北京高校、企业和社会各界的数千名青年参加志愿服务，默默奉献着青春和智慧。

1990年出生的北京珐琅厂年轻设计师聂宇麟的景泰蓝作品“敦煌神鹿”系列摆件、“初馨”系列摆件、“丝路花语”摆件、“虎虎生威”主题笔筒连续三年被送到服贸会展览展示。曾经宫廷御用的景泰蓝制品，如今在青年设计师的推动下，推陈出新，为服贸会增添一抹浓浓的中国风。

冬奥会让高山滑雪等运动走向普通人视野，打蜡师掌握不同的打蜡方法，让运动员的雪板始终处于最好状态，滑出最好成绩。斯威克斯科技公司26岁的打蜡师尹志辉在服贸会的公司展台上，向观众演示全套的雪板打蜡方案，向观众科普不同种类的雪蜡。尹志辉也凭借精湛的打蜡技艺，成为冬奥冠军谷爱凌的专用打蜡师。

借助服贸会的大舞台，大学生创业团队以会为媒，了解行业顶尖水平的企业和产品，扩大交流合作机会和网络。北京邮电大学蓝图创新工作室以逾30名大学生为主要研发力量，在服贸会首钢园区文旅服务专题展和教育服务专题展中，现场展示5G多模态智能导览交互机器人，让机器人实时完成智能问答、信息浏览等指令。这款机器人已在北京2022年冬奥会和冬残奥会的多个场所服务。

汽车和零部件、电气设备、高新技术项目与设备是中德经贸合作的重要部分。图林根州是德国重要的汽车和光学仪器制造中心，曾在德国留学、工作多年的中国青年郝智成为图林根州贸易发展局驻华代表，从事贸易促进和商会组织的工作。在服贸会国别展区，他不厌其烦地向观众推介图林根州，希望把当地的高科技项目引进中国，帮助更多中国企业到德国投资发展。

北京市通州区张家湾设计小镇是利用老厂房工业遗存改建的设计园区，供设计师办公和作品展览。小镇管理机构在服贸会举办“北京城市副中心国际青年建筑设计师论坛”，发起“瞻星计划”，向丝路青年设计师抛出“橄榄枝”，并资助落户设计师创新创业。

四、中国国际进口博览会以中国新开放为丝路外贸青年就业创业提供新机遇

中国国际进口博览会（以下简称“进博会”）是习近平主席亲自谋划、亲自提出、亲自部署、亲自推动的重大开放平台，由中国商务部和上海市人民政府主办。自2018年首次举办以来，习近平主席每届均亲自参加并发表主旨演讲。

进博会按照“越办越好”总要求，展会质量持续提高，战略作用日益凸显，国际影响更加广泛，推动中国与世界市场相通、产业相融、创新相促、规则相联，成为全球新品的首发地、前沿技术的首选地、创新服务的首推地、各国企业竞相追逐的重要平台，国际采购、投资促进、人文交流、开放合作四大平台功能凸显，国际公共产品作用越来越大。进博会参展企业所在国家从2018年第一届的58个增加到2022年第五届的127个，参与的“一带一路”沿线国家数量大幅增加，累计意向成交额从2018年第一届的578.3亿美元增加到2022年第五届的735.2亿美元。

五年来，进博会的辐射效应和“一带一路”的带动效应相得益彰，合力提升发展速度、质量和容量，书写了一个个合作故事、共赢故事、暖心故事，越来越多丝路外贸青年受益于对接中国加快建设强大国内市场的巨大红利。例如，第五届进博会设有六大展区，集中展示数百项新产品、新技术、新服务，绝大部分为丝路青年企业家、技术专家、业务骨干主导创造，既有聚焦美好生活的消费品、农产品，也有展现全球领先科技的高精尖医疗器械和技术装备，其中许多是全球首发、亚洲首秀、中国首展。进博会也是贸易形态创新的平台，面对疫情挑战，进博会搭建形式多样、内容丰富的云展厅，帮助不少丝路外贸青年在线锁定参展商产品。

“小叶子”青年志愿者是进博会组织服务工作的中坚力量，他们精神

抖擞、面带微笑、说话中气十足，热情为参展商和观众提供服务。来自中国各地的“地方交易团”是进博会的“大单”客户，陪伴他们“逛逛逛”、促成他们“买买买”的，就是“小叶子”青年志愿者。工商银行、东方航空、中国太保等参展商也派遣了自己的青年志愿者，成为一道道亮丽的青春风景线。以第五届进博会为例，3591 名“小叶子”青年志愿者中，中共党员 428 人，占总人数的 12%；入党积极分子 1212 人，占 34%，他们参与嘉宾联络接待、医疗应急救援、交易数据统计、防疫健康宣传、行政辅助保障、现场引导咨询、展会注册管理、迎送辅助保障、新闻宣传辅助等岗位累计服务时长 75 万余小时、服务超 37 万人次。

五年来，进博会各保障机构积极组建青年突击队、青年文明号、青年安全生产示范岗等队伍，多维度确保进博会的顺利举行。以第五届进博会为例，上海电信青春进博通信保障青年突击队平均年龄 27 岁，“7×24 小时”不间断坚守，为进出场馆人员及全城全域市民提供优质网络服务；上海电力进博会青年突击队在制证中心、医疗卫生保障组、市政府合作交流办、新闻中心、综合协调组、市商务委外事处等岗位“5+2”“白 + 黑”地保障电力供应。

五、丝路青年创新创业者以数字贸易引领贸易创新发展

近年来，新一代信息技术快速崛起，推动国际贸易加快数字化转型，以数据为要素，服务为核心，数字技术深度赋能为特征，丝路青年为主要创新创业群体的数字贸易蓬勃兴起。中国国务院发展研究中心对外经济研究部与中国信息通信研究院联合发布的《数字贸易发展与合作报告 2022》数据显示，2021 年全球跨境数字服务贸易规模超过 3.8 万亿美元，同比增长 14.3%，占服务贸易比重达 63.6%。其中，中国数字贸易发展迅速，规模和增速均居世界前列。2021 年中国数字服务进出口总值达 3596.9 亿美元，同比增长 22.3%，占服务进出口比重达 43.2%。中国的软件与信息技术、北斗卫星定位服务、搜索引擎、区块链技术以及游戏、动漫、影视、设计等数字产品和服务，普遍应用于“一带一路”市场。

可以说，中国数字贸易的红利让许多丝路青年看到商机，并坚定参与其中。例如，巴基斯坦青年珠宝商李龙在上海的店面已运营3年，针对“00后”年轻人更喜欢在网上购物，他开发了适合于网上销售的标准化珠宝产品，并在京东、天猫开设网店；瑞士的红酒、巧克力、日用品等商品颇受中国顾客欢迎，欧中企业联合会组建青年技术团队，搭建跨境电商平台，让更多瑞士企业能直接面向中国市场销售。

非洲是个“年轻”的大陆，30岁以下的人口数量占总人口的比例过半，数字贸易方兴未艾。在与非洲开展数字贸易合作上，中国具有“短平快”的创新研发能力和“接地气”的运营模式，更符合非洲市场的特点。尼日利亚《有线报》称，“中国是全球最大的数字市场，中国智能手机使非洲人民负担得起互联网消费，推动了非洲的数字经济增长”。进一步看，中国和非洲之间的贸易供需互补，基建材料、婴幼儿产品、数码产品、生活用品等类别产品广受非洲市场欢迎，通过贸易数字化可以让“中国制造”更好货通非洲，这为中非青年在数字贸易创新创业带来巨大空间。例如，首届全球数字贸易博览会“数智中非”创新创业青年领袖钱塘论坛启动“一带一路”中非合作产业园项目、数字非洲文化经贸（坦桑尼亚）项目、中非跨境贸易数字结算平台(乌干达）项目、元宇宙“非洲国家文化展示馆”，这些项目都体现了新时代中非数字贸易更强调技术应用创新、产业链升级、生态平台打造的青年创新创业特色。

“数字外贸真牛奖”是阿里国际站为年度优秀外贸人举办的评选活动，获奖者主要为“90后”“厂二代”等中国青年外贸人。在中国制造和中国品牌出海的过程中，“高精尖”“绿色化”成为中国青年企业家、创业者追求高质量发展的关键词，中国青年外贸人抢抓发展机遇、深耕所在领域，凭借敏锐、实干屡创佳绩。例如，刘婷是来利洪食品集团的年轻接班人，摸索出一条数字化开拓新兴市场和老市场数字化履约降成本的新发展模式，通过市场大数据分析，她选择重点开发越南、西非等“一带一路”新兴市场，根据大数据买家画像，区别于面向欧美大牌代工的策略，为新兴市场开发曲奇、蛋糕预拌粉、糖果等新品，这也让利洪的业务极速增长；主营工业平板产品的青年创业者罗畅一直秉承“再小的买家也是好买家”“再小的需求也应该被重视”的信念，一路陪着联合国粮食署采购商做了两年多的样品测试，终于拿下500万美元的订单，成为在深圳众多电子厂中第一家拿下联合国订单的中小型加工厂；山东领品机械科技公司青年企业家把直播间搬到激光切割机生产线，在海外推出“24小时在线售后服务体系”，实现出口从0到亿元的突破。

第二节　中国与“一带一路”沿线国家青年贸易合作经验、挑战与对策建议

一、丝路青年贸易合作的主要经验：中国实行更加积极主动的开放战略，促进“一带一路”贸易畅通，丝路青年勇担使命，开拓创新，推动丝路贸易高质量发展

（一）贸易畅通为丝路青年就业创业创造机遇和搭建平台

贸易是经济增长的重要引擎。讲信义、重情义、扬正义、树道义的文化基因和国家品格，是中国贸易合作不断向前发展的内生动力。“一带一路”倡议提出以来，中国倡导正确义利观和“真实亲诚”“亲诚惠容”理念，充分发挥中国巨大市场规模优势，突破海外市场拓展的“规则围堵”，搭建进博会等多边公共平台，帮助沿线国家改善贸易基础设施、提升贸易发展能力，共建经贸产业合作区，增强发展中国家在全球供应链布局中的竞争力，推动贸易投资自由化便利化，维护多边贸易体制，做大贸易规模，努力促进贸易均衡、协调、绿色可持续发展以及高质量的产业合作和技术传播，给沿线国家和丝路青年带来实实在在的好处。

（二）顺应全球数字经济时代发展的潮流，丝路青年引领打造数字贸易高质量发展新格局

作为全球第二大数字经济体，以一批中国青年企业家、技术专家、业务骨干引领的数字贸易化和贸易数字化正深刻改变传统贸易格局，围绕数字技术和数字平台催生出大量贸易数字化新场景、新业态、新模式，跨境

电商、信息通信、数字音乐、在线教育、远程医疗等数字贸易持续增长，正成为中国加快建设贸易强国、驱动经济增长的新引擎，也为世界经济复苏与全球贸易增长注入新动能。

进一步看，中国拥有最为齐全的工业体系和产业配套，健全的产业网络为中国青年投身数字贸易创新创业提供了广阔、丰富的应用场景，数字贸易多边合作则成为更多丝路青年参与数字贸易就业及创新创业的“加速器”。同时，中国数字经济发展态势良好，拥有全球最大规模的网民数量和数字产品市场，在电子商务、金融科技、视听娱乐等领域培育形成一批具有国际竞争力的互联网平台企业，5G、数据中心、云计算、人工智能等数字基础设施加速构建完善，使得数字经济的青年主力军能够迅速转向数字贸易创新创业。

二、中国与“一带一路”沿线国家青年贸易合作面临的主要挑战

（一）全球贸易体系面临结构性调整，全球供应链重构为丝路外贸青年创新创业带来更大不确定性

当前，国际贸易形势风云变幻，多边贸易体系遭遇严峻挑战，区域贸易协议兴起，世界贸易组织的三大职能①在不少场景下几乎陷于瘫痪，引发国际格局、世界秩序和全球经贸格局的重大改变。2008年国际金融危机以来，受百年变局叠加世纪疫情影响，全球经济陷入增长低迷甚至衰退周期，全球贸易面临增长放缓的中长期趋势，对“一带一路”商品贸易形成巨大冲击。

大国博弈、贸易保护主义使得经贸问题进一步泛政治化，不少国家把确保供应链安全上升为国家重大系统性风险加以应对，不同国家主导建立的区域贸易协定更强调“平衡供应链的效率和安全、关键核心环节自给自

---

① 世界贸易组织的三大职能：一是组织其成员进行开放市场谈判，制定国际经贸规则；二是监督各国对于市场开放和世贸组织规则的执行；三是建立贸易争端解决机制。

足”，有可能引领多边贸易规则变得更加自由化和便利化，但这种正向效应在成员国之间的利益分化背景下变得越来越难。同时，在医药卫生、粮食安全、重要能源资源、先进技术、高端制造、数字服务等与国家安全和发展高度相关的敏感领域，更容易发生断链、脱钩的情况，导致全球化和多边贸易体系承受更大压力，不利于“一带一路”沿线国家和丝路青年公平参与国际贸易。

（二）数字贸易高质量发展仍然面临系列挑战，推高丝路青年参与门槛

当前，全球数字贸易尚缺乏统一规则，发达国家和发展中国家“数字鸿沟”和数字技术差距加大。同时，随着保护主义抬头，国际上以国家安全等为由的数字贸易限制性措施也在不断增多，对掌握数字技术，但不熟悉国际贸易规则的丝路青年创业者提出更高要求。跨境数据流动是数字贸易发展的重要前提，事关各国数据安全、国家安全、网络犯罪监管与个人隐私保护等，加之以数据为生产要素的数字贸易竞争加剧，多边数字贸易治理的难度和不确定性进一步加大，导致强调技术创新、相对忽视数据监管的丝路青年创新者面临合规挑战。

三、高质量推进中国与“一带一路”沿线国家青年贸易合作的对策建议

（一）深化“一带一路”贸易畅通，为丝路外贸青年营造更佳营商环境

推动中国有关部门优化通关、退税、外汇、安全、环保管理方式，推进国际贸易“单一窗口”建设和应用，落实减税降费等优惠政策，推进商务、知识产权、海关、税务、外汇等部门信息共享、协同执法的监管体系建设，加快打造国际一流、公平竞争的营商环境。积极开展共建“一带一路”经贸领域合作、三方合作、多边合作，推进合作共赢的开放体系建设，加强贸易和投资领域规则标准“软联通”，提升贸易投资便利化自由化水平。推动多边、区域、次区域合作机制中贡献更多贸易畅通中国倡议、中国方案，争取设立服务贸易、数字贸易等与丝路青年创新创业紧密相关的议程和规则。

引导丝路青年主动维护开放、包容、透明、非歧视性等世界贸易组织核心价值和基本原则，反对单边主义和保护主义，维护多边贸易体制的权威性和有效性。完善公平竞争制度，激发市场主体活力，深化贸易合作，加快构建辐射“一带一路”、面向全球的高标准自由贸易区网络，促进贸易平衡，鼓励丝路青年投身于“一带一路”贸易畅通。引导丝路青年在境外经贸合作区、跨境经济合作区等产业园区就业创业，构建产业集群，提高就业容纳能力和优化双创发展环境。

（二）构建数字贸易国际规则体系，推动丝路青年在数字贸易中发挥更大作为

推动世贸组织与贸易有关的数字贸易、电子商务等相关议题谈判，促进多边、区域等层面数字贸易规则协调，探索在数据保护和共享、信息安全、移动支付、数据中心等领域构建互联、互通、互用的数字贸易规则标准体系，营造青年友好型数字贸易发展环境。以共建数字丝绸之路为核心，加快沿线国家数字基础设施的互联互通，培育数字贸易新模式新业态，引导丝路青年广泛参与软件、通信、大数据、人工智能等数字技术贸易以及数字媒体、数字出版、网络视听、数字娱乐等数字内容贸易。支持中国头部互联网企业布局沿线国家市场，为丝路青年参与数字贸易提供平台载体。打造丝路电商合作网络，发展专区销售、基地直播、上线国家馆、多平台联动等利于发挥丝路青年创新优势的新业态。

第九章
设施联通：中国与“一带一路”沿线国家青年基础设施建设合作十周年

要想富，先修路；道路通，百业兴。“一桥飞架南北，天堑变通途。”基础设施是互联互通的基石、“一带一路”“硬联通”的优先方向。联合国项目事务署和牛津大学的研究表明，“一带一路”倡议聚焦基础设施，为支持发展中国家实现可持续发展目标提供了重要机会。世界银行的研究结论认为，“一带一路”运输走廊可以显著改善参与国贸易、外国投资和公民的生活条件。中国在现代化建设进程中积累的宝贵经验和建设能力，高度契合设施联通所需要的条件。同时，“一带一路”沿线国家也普遍有改善基础设施的强烈诉求和迫切需要。因此，在经济全球化大趋势下，“一带一路”倡议开启全球互联互通的新篇章，设施联通成为“一带一路”建设最易达成共识、最易取得成效的最大公约数、最靓成绩单和最大突破口。

第一节　中国与“一带一路”沿线国家青年基础设施建设合作综述、成效与典型案例

一、一大批以中国标准建设的基础设施项目在沿线国家加速落地，成为高质量共建“一带一路”的标志性工程和丝路青年就业创新的重要载体

十年来，本着高标准、可持续、惠民生为目标，“一带一路”倡议与

中巴经济走廊、俄罗斯欧亚经济联盟、蒙古“草原之路”、哈萨克斯坦“光明之路”计划、欧盟容克投资计划等战略对接，聚焦六廊六路、多国多港的主骨架，中国积极实施众多具有示范性和带动性的重大项目和工程，推动沿线国家在基础设施互联互通领域的合作日趋紧密。

一大批重点项目取得累累硕果。例如，中国建筑埃及新首都CBD标志塔顺利建成，中国远洋海运比雷埃夫斯港二期股权顺利交割，中铁孟加拉国帕德玛大桥建成通车，中国三峡集团巴基斯坦卡洛特水电站全部机组投产发电，中国移动、中国联通、中国电信的海外服务网络遍及40余个国家，印尼雅万高铁成功试运行，中老铁路货运站实现全部启用……

十年来，中国对外工程承包遍布全球190余个国家和地区，其中绝大多数为“一带一路”沿线国家。2022年，中国对外承包工程业务完成营业额10424.9亿元人民币，同比增长4.3%，新签合同额17021.7亿元人民币，同比增长2.1%。2021年，中国企业在60个“一带一路”沿线国家新签对外承包工程项目合同6257份，新签合同额1340.4亿美元，占同期中国对外承包工程新签合同总额的51.9%；完成营业额896.8亿美元，占同期总额的57.9%。

表9.1 2021年中国对外承包工程企业20强及其2021年、2020年排名

企业名称	2021年排名	2020年排名
中国交通建设集团有限公司	1	1
中国电力建设集团有限公司	2	2
中国建筑集团有限公司	3	3
华为技术有限公司	4	4
中国铁建股份有限公司	5	5
中国中铁股份有限公司	6	6
中国能源建设股份有限公司	7	9
中国港湾工程有限公司	8	8
中国水电建设集团国际工程有限公司	9	7
中国化学工程集团有限公司	10	10
中国石油集团工程股份有限公司	11	12

续表

企业名称	2021年排名	2020年排名
中国机械工业集团有限公司	12	13
中国路桥工程有限公司	13	11
中国葛洲坝集团股份有限公司	14	15
中国化学工程第七建设有限公司	15	21
上海电气集团股份有限公司	16	17
中国石油工程建设有限公司	17	14
中国土木工程集团有限公司	18	16
中国机械设备工程股份有限公司	19	20
中国冶金科工集团有限公司	20	18

十年来，以铁路、公路、航运、航空、管道、信息网络等为核心的全方位、多层次、复合型的跨境基础设施网络正在加快形成，“一带一路”沿线国家的设施联通水平大幅提升，区域间的商品、资金、信息、技术等交易成本大幅降低，推动实现更为广泛和普惠的互利合作、共赢发展，为沿线国家经济社会发展带来崭新活力，而且中国施工方带来的技术培训和就业机会，也给丝路青年带来更广阔的发展机会，有力印证“一带一路”是造福世界的“发展带”，是惠及各国人民的“幸福路”。

沿线国家政要、专家、企业家也盛赞“设施联通”。例如，马里前总理穆萨·马拉表示：“中国取得举世瞩目的建设成就，中非关系实现蓬勃发展。‘一带一路’倡议在基础设施、能源生产等领域的合作可以有效推动非洲实现工业化。”肯尼亚国际关系学者阿德希尔·卡文斯指出：“自10年前‘一带一路’倡议提出以来，非洲迎来综合投资和基础设施升级，包括港口、铁路、公路、电信和能源设施。”南非大学姆贝基非洲领导力研究院高级研究员谭哲理指出：“‘一带一路’倡议推动基础设施建设和民间交流，促进多边主义和国际团结，由此造福全世界。”巴西淡水河谷公司全球副总裁路易斯·爱德华多认为：“中国投资助力建设的清洁能源和基础设施项目，改善了拉美国家人民的生活条件。”

“一带一路”基础设施建设合作也得到越来越多丝路青年的认可。例如，北京外国语大学蒙古国女留学生雅芳认为：“‘一带一路’给我们建设了蒙中铁路等很多基础设施，蒙古有非常丰富的矿产资源，中国企业帮助我们开采矿产，让蒙古有了活跃的进出口贸易，带动了社会经济，也让就业率提升了。”武汉理工大学孟加拉国籍青年教师加力布认为：“‘一带一路’倡议是促进基础设施发展、增进社会和文化合作交流的世界上最大的经贸合作舞台，由中孟两国共同出资、中铁承建的帕德玛大桥既是中国工程技术实力的充分展示，也是人类命运共同体的一个真实注脚。”

案例 9.1

中柬基础设施建设合作：为两国青年创造更大发展机遇

中国是柬埔寨的最大贸易伙伴、最大外国直接投资来源国和最大发展援助伙伴。十年来，中柬围绕共建“一带一路”，在全业态、多领域开展积极合作，取得丰硕成果，为“一带一路”合作树立样板。中方通过向柬方提供“两优”贷款①，共同实施公路、桥梁、水利、电力传输等基础设施建设项目，新建或升级改造约3000公里道路，建成8座特大桥，建成的水利项目灌溉面积约45.6万公顷，建成柬国家电网和农村电网输变电线路8000多公里。柬埔寨首相洪森认为：“如果没有中国朋友帮助，我们的基建很难发展起来。”2023年2月，洪森应邀访问中国，在联合声明中，中柬双方同意从政治、产能、农业、能源、安全和人文六大领域入手，打造中柬钻石六边合作架构，为两国深化基础设施建设务实合作注入强劲动力。

随着中柬基础设施建设合作全面推进，中资企业进驻柬埔寨为当地青年提供许多就业机会，中文成为柬埔寨青年的第二外国

① “两优”贷款是中国政府对外援助优惠贷款和优惠出口买方信贷的统一简称。对外援助优惠贷款指的是由中方指定的金融机构提供的具有政府援助性质和赠与成分的中长期低息贷款。优惠出口买方信贷指的是中国政府为支持产品出口，通过采取提供保险、融资或利息补贴等方式，鼓励中国金融机构向进口国政府、银行或进口商提供的优惠贷款。

语和就业敲门砖。尤其是面对新冠疫情和经济危机时，部分中柬基建合作项目不停工，许多本地青年工人一直工作有收入，部分青年技术骨干收入翻番，过上了幸福的生活。

中资公司承建的基础设施项目形成“中国青年工程师为负责人，聘用柬埔寨青年为基础建造工人”的人才格局，这种“授人以渔”的共赢合作方式让柬埔寨青年广泛受益。例如，金港高速公路连接柬埔寨首都金边和最大深水海港西哈努克港，由中国路桥公司采取中国标准进行投资、建设和运营，全长187.05公里，建成后两地车程将由5小时缩短至2小时以内。中国路桥通过培养当地专业技术人才，项目全线属地化青年用工人数达到3000多名，实现以技术转移降本增效和推动柬埔寨基础设施建设的技术进步。

案例 9.2

中国建筑：青年工程师“建证”世界地标里的“中国建造”

作为全球最大的投资建设集团，中国建筑坚定不移、全力以赴参与共建“一带一路”，实施“海外高质量发展”战略，在多个沿线国家探索建立合作对接机制，倾力建设重大基础设施，倾情谋划实施民生工程，努力实现高水平合作、高效益投入、高质量发展。

十年来，中国建筑集团数万名青年工程师、青年建造工人始终坚持“品质保障，价值创造”的核心价值观，在近百个国家承接2400多个项目，打造一张张中国建造、中国友谊、中国精神的靓丽名片。以下列举其中4个典型案例。

2020年12月，中国建筑承建的全长近400公里的“中巴经济走廊”最大交通基础设施——巴基斯坦PKM高速公路项目（苏库尔—木尔坦段）移交通车，打通了巴基斯坦中部南北交通大动脉，将两地通车时间从11小时压缩至4小时以内，赢得巴国政府“最高标准”“建设典范”的高度评价，荣获境外工程鲁班奖、国优金奖、詹天佑奖等重大荣誉。项目建设过程中，中国建筑青年团队直接为巴基斯坦创造就业岗位23000多个，为巴基斯坦培养4500余名青年设备操作人员、2300余名青年管理者和技术人员，一大批当地青年劳动力转变为现代产业工人。巴基斯坦国家公路局对项目给予“苏木段为整条白沙瓦至卡拉奇高速公路建设树立了典范”的高度评价。

由习近平主席和埃及总统塞西共同见签的埃及新首都CBD项目，是迄今为止中资企业在埃及承建的最大项目，也是埃及国家复兴计划的重要工程，被誉为“埃及未来发展的‘火车头’”“新时代的金字塔”。承担该项目建设任务的中国建筑青年团队创新使用“空中造楼机”，攻破沙漠地区建设高层建筑难题，基本保持5至6天一层的建设速度，最快的仅用100小时，创造了埃及超高层建筑施工的多项纪录，实现了埃及人民拥有超高层建筑的梦想。项目青年每天在搅拌站顶着烈日工作，前后设计30余套方案，最终成功研发适合沙漠地区气候特点的混凝土，创造沙漠高温地区高强度混凝土的纪录。在超大基础底板浇筑过程中，项目青年以完备的组织策划、过硬的技术，创造高峰期单小时浇筑量785立方米的施工速度，这也是中国建筑首次把“多快好省”的溜槽技术引入埃及。同时，项目青年团队积极推动中埃人文交流，打造“建证幸福书屋”，开展“建证未来·蓝海益路”青年志愿服务，组织系列讲座、开放日、书画摄影展等，促进中外文化互融互鉴。

刚果（布）国家1号公路项目是连接刚果（布）首都布拉柴维尔和经济中心黑角港之间的一条交通要道，全长约536公里，是中刚建交以来两国之间最大、最重要的合作项目。中国建筑青年工程师用时8年，在虫蛇出没、旱季干涸、雨季湿热的环境中，打通半个世纪无人涉足的原始森林，被当地百姓誉为“劈山的人”。刚果（布）总统萨苏在通车仪式上寓意深刻地称1号公路为“通向未来之路”，并盛赞中国建设者“圆了刚果（布）几代人的梦想”。同时，项目为当地培训数千名试验工、测量工、驾驶员、机操工、修理工等青年技术工人，中方员工与属地员工比例达到1:10。“道路共享，未来共享”是中国建筑在全球践行高标准社会责任的体现，项目青年团队多次向刚果（布）的学校和孤儿院捐赠生活物资、防疫物资和学习用品，参与非洲道路安全日主题周活动，为刚果（布）道路安全保驾护航。

习近平主席出席启用仪式的中国—巴新友谊学校·布图卡学园，是中国援建巴布亚新几内亚的惠民工程，为当地解决了3000多名中小学生“上学难”的问题，是南太平洋地区面积最大、功能最齐全、设施最先进的学校。面对多变复杂的地质环境和频繁降雨、断水断电等施工环境，中建青年工程师团队经反复研究，决定整体采用安全性高、绿色节能环保、抗震性能优越的装配式绿色建筑，并结合当地传统建筑“大屋顶、低层架空、斜向坡屋”等特点，融合中国建筑元素进行设计建造。通过工业化建造方式，提升建筑集成率，提高工作效率50%以上，减少了80%的湿作业、50%的建筑垃圾，增加建筑使用空间10%以上，仅用77天就实现了5座单体建筑全面封顶，为巴新绿色装配式结构建筑带来借鉴性意义。2021年11月，布图卡学园举行维保签约仪式，中国建筑将为布图卡学园提供20年设施维护服务，确保学园各类设施正常使用。谈起这所新学校，初中部学生大卫说：“新校园非常漂亮，还有一个宽敞的运动操场，我和同学们可以在操场上跑步踢球，我们都非常喜欢这所新学校。”

案例9.3

浙江建设职业技术学院：为“一带一路”设施联通培养建筑技能人才

近年来，随着中国建筑业企业海外市场不断扩大，海外项目不断增加，海外人才需求也在持续增加，但有关企业普遍面临外派用工人员成本攀升、中方人员外派意愿降低等挑战，急需开拓海外属地人力资源。浙江建设职业技术学院是浙江省唯一一所公办建设类全日制高等职业院校，为建筑业累计培养输送各类人才6万余名。

2019年，浙江建设职业技术学院与菲律宾八打雁州立大学联合成立中菲“一带一路”建筑技能人才丝路学院，旨在面向菲律宾培养建筑业相关领域高端技术技能型人才，推进建筑新技能在菲律宾的应用与服务。当年，浙江建设职业技术学院招收了首批建筑专业的菲律宾籍留学生。在深入调研在菲中资企业在建工程和菲律宾基础建设的人才需求基础上，中菲丝路学院开发9门订单式培训课程，逐步建成建筑技能传承与创新资源课程库。

浙江建设职业技术学院与菲律宾唐·博斯科学院联合发起成立中菲建筑职业教育联盟，与马来西亚国际文化交流中心联合发起成立中马建筑职业教育联盟，承办“澜湄”国家小水电技术培训班、马来西亚敦胡先翁大学“中文＋职业技能”培训班、非洲国家“中文＋职业技能”建筑领域培训班、菲律宾安提波罗理工学院“中文＋职业技能”培训班等培训项目，着力构建丝路产教融合协作网络。

二、铁路青年建设者在“一带一路”奏响“青春交响曲”

十年来，中资企业承建的坦赞铁路、蒙内铁路、中老铁路、中泰铁路、匈塞铁路、雅万高铁等一大批铁路基础设施建设项目高效推进，多条国际铁路通道畅达四方，西部陆海新通道、中欧班列显著带动国际物流效率和规模双提升。铁路互联互通正在让不同国家、人民和社会之间的联系更加紧密，也见证了丝路青年建设者积极响应“一带一路”倡议，坚守岗位、奋战一线，保障工程进度，用汗水和付出诠释劳动之美。

案例 9.4

蒙内铁路：让合作共赢的力量“浸润”非洲青年

东起肯尼亚东部港口蒙巴萨，西至首都内罗毕，正线全长472公里的蒙内铁路是肯尼亚独立以来最大的单体基础设施、“一带一路”倡议在非洲的早期收获项目之一、肯尼亚实现2030年国家发展愿景的“旗舰工程”，也是集设计、施工监理、融资、装备采购和运营管理为一体的“中国标准”全产业链项目，由中国路桥公司以EPC总承包模式承建，2014年12月开工，2017年5月开通旅客列车，2018年1月开通货运列车，被外媒评价为“世界最值得体验的13条铁路旅行线路之一”。肯尼亚总统威廉·鲁托评价说：“蒙内铁路这个伟大的设施将使客货运输更方便、更安全、更经济，最重要的是旅途令人心旷神怡。”

人享其行、货畅其流，蒙内铁路成为肯尼亚的一条“黄金通道”。蒙内铁路将内罗毕和蒙巴萨两城之间的旅行时间由原来的10个小时缩短至不足5小时，改变肯尼亚民众的出行方式和出行体验，促进肯尼亚GDP增长至少2%。到2022年末，蒙内铁路累计发送旅客922.5万人，平均上座率90%，累计发送集装箱205.3万TEU、货物2348.6万吨。

重视本地化人才选育是蒙内铁路成功运营的关键要素。2022年2月，蒙内铁路开行首列由肯方机车青年乘务班组独立值乘的旅客列车，这标志着员工属地化迈上新台阶。5年多来，蒙内铁路为肯尼亚青年提供的新就业岗位涵盖123个工种，累计培养、招聘、使用3000多名青年建造工人、铁路专业技术人员和管理人员，绝大部分工作岗位本地化率超80%。中国为肯尼亚培养了一支“带不走的铁路队伍”，肯尼亚青年在“中国师傅”的指导下，胜任驾驶、运营、修理和维护等工作，开启全新职业生涯。

案例 9.5

中老铁路：青年建设者共筑山川同美的绿色铁路、开放发展的黄金线路

老挝素有“中南半岛屋脊”之称，山地和高原占国土面积的80%，交通极为不便，也是东盟国家里唯一的内陆国。中老铁路建成前，老挝仅有一段长约3.5公里的铁路连接泰国，交通瓶颈成为制约老挝经济发展的一大因素。全长1035公里的中老铁路，北起中国云南昆明，南至老挝首都万象，是第一条采用中国标准、中老合作建设运营，并与中国铁路网直接连通的境外铁路。2021年12月通车后，昆明到万象10小时可通达。

这条跨越山河、孕育梦想的交通动脉，承载着习近平主席的深深牵挂。2015年，习近平主席同老挝领导人一道，作出了共建中老铁路的重大决策。2017年11月，习近平主席在中共十九大后首次出访，老挝就是到访国家之一，两国代表在领导人见证下签署中老经济走廊建设、基础设施建设等一系列合作文件。2019年4月签署的《构建中老命运共同体行动计划》提出，要以中老铁路为依托，开展以互联互通和产能与投资合作为重点的经济贸易合作，将中老铁路打造成共建“一带一路”示范项目。2021年1月，习近平主席与老挝国家主席通伦通电话时再次指出，双方要稳步推进中老经济走廊和中老铁路等大项目建设。

牢记习近平主席的嘱托，由1000多名中国铁路昆明局集团青年职工组成的中老铁路建设运营青年攻坚团队用5年时间攻克中老铁路联通路网、运营管理、惠及民生、友谊传承等重大课题，2022年，该集体被中国共青团中央授予“全国向上向善好青年群体”称号。

5年多来，一幕幕火热的施工场景、一副副青春面孔都值得被尊重和铭记。每天独自背着行囊，用脚步丈量老挝湄公河半岛

热带无人区沙拉巴士一号隧道线路的“00后”绘图小分队，绘制15000多张图纸，为每一根电缆、每一台机柜建起信号设备履历簿；琅勃拉邦站新冠疫情暴发，青年小分队队长连续蹲点11天确保开通；万象南站集装箱管理问题多，青年队员连续4天现场“解剖麻雀”，针对性解决流程上存在的问题，实现中老铁路跨境货物列车高效开行……

2021年12月3日下午，习近平主席在北京同老挝国家主席通伦通过视频连线共同出席中老铁路通车仪式，并亲自下达发车指令。习近平主席在讲话中指出，“中老铁路是两国互利合作的旗舰项目。铁路一通，昆明到万象从此山不再高、路不再长。双方要再接再厉、善作善成，把铁路维护好、运营好，把沿线开发好、建设好，打造黄金线路，造福两国民众。……开工5年来，中老双方齐心协力、紧密配合，逢山开路、遇水搭桥，高水平、高质量完成建设任务，以实际行动诠释了中老命运共同体精神的深刻内涵，展现了两国社会主义制度集中力量办大事的特殊优势。”

在中老铁路开通前，老挝铁路运营管理基础几乎为零，铁路规章、知识用语也几乎为零，推广运用中国铁路技术标准，让“中国管理”“中国标准”走出国门，就必须把各种规章制度、设备操作手册翻译成老挝语。中国青年翻译团队编写出版《汉老铁路专业术语手册》《磨万铁路技术管理规程》等5本汉老双语专业书籍，汇编150余万字的铁路技术管理规章体系，填补老挝铁路规章空白，为中老铁路老挝段运营提供坚实支撑。

“中老铁路青年友谊工程”由两国共青团和铁路部门于2020年11月共同发起实施，开展了公益募捐、技能培训和文化交流等活动。例如，中老铁路万象运营管理中心中方青年攻坚团队开发“5分钟重要知识随堂讲,1小时基本技能示范教”等教学方法，一对对“跨国青年师徒”在友好互助的学习中渐渐成为无话不谈的知心朋友。

习近平主席在中老铁路通车仪式上，提到一批铁路专业的老挝留学生，“几天前，我收到几位曾在中国上海学习铁路专业的老挝留学生写来的联名信。他们一致表示，要把在中国学到的本领贡献给中老铁路的运营和发展，我对此感到非常高兴。中老友谊的未来在青年，互联互通的根基在心心相通。中方愿为中老友谊之路培育更多栋梁之才。”2017年，在中国国家澜湄合作专项基金和上海市政府的支持下，10多名老挝留学生到上海学习铁道专业知识。如今，他们成为中老铁路通车后的第一批工程技术人员。

客流如织，货流滚滚。通过“澜湄快线+跨境电商”“中老铁路+中欧班列”“中老铁路+西部陆海新通道班列”等铁路国际运输新模式，中老铁路成为加速地区互联互通、推动共同发展的“钢铁丝路”。到2022年12月2日，中老铁路开通运营满一年，累计发送旅客850万人次，其中中国段720万人次、老挝段130万人次；发送货物1120万吨，其中跨境货物超190万吨。

案例9.6

雅万高铁：青年工程师引领中国高铁“走出去”

作为共建“一带一路”倡议和中印尼两国务实合作的标志性项目，雅万高铁全长142公里，最高设计时速350公里，连接首都雅加达和万隆，是中国高铁首次全系统、全要素、全产业链在海外建设项目。雅万高铁所在的爪哇岛是印尼第五大岛，也是印尼人口数量最多、人口密度最高的岛屿。雅万高铁通车后，印尼将拥有第一条高铁，也将成为东南亚地区第一个拥有高铁的国家。

行动是丝路青年最有效的磨砺。中国国家铁路集团青年设计团队高效完成雅万高铁可研投标、基础设计、详细设计、施工配合等全过程勘察设计工作：用时2个月完成中英文可研报告，得到印尼方的高度认可；按照业主公司紧急通知，中方青年设计团队仅用一个通宵就完成雅万高铁项目的基础设计文件，创造“12

小时奇迹”；中方青年设计团队深入开展中国高铁技术标准印尼适应性研究，结合项目位于高烈度震区的特点，针对性开展路基、桥梁、隧道等土建工程抗震关键技术研究；中方青年设计团队联合参建单位对万隆地区分布的区域沉降、深厚软土等不良地质进行专项研究；中方青年工程师、青年建造工人在雅万高铁施工现场经历几十次地震和火山喷发，破解诸多不良地质体给施工带来的难题。

雅万高铁建设还带动印尼施工装备、建筑材料等产业发展，超过2000名当地青年员工参加到工程建设；中方青年工程师采用“师傅带徒弟”实操训练模式，累计培训当地青年4.5万人次，帮助印尼组建高铁技术力量和员工队伍。雅万高铁建成运营后，客运服务、设备检修及相关配套产业延伸服务每年将创造3万个青年就业岗位。

三、丝路青年建设者筑就“一带一路”路桥超级工程

十年来，中国企业在“一带一路”沿线国家建设了喀喇昆仑公路、塞内加尔捷斯图巴高速公路、克罗地亚佩列沙茨大桥、黑山南北高速公路、柬埔寨金港高速公路、印度尼西亚泗水马都拉大桥、莫桑比克马普托大桥、泽蒙—博尔察大桥等一批具有国际影响力的超级路桥工程，创造蜚声海外的国家基建品牌。

案例 9.7

克罗地亚佩列沙茨跨海大桥：中克两国青年共筑“一带一路”基建示范工程

佩列沙茨跨海大桥项目是中国企业通过公开投标、公平竞争，遵循市场原则、遵守欧盟规则，在欧盟境内中标、由欧盟基

金出资建设的基建项目第一单，也是中国和克罗地亚共建“一带一路”和中国—中东欧国家合作的标志性项目，是一座长2440米、宽22.5米的公路斜拉桥，横跨克罗地亚南部亚得里亚海的小斯通湾，连接该国大陆与佩列沙茨半岛。

克罗地亚总统、总理、议长及各界人士千余人出席大桥通车仪式，中国国务院总理李克强以视频方式出席通车仪式并致辞。佩列沙茨跨海大桥通车后，极大便利当地人流、物流畅通，促进克罗地亚经济社会发展和民生改善，也成为促进中克两国友好交往的新桥梁。

大桥建成之前，由于历史原因，克罗地亚北部大陆与南部的佩列沙茨半岛互不相连，被邻国波黑的涅姆小镇阻隔，往来两地程序相当繁琐。大桥正式通车后，克罗地亚实现连接南北国土的夙愿，当地居民和旅客再也不用多次出入邻国波黑国境，驾车或乘车直接通过佩列沙茨大桥，两三分钟就能走完原来需时3个小时的路程。

佩列沙茨大桥在建设过程中充分体现中国建设各个方面的优势，项目中方青年团队荣获“中交集团青年安全生产示范岗”称号，其设计人员、试验人员、船舶调度人员等重要岗位都是直接从建设港珠澳大桥青州航道桥的青年团队中挑选。

中方青年团队结合中国桥梁成熟的设计、施工经验，调用了当时全球规模最大的打桩船“雄程一号”，一次性打入长达130.6米的世界最长钢管桩，避免海上钢管桩焊接的质量问题和安全风险，缩短打桩时间，创造当时吊打最长钢管桩施工世界纪录。

中方青年团队在施工过程中亦全力规避可能造成的环境破坏，如采取气泡幕降噪措施，降低打桩噪声对海洋生物和周围居民的影响；采用远运钻渣至20海里外排放点的方式，减少对沿岸水质的污染；采用工厂化预制、船舶运输、现场拼装的方法，生活区安装净化装置并定期进行清污处理，减少现场加工及生活区域对陆域环境的破坏。

属地化管理理念横贯佩列沙茨跨海大桥项目建设始终，中资企业累计与111家克罗地亚专业公司达成合作，雇佣数十名当地青年工程师、外联人员和翻译，项目多名外籍青年工程师取得克罗地亚土木协会工程师证书，意味着他们成长为克罗地亚为数不多、具有专业资质的土木工程师，他们的人生因此改变。

案例 9.8

莫桑比克马普托跨海大桥：丝路青年共筑“梦想之桥”

非洲东南部国家莫桑比克首都马普托市为港口城市，被马普托湾分成南北两部分：北岸的马普托城区是拥有200多万人口的中心城区，南部的卡腾贝地区则因为跨海交通的制约相对落后。

马普托大桥及连接线项目由中国路桥公司当年承建、当年通车，全长187公里，大桥本身全长超过3公里，是非洲跨径最大的悬索桥。大桥建成通车后，马普托湾南北岸天堑变通途，原来两三个小时的渡海时间缩短到十分钟左右，促进当地交通、货运、旅游等行业发展。莫桑比克总统纽西高度评价该项目为足以载入史册的精品工程。

从前期设计规划到项目施工运营，马普托大桥始终以国际化平台整合各方优势资源，先后有来自中国、德国、波兰、丹麦、美国、英国、葡萄牙、南非等10多个国家的青年工程师参与，许多关键环节采用中国标准、欧洲标准和南非标准“三控”，有效保证工程质量。

莫桑比克的职业技术培训十分薄弱，马普托大桥项目开工后，中国公司要求每一名中方工人都要带几个当地青年做徒弟，中方工人和莫方工人平日里以师徒相称。在大桥建设高峰时期，有超过200名中国工人带领当地青年工人施工，手把手传授技术。项目累计为莫桑比克创造超过2500个青年就业岗位，培养各类青年建造工人5000余人，成为莫桑比克培养本土建筑工人的“学校”。

案例 9.9

喀喇昆仑公路改扩建项目：中国青年建设者筑就全新的“中巴友谊路”

喀喇昆仑公路起于巴基斯坦首都伊斯兰堡以北的曼赫色拉，终至中国西部千年古城新疆喀什，全长 1224 公里，是巴基斯坦北部连接中国唯一的陆上交通要道、世界上平均海拔最高的国际公路，被称为世界第八大奇迹、世界近现代十七项代价最高的建设工程之一。1968—1978 年，中国建设者历时 6 年零 7 个月，援建了全长 613 公里的喀喇昆仑公路。2006 年底，由于道路年久失修，中巴两国决定对喀喇昆仑公路进行道路改扩建施工，并由中国交建承担建设任务，于 2015 年、2020 年分别完成一期、二期工程，这条意义非凡的中巴友谊之路重获新生。

项目所处地区气候恶劣，遍布地质断层，地质灾害经常发生，给项目建设带来前所未有的困难。初到喀喇昆仑公路的中国青年工程师都会到喀喇昆仑公路烈士陵园祭扫、缅怀，感悟筑路先辈们硬是依靠肩扛手抬的坚强意志和前赴后继、不怕牺牲的“喀喇昆仑精神”。新一代中国青年建设者接过先辈的交接棒，不畏艰险，迎难而上，创造性采用中国设计、中国标准、中国方案，将巴基斯坦公路质量提升到新高度。

项目工地营地里的办公室墙上，贴满了中国青年工程师设计的图纸和规章制度，密密麻麻地标满工期进度和要求。中巴青年工程人员时间安排得紧锣密鼓，白天工地施工，晚上开会研讨。数以万计的青年建设者们始终把“干一个项目，造福一方人民”信念系在心间，顺利完成新建 39 座桥梁、1110 座涵洞、18 座明洞、1 座隧道以及修复 26 座桥梁的艰巨任务。

在二期项目施工中，除一些大型施工设备需要从中国运输外，项目建设所需要的钢筋、水泥等必需品基本实现本土化供应，极大推动巴基斯坦的相关产业发展，为巴基斯坦青年就业创业创造大量机会。属地化用工也取得新进展，项目雇用的当地青年员工约占员工总数的80%。

四、中国青年建设者在设施联通中积极履行社会责任

十年来，中国青年建设者作为一大批具有示范性和带动性的重大基础设施建设项目的主力军、攻坚队，在保证工程质量与安全、客户权益、供应链管理、公平竞争等社会责任的基础上，积极融入当地社会，开展本土化经营，帮助当地发展经济、增加就业、改善民生、保障人权，严格保护生物多样性和生态环境，开展国际抗疫合作、爱心捐赠、圆梦助学等公益事业，体现中国企业和中国青年负责任的良好形象。

案例 9.10

中国电建海投公司青年志愿项目：唱响丝路青年志愿者之歌

中国电建集团海外投资公司是中国电力建设集团专业从事海外投资业务市场开发、项目建设、项目运营与投资风险管理的法人主体，在19个国家和地区设有45个全资及控股子公司、8个参股公司和1个代表处，已在柬埔寨、老挝、尼泊尔、巴基斯坦、印度尼西亚、孟加拉国、缅甸、澳大利亚、哈萨克斯坦、刚果（金）、波黑、缅甸等“一带一路”沿线国家开发建设一系列基础设施建设项目。

十年来，中国电建海投公司青年志愿团队持续开展“关爱‘一带一路’沿线困难青少年”海外志愿服务项目，累计服务沿线国家青少年18600余人次，集合志愿力量3000多人，各层级志愿服务执行机构49家，覆盖国别和地区18个，文化融合覆盖1.1万人次，为属地青年提供一大批实习岗位。

中国电建海投公司青年志愿团队依托海外业务团队组建，核心成员是公司派海外的中方青年员工。针对投资项目在海外有最长40年运营期的特点，青年志愿者扎根当地，长期开展志愿活动。团队坚持轮岗制、帮带制管理，利用施工建设企业青年员工多、素质高等优势，在属地项目普遍开展开放日、技术培训、关爱慰问等活动。在项目工程所在地，青年志愿者积极参与中文支教，传播中华优秀传统文化，成为中外文化交流的使者。

中国电建海投公司青年志愿服务团队在项目工程所在地举办青年就业赋能活动，开展项目开放日、科学普及等活动，提供专项实习和工作岗位，提升当地青年就业能力。例如，2016年，在中国电建海投公司的资助下，100名巴基斯坦籍青年新员工被送到与当地电力技术指标接近的甘肃崇信电厂，学习科学规范、高度自动化的电站运维技术，学成后多位巴基斯坦籍青年员工走上管理岗位，并通过传帮带，带动本地青年员工属地化比例达70%以上。

第二节　中国与“一带一路”沿线国家青年基础设施建设合作经验、挑战与对策建议

一、丝路青年基础设施建设合作的主要经验：基础设施互联互通是“一带一路”建设的重要基础和优先合作领域，丝路青年用青春和汗水跨越山海、屡创奇迹

（一）中国引领“一带一路”基础设施建设，设施联通为丝路青年就业创业带来巨大机遇

十年来，尽管全球基础设施建设仍在艰难复苏，但中国积极推动共建“一带一路”倡议同各国发展战略和区域合作倡议更好对接，基础设施“硬联通”扎实推进、规则标准“软联通”持续深入，沿线国家的基础设施建

设订单已占中国对外承包的半壁江山。在各方共同努力下，“一带一路”基础设施项目有序落地实施，捷报频传。

面对多方面挑战，“一带一路”基础设施项目建设及运营基本保持平稳状态，除了中国强大基建实力的支撑外，还有多方面因素：一是共建“一带一路”得到越来越多国家和国际组织的支持，他们希望学习中国的发展经验，对基础设施建设有迫切需求和极大热情；二是中国政府大力推动和支持“一带一路”框架下的基础设施建设，不断推进各领域务实合作，让国际社会看到中国的诚意和行动；三是个别国家实施单边主义、扰乱全球产业链供应链的做法越来越行不通，发展中国家强烈希望加强团结合作，实现自身发展，基础设施建设是加强互联互通、推动全球发展的重要抓手。

在“一带一路”基础设施建设合作中，大型建筑央企、专业国际承包商、民营企业等中国企业均广泛参与其中，为丝路青年建造者创造广阔发展空间。大型建筑央企是领头羊，对外经济交往合作经验丰富，在基础设施建设、高铁、核电等相关产业上具有较强国际竞争力，承接了一大批标志性项目和工程。专业国际承包商海外业务占比较高，专业性强，运作经验丰富。民营企业运作模式灵活，具备高速成长空间，但抵御海外风险及获取项目的能力较弱，因而普遍与大型企业合作出海。

（二）中国青年建造者成为“一带一路”设施联通的关键力量

十年来，数百万中国青年工程师、设计师、建造工人、运维人员走出国门，矢志接续奋斗，在“一带一路”基础设施建设合作上展现新担当、彰显新作为，同属地青年员工一道，在技术“传帮带”、文化互融互促等并肩前行中绘就美好图景，在公益、志愿、环保、低碳等交流对话中汇聚青春共识，以更加开放自信的姿态融入世界。许多由中国青年建设者主持的重点项目成为沿线国家的地标性建筑、标志性工程，受到当地民众的热烈欢迎，充分彰显中国强大的基建实力。

在施工方面，随着中国基础设施建设合作项目的蓬勃开展，中国企业的基建能力得以快速提升，中国青年建设者的经验得以积累，为承建更多海外基建项目打下坚实基础。

在技术方面，中国青年专家在基建设备、原材料生产加工、建筑技术革新等方面取得一大批领先成果，带动中国技术、中国设备、中国标准在设施联通中广泛应用。据中国外交部数据统计，“一带一路”沿线国家在建重点基础设施项目约有超过 1/3 采用中国标准。由中国主持，中、法、德、日等 10 余国专家历时 4 年编制的《高速铁路设计基础设施标准》由国际铁路联盟发布实施，这是高速铁路基础设施设计领域的首部国际标准。

在管理方面，中国青年建设者深度参与“一带一路”基础设施项目的设计、建造、运营、维护等全流程工作，与所在国政府及有关部门加强协调，向当地青年员工传授技术和经验，规避相关运营风险。

二、中国与“一带一路”沿线国家青年基础设施建设合作面临的主要挑战

（一）“一带一路”基础设施建设合作受政治、经济、社会稳定性以及自然条件的影响较大

“一带一路”沿线各国在政治、经济、文化和宗教上存在较大差异，不同党派对华政策不尽相同，地缘政治错综复杂，部分国家政局动荡，战乱频繁，社会治安恶化，而基础设施建设投资大，项目周期长，利益关系复杂，易受上述风险影响。部分沿线国家存在恐怖主义、跨国犯罪等非传统不安全因素，给基础设施建设运营带来安全隐患。部分沿线国家自然条件恶劣，基础设施建设面临恶劣天气，以及艰险复杂山区、膨胀土、沙漠等特殊地质和生态脆弱地区建设条件的挑战，对建造技术要求高。部分沿线国家在基础设施规划、设计、技术、施工、采购、安装、管理等多个领域的标准差异较大，跨境基础设施互联互通缺少共同的规划蓝图，面临协调不足、流程标准不一、通关手续繁多、运营成本高、执法互认度低等问题。

（二）新冠疫情对“一带一路”基础设施建设合作带来新挑战

新冠疫情进一步造成全球经济低迷，造成资源依托型沿线国家主权信用水平降低，对其基础设施建设产生负债的偿还能力带来严重冲击，延缓

不少基础设施立项、建设进度，也对丝路青年在相关领域上下游就业带来负面影响。尤其是疫情肆虐及相关防控措施曾经严重影响中资企业管理人员、工程技术人员正常国际往来，部分项目当地招工困难，国际供应链受到冲击，导致不少项目延迟开工、停工和成本增加。

三、高质量推进中国与“一带一路”沿线国家青年基础设施建设合作的对策建议

（一）提升中国青年建设者参与“一带一路”基础设施建设运营的国际化战略运营管理能力

中国有关部门要加大力度促进双边、多边基础设施建设合作项目的落地实施，为中资企业提供政策咨询、风险提示、安全防范教育、应急知识培训等公共服务，及时发布重点项目投资建设指南，降低中资企业政治风险。中国青年建设者在沿线国家开展基础设施项目合作的具体事项时，要考虑沿线国家的内部风险，更要考虑其背后大国势力的干预，及时做好项目的顶层设计、实施细则和风险管理方案，主动推进与项目所在国、发达国家在规划、建设、运营、管理、融资等方面的第三方合作，构建多方共赢的长效合作机制，提升国际化经营管理经验。中资企业和中国青年建设者要主动把握数字化新机遇，推进数字丝绸之路基础设施建设和互联互通。

（二）推动中国创新引领“一带一路”基础设施建设运营

引导中国青年工程师、设计师、建造工人在主动推广、应用、普及“中国标准”，提升项目所在国基础设施建设质量。结合项目的自然条件、标准、工期等特点，推动有关企业积极应用技术领先、成本实惠的中国设备，引导丝路青年工程师实施本土化技术改造，提升中国“硬核”科技的使用效能。鼓励中国青年建设运营团队拓展与沿线国家有关供应链产业链的对接合作，共建基础设施核心技术实验室，推动建筑技术团队入驻境外产业合作园区、跨境产业合作平台，实现建筑行业产研一体化、属地化。

（三）构建包容性“一带一路”基础设施建设合作框架，增强青年文化融合互信

中国青年建设者要提高法律素质，遵守东道国法律法规，依法合规经营，严格遵守税收制度，规范投资建设行为，尊重当地传统文化和习俗禁忌，加强求同存异的友好协商磋商，塑造良好的企业形象和团队形象。中资企业要加大属地化运营转型，加强本地青年人才选育用留，建立订单式建筑人才培养机制，打造富有活力、中外融合的高效能团队，促进当地青年就业和融入当地社会。中国青年建设者要积极履行社会责任，加强绿色发展能力建设，开展多元化、多层次的文化交流合作，组织和参与社会公益活动，消除隔阂，建立互信。

第十章
资金融通：中国与“一带一路”沿线国家青年金融投资合作十周年

百年变局叠加世纪疫情加剧全球发展鸿沟，一些欠发达国家按照传统发展模式，缺乏吸引投资者的环境条件和资本积累，要素资源难以价值化和产业化，如果没有合适的外部助力机制，很难依靠自身努力摆脱“发展困境”。同时，“一带一路”建设需要全方位的金融服务，涉及投融资、证券和保险等金融领域各类业务。十年来，“一带一路”资金融通始终坚持推动沿线国家之间建立长期、稳定、可持续、风险可控的投融资体系，各方资金融通合作蓬勃开展，有效拓宽沿线国家的融资渠道，发挥“金融服务实体经济”的根本作用，推动沿线国家的发展规划转化成一个个看得见、摸得着的旗舰项目、标志工程，用畅通的金融血脉促进“一带一路”高质量发展。

第一节　中国与“一带一路”沿线国家青年金融投资合作综述、成效与典型案例

一、“一带一路”金融合作高效高质推进，资金融通惠及广大沿线国家和丝路青年

（一）中国金融业对外开放步伐明显加快

十年来，中国稳步推进金融业对外开放，基本建立准入前国民待遇和

负面清单管理制度，境外主体持有境内人民币金融资产比十年前增加2.4倍。人民币成功加入国际货币基金组织特别提款权，成为第三大篮子货币，权重从10.92%提升至12.28%。统一开放、竞争有序、监管有效的外汇市场不断健全，为高效配置外汇资源和管理汇率风险创造良好条件。外汇市场可交易货币超过40种，交易品种涵盖国际主流外汇交易产品，十年来交易量增长3倍，2021年交易量达到36.9万亿美元。

十年来，中国银行保险业监管部门推出50多项银行保险开放政策。2021年，在华外资银行资本和资产均较十年前增长超过50%，在华外资保险公司资本十年间增长1.3倍，资产增长6倍，一大批专业性银行业保险业机构，如外资理财公司、外资资产管理公司等积极参与中国金融市场发展。

十年来，中国内地证券市场国际化进程逐步加快，资本市场的国际吸引力和影响力大幅增强。沪深港通、沪伦通开通，A股纳入MSCI、富时等国际知名指数并不断提升比重，外资连续多年保持净流入，外资A股持仓市值由2014年的1452亿元人民币增长至2021年的30197亿元人民币，增长幅度超过20倍，其中北上资金持仓市值超过2.7万亿元人民币。

（二）“一带一路”投融资规模稳步攀升

十年来，中国持续加大金融开放力度，形成以政策性和开发性金融机构为主导，市场化运作的丝路基金、商业银行、私营机构等多类型金融机构协同参与的“一带一路”投融资格局，中国对外直接投资体量连续十年居全球第三。据中国商务部数据，2022年中国对外投资克服外部环境的不利影响，平稳发展、稳中有进，对外非金融类直接投资7859.4亿元人民币，同比增长7.2%。

十年来，中国企业对“一带一路”沿线国家非金融类直接投资累计超过1600亿美元。2022年，中国企业在“一带一路”沿线国家非金融类直接投资209.7亿美元，同比增长3.3%，占同期对外非金融类直接投资总额的17.9%，批发和零售业、制造业是中国企业对外投资热点，同比增速分别为19.5%和17.4%。

（三）“一带一路”投融资渠道和网络不断完善

十年来，“一带一路”资金融通主要以中国金融机构为主力军，如中国进出口银行、中国国家开发银行、中国工商银行、中国银行等。同时，“一带一路”倡议也并不排斥一切能为沿线国家带来发展机遇的资金源，各国国内、双边以及多边各类金融机构、各类投资平台都陆续参与到“一带一路”建设浪潮中。

中资银行保险海外分支机构积极利用全球网络及跨国运营的经验，为中资企业提供配套金融服务。截至 2022 年 9 月，共有 24 家中资银行在 71 个国家和地区设立 294 家一级机构，18 家中资保险机构在 17 个国家和地区设立 74 家境外分支机构。

中国财政部 2017 年与亚洲开发银行、亚洲基础设施投资银行、欧洲复兴开发银行、欧洲投资银行、新开发银行、世界银行集团 6 家多边开发机构共同签署《关于加强在“一带一路”倡议下相关领域合作的谅解备忘录》，2019 年与相关机构再次签署《关于共同设立多边开发融资合作中心的谅解备忘录》，为共建国家发展提供资金保障。

中国还发起设立多支对外投融资基金，如丝路基金、中拉产能合作投资基金、中非产能合作基金、中国—欧亚经济合作基金、多边开发融资合作中心基金等，为“一带一路”建设提供长期、稳定的资金支持。

案例 10.1

亚洲基础设施投资银行：中国倡议成立的多边开发机构吸纳青年才俊参与“一带一路”建设

2015 年，57 个创始成员国在北京签署《亚洲基础设施投资银行协定》，首个由中国倡议成立的多边开发机构——亚洲基础设施投资银行宣告成立。2016 年，亚投行正式开业运营。到 2022 年末，亚投行拥有来自世界六大洲的 106 个成员，覆盖全球 81%的人口和 65%的 GDP，成为全球第二大国际多边开发机构。开业运营七年多来，亚投行始终保持三大国际评级机构给予的最高 AAA 级信用评级，在基础设施建设、推动当地经济社会发展、改善人民生活等方面累计批准 33 个国家的 202 个项目，融资总额超过 388 亿美元，撬动资本近 1300 亿美元。

另外，亚投行在业务发展与融资工具创新领域不断扩展。2022 年，亚投行的气候融资总额占到批准融资总额的 55%，提前三年实现其在《中期发展战略》中制定的气候融资目标。同时，亚投行加大对域外成员的融资支持力度，2022 年批准首个巴西项目与首个科特迪瓦项目。此外，亚投行还根据成员需求设立“新冠疫情危机恢复基金”，为成员国有效应对疫情冲击和恢复经济社会发展提供资金支持。

2018 年以来，亚投行启动青年专家计划（Young Professionals Program)，旨在招募和培养一批正处于职业生涯上升期的优秀青年专家，主要在亚投行的投资运营、政策和战略以及财务 / 风险部门工作，为实现亚投行的宗旨和使命作出贡献。选定的青年专家将与亚投行工作人员紧密合作，在获得实践经验的同时，为亚投行员工团队注入活力。通过与亚洲国家和地区公、私部门的客户合作，这些青年专家对亚洲基础设施发展和融资方面的挑战与机遇也有了更广泛认识。

（四）“一带一路”金融合作广泛务实，为重大项目提供资金保障

十年来，“一带一路”资金融通主要集中在重大项目建设上，除直接的资金支持外，其他与资金融通相关的金融配套措施，如双边本币结算、货币互换、金融服务能力建设等事项也在稳步推进。至 2022 年，中国已与 20 余个沿线国家签署本币互换协议，与 10 余个沿线国家建立人民币清算机制，与近 40 个沿线国家金融监管当局签署合作文件，金融服务沿线国家企业能力持续提升。2021 年，中国与沿线国家的人民币跨境收付金额占同期人民币跨境收付总额的 14.8%，在货物贸易和直接投资领域的人民币跨境收付金额分别同比增长 14.7%和 43.4%。

中国进出口银行是由国家出资设立、直属国务院领导、支持中国对外

经济贸易投资发展与国际经济合作、具有独立法人地位的国有政策性银行。坚持优质大项目和“小而美”项目并重，中国进出口银行结合项目国的发展水平和财政状况，合理设计融资方案，通过有效降低项目的融资成本，满足项目个性化融资需求。此外，中国进出口银行还充分利用发起设立或参股的丝路基金、中国—东盟投资合作基金、中非产能合作基金、中国—中东欧基金等产业基金，发挥“投贷联动”优势，以股权投资方式整合和撬动社会资金，解决项目融资问题。到 2022 年末，中国进出口银行“一带一路”贷款余额达 2.2 万亿元人民币，较年初增长超 12%。

中国国家开发银行是国家出资设立、直属国务院领导、支持中国经济重点领域和薄弱环节发展、具有独立法人地位的国有开发性金融机构，也是中国最大的对外投融资合作银行。截至 2022 年末，国开行业务覆盖 105 个国家，在“一带一路”沿线国家有 700 多个投融资项目，并设立“一带一路”基础设施专项贷款（1000 亿元等值人民币）、“一带一路”产能合作专项贷款（1000 亿元等值人民币）、“一带一路”金融合作专项贷款（500 亿元等值人民币）。截至 2021 年 7 月，国开行累计向“一带一路”沿线国家项目投放贷款逾 2600 亿美元，贷款余额 1665 亿美元。

资金融通有力保障沿线国家重大项目的顺利推进。例如，中老铁路项目出资比例以中国和老挝双方新成立合资公司——中老铁路有限公司的股权份额确定，中国进出口银行向老挝提供 30 年期低息贷款，铁路由中老铁路有限公司开发、管理和经营；亚吉铁路是非洲首条电气化铁路，连接埃塞俄比亚首都亚的斯亚贝巴和邻国吉布提的港口，全长 752 公里，设计时速 120 公里，2018 年 1 月 1 日正式投入商业运营，设计标准、设备采购、施工、运营全流程都是“中国制造”，埃塞段 70%的资金和吉布提段 85%的资金使用中国进出口银行商业贷款；作为第二届“一带一路”国际合作高峰论坛成果之一，莱基港是中国在非洲首个投资控股的大型综合性深水港，国开行因地制宜建立合理的风险防控体系，为莱基港项目提供了 6.29 亿美元授信支持，成为中国在尼日利亚最大额度的商业贷款。同时，中信保、中国人保、中国银行和中国港湾等多家中资企业合力为尼日利亚提供一站式“金融 + 建设”服务。

（五）金融标准和制度规范互联互通不断推进

2017年，中国财政部与阿根廷、白俄罗斯、柬埔寨、智利、捷克、埃塞俄比亚、斐济、格鲁吉亚、希腊、匈牙利、印度尼西亚、伊朗、肯尼亚、老挝、马来西亚、蒙古国、缅甸、巴基斯坦、卡塔尔、俄罗斯、塞尔维亚、苏丹、瑞士、泰国、土耳其、英国等26个共建国家财政部门共同核准《“一带一路”融资指导原则》，主要提出三方面政策建议：一是推动沿线国家政府加强协调合作，为融资活动创造有利的政策环境；二是充分动员市场力量，特别是发挥私人部门在“一带一路”融资中的作用，共同建立多元化融资体系；三是推动金融创新，完善融资环境，加强金融监管合作，维护区域金融稳定。

2019年，中国财政部发布《“一带一路”债务可持续性分析框架》①，彰显中方在债务可持续性问题上积极和开放的态度，也体现中方对低收入沿线国家实际国情和发展需求的重视，有助于提高参与各方投融资决策科学性，加强有关国家债务管理能力。

2019年，中国财政部在第二届“一带一路”国际合作高峰论坛资金融通分论坛期间，与新西兰、俄罗斯、巴基斯坦、沙特阿拉伯、蒙古国、越南、老挝、尼泊尔和叙利亚9个国家的会计准则制定机构共同发起《“一带一路”国家关于加强会计准则合作的倡议》。这是沿线国家首次就会计准则交流合作而发起的多边合作倡议性文件，推动跨国别统一高质量会计准则的建立，有利于促进全球经贸往来和资本流动。

十年来，标准支持“一带一路”金融合作的作用显著增强。一是中国参与国际标准研制程度更深，先后牵头制定《金融服务金融业通用报文方案》《金融服务的参考数据银行产品服务描述规范（BPoS）》《第三方支付服务信息系统的安全目的》《可持续金融基本概念和关键倡议》《银行营业网点服务指南》等国际标准，实质性参与绿色金融、金融科技、金融分布式账本、数字货币等20多项国际标准研制；二是中国先进标准的国际认

① 该分析框架是在借鉴国际货币基金组织和世界银行低收入国家债务可持续性分析框架基础上，结合沿线国家实际情况制定的债务可持续性分析工具，鼓励中国和沿线国家金融机构、国际机构在自愿基础上使用。

可度明显提高，金融 IC 卡标准成为澳大利亚、韩国、新加坡、泰国、马来西亚、菲律宾等沿线国家发卡业务技术标准，银行营业网点服务国家标准英语、老挝语、缅甸语版本在相关沿线国家广受欢迎。

（六）“一带一路”绿色金融加快发展

不少“一带一路”沿线国家可再生能源丰富，绿色转型潜力巨大。近年来，中资金融机构积极建设绿色丝绸之路，开展绿色投融资实践，有力支持沿线国家绿色可持续发展。例如，中资企业在孟加拉国、阿富汗、越南、巴基斯坦等沿线国家投资大量光伏项目；中国国家开发银行为赞比亚提供贷款，用于建设 1000 多个太阳能磨坊厂；中国国家开发银行、中国进出口银行、丝路基金和国际金融公司（世界银行下属机构）共同为巴基斯坦卡洛特水电站提供银团贷款，预计项目建成后将减少二氧化碳排放量约 270 万吨；中国光大集团成立“一带一路”绿色股权投资基金，支持沿线国家绿色产业发展。

2018 年，中国人民银行指导中国金融学会绿色金融专业委员会与伦敦金融城牵头，联合多家中外机构发起《“一带一路”绿色投资原则》（GIP）。目前，已有 40 多家来自沿线国家的金融机构签署 GIP，各项原则逐步得到落实。另外，中国人民银行与国际货币基金组织（IMF）联合建立“中国—国际货币基金组织联合能力建设中心”，为沿线国家政府官员提供培训累计 1000 多人次。

中国工商银行参与发起“一带一路”银行间常态化合作机制，发行首支该机制下的绿色债券，与欧洲复兴开发银行、法国东方汇理银行、日本瑞穗银行等金融机构共同发布“一带一路”绿色金融指数，其牵头发起的“一带一路”银行家圆桌会成为沿线国家金融机构经验交流和能力建设的重要平台。中国国家开发银行、中国进出口银行、中国农业银行、中国银行等金融机构还提供了大量与“一带一路”建设可持续发展相关的培训。清华大学绿色金融发展研究中心协助蒙古国、哈萨克斯坦、巴基斯坦等沿线国家制定绿色金融标准，开发绿色项目环境效益评估工具，与国际金融公司等共同发起绿色金融能力建设项目。

二、中国银行业青年精英积极服务“一带一路”资金融通

据本书编委会调研，中国政策性银行、商业银行普遍实施“外派青年骨干+人才本地化+跨文化管理+青年人才选育”的国际化战略。针对“一带一路”沿线国家的企业、项目对金融产品、金融服务的不同需求，中资银行青年人才立足效率、锐意创新，开发银团贷款、产业基金、对外承包工程贷款、互惠贷款等多样化金融工具，为重点项目提供信贷支持；为中外资企业提供多元化金融服务，包括为企业跨境贸易提供结算、清算、汇兑等便利性支持，为跨境投资提供财务顾问、并购搭桥、股权融资等投行服务，帮助企业合理评估风险，提供衍生工具有效对冲风险。

例如，中国农业银行推行与中亚国家间的双边现钞跨境调运模式，极大促进双边贸易的货币互通，降低流通成本；中国银行综合运用“商行+投行”“境内+境外”“股权+债权”等全方位、多渠道的投融资服务，满足中资企业国际化金融服务需求；中国与俄罗斯开展的国际铁路联运“一单制”金融结算融资规则试点，解决铁路运单规则不一、金融功能欠缺以及难以进行单证交易的难题，促进铁路系统增运增收。

案例 10.2

中国银行：服务“一带一路”建设“青年必当先”

中国银行是业务全球化、综合化程度最高的商业银行之一，在支持“一带一路”重点项目建设、创新投融资合作、推动人民币跨境使用等方面发挥积极作用。截至 2021 年，中国银行境外机构覆盖全球 61 个国家和地区，其中包括 25 个“一带一路”沿线国家，在沿线国家累计实现授信投放 1914 亿美元，跟进重点项目逾 600 个；中国银行境外代理行数量达到 1600 余家，其中在沿线国家有 500 多家代理机构；中国银行为匈牙利、阿联酋、菲律宾等沿线国家发行人民币主权“熊猫债”；中国银行作为联

席主承销商及牵头簿记管理人，协助匈牙利等沿线国家在中国银行间债券市场发行人民币债券；在中国人民银行指定的25家离岸人民币清算行中，中国银行获得12家，持续保持同业第一。

为化解中小企业融资难、融资贵这一世界难题，积极服务实体经济，中国银行推出“中银全球中小企业跨境撮合服务”。十年来，中国银行在沿线国家举办50多场跨境撮合对接会，面向东盟、拉美、太平洋岛国、中东欧等开办“一带一路”国际金融交流合作研修班，吸引3万多家中外企业及其青年管理人员参与。

在中国银行111年的历史中，大量优秀的中行青年在这里实现梦想。尤其是近十年来，踏上加快建设现代一流银行集团建设的新征程，16万名中行青年怀着“金融报国”的初心，把自身发展同国家、民族的命运相结合，同中行发展相结合，团结奋进，勇毅前行，让青春在“一带一路”金融合作中绽放绚丽之花。

中国银行全球青年人才战略为：各级管理者一定要爱护员工，珍惜青年人才，给予他们充分施展才华和抱负的平台，让他们扎根中国银行，成为中国银行改革发展的先锋队，成为中国银行这家百年老店基业长青的中坚力量。广大青年要以“青年必当先”的姿态，完成时代赋予的使命，积极投身到中国银行事业发展中，在不断奋进跨越中书写壮丽青春，实现人生价值。

十年来，中国银行健全海外青年员工培养体系，开展金领项目、香港高管人员培训班、境外优秀员工语言文化培训班等海外青年人才培训项目，年度培训人员超过百万人次。

中国银行十分关注海外员工的成长，举办庆祝中国银行成立100周年文艺晚会、五四青年节中行领导与全球青年员工对话活动、全球业务技能比赛、中国银行全球青年荟等跨文化活动，在内部网站开设跨文化交流栏目，组织海外青年员工参加全行职工运动会，极大增强了海外青年员工的认同感和归属感。

一年一度的中国银行全球青年荟活动是中国银行重要的青年

文化活动，中国银行管理层与全球分支机构青年员工代表畅谈奋斗、分享梦想，对上年度获得各项青年荣誉的集体和个人进行表彰，充分展现全行青年过去一年的奋斗成绩。例如，2017 年，首届中国银行全球青年节在北京召开，来自中国银行海内外各机构、各条线的 160 名优秀青年员工现场参会，海外 51 个国家和地区、600 多家分支机构的青年员工通过互联网参加此次活动。中国银行波兰分行青年员工帕特·瑞西亚认为：“在集团总部现场感受青春的力量，是让我最感到光荣的事情，我将珍惜每一天，走好每一步，不辱时代赋予我们青年人的使命。”中国金融系统青年五四奖章获得者、中国银行江苏南通海门支行袁卫华认为：“在建设最好银行的道路上，我们基层青年员工要对自己高标准、严要求，做到平时能看出来，关键时刻能站出来。”

案例 10.3

中国工商银行：丝路青年金融人才共筑全球最大银行

依托 FOVA 平台（中国银行业第一个全球统一科技平台）及海外机构牌照优势，中国工商银行以国际部作为牵头部门，矩阵式统筹协调各部门、各业务条线共同推进国际化战略，在跨境人民币、专项融资、投资银行、公司业务、资产管理、托管业务、私人银行、全球现金管理、零售业务、电子银行、银行卡、贵金属等重点产品实现全球线上联通。截至 2020 年末，中国工商银行已在 49 个国家和地区设立 426 家机构，并通过参股南非标准银行，间接覆盖 20 个非洲国家，外资代理行总数达 1436 家，形成了横跨六大洲的全球服务网络，连续八年位列英国《银行家》全球银行 1000 强和美国《福布斯》全球企业 2000 强榜单榜首，全球员工超过 44.5 万人，青年员工占比超过 70%，境外员工总数近 1.6 万人（本地化约 92%）。

中国工商银行国际化进程中高度重视青年人才选育。例如，中国工商银行推出星辰管培生计划、专业英才计划、科技菁英计划、海外英才等青年员工选育项目；工银大学作为中国工商银行的企业大学，先后实施银政、银商等一系列“培训+”项目，成立澳门青年金融人才培训学院、工银大学新星学院，面向高校大学生和入行新员工实施差异化教育实践项目；“繁星计划”是中国工商银行新员工培训的统一名称，旨在通过持续三年分阶段、进阶式的培训，帮助入行的年轻新员工尽快融入工行企业文化和工作环境。

中国工商银行正涌现出一批全球化青年银行家：他们既有熟悉东道国语言的青年管理人员，也有会讲中文的外籍青年员工，他们具备丰富的海外经验、全球化视野和跨文化敏感度，当使命呼唤时，他们可以随时“空降”，无论是新创“绿草”机构，还是整合、领导、服务并购来的当地机构，他们均能应付自如，达成预期目标。例如，中国工商银行卡拉奇分行是巴基斯坦最大的外资银行，该行青年员工以履行国有大行金融责任、传承中巴传统友谊为己任，为“中巴经济走廊”项目顺利推进提供融资融智服务；工银亚洲是一家在中国香港注册成立的持牌银行，在港设有52家分行、18家理财金账户中心及4家商务中心，是中国工商银行的境外旗舰机构，吸引众多“回归一代”优秀青年来此实现人生抱负，有毅然回国成为工行人的留学港青，有派驻湾区工作交流的香港青年，有在工银亚洲找到安定感的港漂青年，他们见证回归以来香港特区的蓬勃发展，用行动传承“狮子山精神”。

三、中国保险业青年精英为“一带一路”建设护航

2017年，中国保监会发布《中国保监会关于保险业服务“一带一路”建设的指导意见》，要求在产品、资金、机构、人才等领域协同发力，提

升保险业服务“一带一路”建设的渗透度和覆盖面。

2020年，中国再保险集团等发起成立中国“一带一路”再保险共同体，共同为中资企业参与“一带一路”建设及相关中国海外利益提供保险业务。三年多来，中国再保险集团累计向40个“一带一路”沿线国家的相关中资企业项目提供稳定可靠的综合风险保障4000亿元。

十年来，一批具有国际影响力的保险公司、再保险公司在“一带一路”倡议中持续拓展全球市场，中资保险机构在沿线国家加快设立分支机构，保险业在共建“一带一路”形成以政策性保险为主、商业性保险为辅的发展格局。据中国保险行业协会发布的《2021中国保险业社会责任报告》数据显示，保险业累计支持“一带一路”建设项目1700余个，为中国企业“走出去”提供全面保险服务。

案例 10.4

中国出口信用保险公司：青年员工“双提升”，服务“一带一路”建设

中国出口信用保险公司（以下简称“中国信保”）是由国家出资设立、支持中国对外经济贸易发展与合作、具有独立法人地位的国有政策性保险公司，通过为对外贸易和对外投资合作提供保险等服务，促进对外经济贸易发展。截至2022年末，中国信保累计支持的国内外贸易和投资规模超过7.06万亿美元，为超过28万家企业提供信用保险及相关服务，累计向企业支付赔款193.8亿美元，累计带动近300家银行为出口企业提供保单融资支持超过4万亿元人民币，业务范围覆盖“一带一路”沿线所有国家。根据伯尔尼协会统计，2015年以来，中国信保业务总规模连续在全球官方出口信用保险机构中排名第一。

由于信用保险行业具有政治性、政策性和专业性的特点，对人才标准要求高，中国信保历来高度重视青年员工队伍建设，实施人才强司工程，坚持源头培养、跟踪培养、全程培养青年人才，建成制度完备、管理规范、易于操作的职位与薪酬管理体

系，搭建纵横分明、重点突出、清晰规范的职位矩阵，构建涵盖“政治素质＋企业文化和公司战略＋数字化思维和技能＋职业素养＋团队管理能力”的年轻骨干员工综合素质培训课程库，开展集中培训、日常教育、实践锻炼等多种方式的青年员工培养。

同时，中国信保连续八年开展“岗位大练兵·争做服务明星”选树活动，组织青年员工开展转变发展方式、产品内容创新、管理流程创新、服务手段创新等方面的实践活动，激励青年员工提升岗位技能、提升外经贸服务水平。

四、数字普惠金融成为丝路青年创新创业的新赛道

让金融为广大人民群众和中小微企业服务，特别是让边远地区、农村地区的居民和低收入人群也能享受到最基本的金融服务，是普惠金融的应有之义。中共中央全面深化改革委员会第二十四次会议强调，“有序推进数字普惠金融发展”。运用数字科技，推进金融数字化转型，能进一步降低金融服务成本、扩大金融服务覆盖面、深化金融服务渗透率。越来越多金融机构通过拓展“一带一路”数字普惠金融市场，在提升核心业务能力、业务效率、用户体验，降低风险与成本的同时，也推动沿线国家数字经济发展和智慧城市建设。

据本书编委会调研，金融机构和科技企业从事数字普惠金融业务的高管、技术经理、研发工程师、平台运维人员等多为青年人才。尤其是熟悉金融与科技的复合型青年人才、了解沿线国家市场的国际商务青年人才成为“一带一路”数字普惠金融合作的先锋队和排头兵，他们既具备良好的数字科技能力和数据分析思维，也能够把数字能力和金融场景结合并在沿线国家市场落地。

（一）移动支付为丝路青年带来便捷周到的金融服务体验和跨境贸易机遇

得益于智能终端迅速普及、数字基础设施不断完善、创新的技术应用

与商业模式，以及监管、市场等诸多因素的合力推动，中国移动支付经过数年发展，处于世界领先地位。据中国银联发布的《2022年移动支付安全大调查研究报告》，截至2022年6月，中国移动支付用户规模达9.04亿，用户数排名全球第一。

近年来，中国金融机构、第三方支付公司与“一带一路”沿线国家共享支付能力与技术，共同推动支付基础设施建设，为消费者、商户带去便捷的支付及金融增值服务，携手促进跨境贸易发展。据中国人民银行数据，2021年，全国银行共处理电子支付业务2749.69亿笔，金额2976.22万亿元，同比分别增长16.90%和9.75%；人民币跨境支付系统处理业务334.16万笔，金额79.6万亿元，同比分别增长51.55%和75.83%。

案例10.5

中国银联：青年人才履行银行卡跨境联网通用的历史使命

中国银联在中国人民银行的领导下，联合产业各方，圆满完成“联网通用”的历史使命，成功创建“银联”自主品牌，在服务经济社会发展、改善民生、提升金融服务水平、促进中国现代化支付体系建设等方面发挥重要作用，成为世界三大银行卡品牌之一。

成立21年的中国银联始终坚持以人为本，注重青年人才的全周期、全方位的管理和服务，为青年才俊提供“项目化实施、团队化运作、成果化展现”的事业平台。十年来，中国银联青年团队勇担时代之责，建立起全国统一的银行卡规则标准和跨地区、跨银行、跨境使用的转接清算网络，搭建50家境外分支机构以及涵盖全球2500多家机构的合作网络，将支付网络与服务延伸至全球181个国家和地区，79个国家和地区发行银联卡，覆盖大部分“一带一路”沿线国家，实现更多丝路青年金融消费者能够“一卡通用”，有效履行了银行卡联网通用的历史使命。

中国银联青年团队积极创新支付之便，实现从现金支付、卡基支付到移动支付、数字支付的跃迁，让支付服务随时随心、支付成本持续降低、支付辐射半径不断延展，持续为全球最大的持卡人群提供优质、高效、安全的跨境支付服务。

十年来，中国银联青年团队始终致力于满足当代青年消费者多样化的支付需求。从小微企业银联卡到乡村振兴银联卡，为青年奋斗者提供实实在在的金融服务助力。迎合当代年轻人追求高效体验，中国银联青年团队开发推出云闪付APP、银联手机闪付、无界银联卡、绿色低碳主题银联卡、跨境返现银联卡等分众产品，为青年用户提供精准服务。

案例 10.6

蚂蚁集团支付宝：青年金融科技创新者用移动支付助力“数字丝路”建筑

蚂蚁集团起步于2004年诞生的支付宝，经过近20年的发展，成长为世界领先的互联网开放平台，为消费者和小微企业提供普惠便捷的数字生活及数字金融服务。支付宝是蚂蚁集团旗下第三方支付平台，研发快捷支付、条码支付、刷脸支付、二维码支付等创新支付技术，服务商业经营、便民缴费、交通出行等不同场景下的数字支付需求，为超10亿用户、8000万商家提供支付服务保障，在中国第三方支付交易市场规模多年排名第一，市场份额在50%以上。

持续重投技术、重揽青年金融科技创新者，是蚂蚁集团成功的要诀。2021年，蚂蚁集团科研投入超过188亿元，在职青年技术人才占比达63%。2022年蚂蚁集团招聘的1600多名应届毕业生中，技术人才占比超81%，其中区块链、图计算、隐私计算等前沿技术岗位的录取人数增幅最高。

青年近卫军是蚂蚁集团校招技术新人的代名词。每名新人入职第一件事都要拜一位技术过硬、善于沟通，乐于助人的公司前辈为“师兄”。后者的主要职责有三项：一是新人找不到自己的位置和价值时，帮他们定位；二是新人在专业技能、方法和意识方面遇到坎儿时，帮他们跨越；三是身体力行，言传身教，告诉新人怎样才能更好成为公司一分子。

为了促进青年金融科技创新者快速成长，蚂蚁集团成立企业大学——BASIC College[①]，由公司管理层运作，课程有三种形式：一是在公司内部聆听世界级名家的面对面开讲；二是在公司内网学习数千节蚂蚁技术团队积累沉淀的课程；三是由蚂蚁集团青年技术专家组成的“师兄天团”进行答疑解惑。

蚂蚁集团持续探索产学研融合，与全球70所高校、多个学术团体的150多个科研团队达成合作，在清华大学、浙江大学、美国加州伯克利大学等十余所高校建立联合实验室。例如，蚂蚁集团与中国计算机学会联合成立“中国计算机学会蚂蚁科研基金”，资助35周岁以下青年学者开展项目研究；蚂蚁集团在合作高校实施“研究型实习生”计划，开放蚂蚁的产业场景及技术资源，与入选者合作探索前沿技术。

在青年金融科技创新者团队的支撑下，蚂蚁集团在“一带一路”沿线国家不仅以服务当地商户和中国游客为主，更以“技术分享＋当地合作伙伴”模式，与合作伙伴共同打造当地版支付宝，相继落地韩国、中国香港、菲律宾、泰国、马来西亚、印度尼西亚、孟加拉国、印度、巴基斯坦等9个沿线国家和地区的本地数字钱包。

（二）金融服务数智化助力普惠金融覆盖更多丝路青年

十年来，随着科技进步和企业经营模式调整，全球金融服务也在发生

① BASIC College的命名源于Blockchain(区块链)、Artificial intelligence（人工智能）、Security（安全）、IoT（物联网）和Cloud computing（云计算）五大金融科技领域的英文首字母缩写，代表蚂蚁集团的青年技术人才始终专注于金融科技的本质——计算机基础技术能力的提升。

数字化深刻变革，金融机构正利用自身的信息中介优势和客户资源优势，持续发挥金融科技创新助力实体经济、贸易自由化和便利化的重要作用。据本书编委会调研，金融机构日益重视金融科技人才队伍建设，高学历、年轻化、复合型青年人才迅速成为其数智化转型的中坚力量。同时，金融机构高级人才迭代也在加速，更加熟悉数字科技和互联网商业模式的年轻高管站到行业“C位”。

例如，“全球撮合家”是中国建设银行青年金融科技团队搭建的开放式跨境智能撮合综合服务平台，为“一带一路”沿线国家企业跨境贸易、投资、工程承包、项目合作等提供信息发布、需求撮合、商机推荐服务。同时，依托中国建设银行跨时区、多币种、全牌照的专业服务优势，配套提供全方位金融解决方案。以绿色产业为例，平台参与并举办30多场以清洁能源、绿色建筑、减排技术等绿色产业为主题的跨境撮合活动，覆盖近20个沿线国家的1700余家企业。

2019年以来，青岛银行以“青春孕育无限希望，青年创造美好明天”为原则打造高绩效青年业务团队，推动供应链金融服务向数字化、场景化转型升级，推出欧亚班列线上供应链融资业务。该业务以山东省级欧亚班列运营平台——山东高速物流集团有限公司为核心企业，以平台内货源组织单位为借款主体，以山东省财政运费补贴为主要还款来源，提供线上供应链融资。山东省级运营平台提供参与“齐鲁号”欧亚班列发运的货源组织单位的业务数据，青岛银行青年团队对货源组织单位的合作年限、发送车数、运费总额、发车运单等数据进行分析，为符合条件的货源组织单位提供在线融资。

金融壹账通是中国平安集团孵化的金融科技平台，大力培育技术与业务“两栖”的复合型青年人才队伍，研发人员占比46%，年度研发投入占总收入的50%左右，来自麻省理工、牛津、清华、北大、复旦、上海交大等全球名校的青年人才不断增加。2018年，金融壹账通在新加坡成立分公司和研发中心，而后业务范围扩展到东南亚、中东、欧洲等地区的“一带一路”沿线国家。将中国成熟的金融科技与沿线国家合作是金融壹账通青年人才队伍建设的重大收获，比如，金融壹账通和阿联酋阿布扎比国际金融中心携手开发数字实验室平台，与菲律宾联合银行合作构建该国第一个由区块链技术驱动的中小微企业融资服务平台，与印尼征信机构 KBIJ 共同推出消费信贷审批系统，与瑞士再保险公司共同开发基于人工智能和大数据分析的欧洲市场汽车理赔服务平台，在中国香港设立虚拟银行。

第二节　中国与“一带一路”沿线国家青年金融投资合作经验、挑战与对策建议

一、丝路青年金融投资合作的主要经验：培育复合型丝路青年金融人才队伍，共建稳定、可持续、风险可控的“一带一路”金融国际合作体系

（一）金融国际合作先行，将中国金融治理与金融创新的发展红利惠及广大丝路青年

金融合作是“一带一路”沿线国家经济、贸易与投资合作的重要支柱。十年来，中国与沿线国家加强金融治理协同，增进区域货币金融对接，创新跨境投融资模式和机制，加快金融产品创新与金融服务衔接，有效补齐国际合作中的金融短板，提高金融服务的可及性、可得性和普惠性，为金融业丝路青年从业者创业者提供“天高任鸟飞，海阔凭鱼跃”的创新舞台，也为参与“一带一路”建设的丝路青年提供坚实支撑。

（二）丝路青年成为“一带一路”金融合作的创新引领者

有别于发达金融市场更强调循规蹈矩的稳健原则，“一带一路”沿线大多数国家的金融市场发展滞后，金融规则不健全，因而更强调砥砺创新与合作共赢。人才年轻化、高学历、复合型、国际化、生态化是当下“一带一路”金融业的主要特征，管理、技术、运维等领域高级岗位的年轻人占比不断提升，国际商务、基础操作、技术支持、市场营销、客户管理等运营岗位年轻人比例最高，产品开发、投资银行、跨境金融等中高端岗位

也有不少年轻人成为业务骨干。越来越多的中国青年金融专家将中国成熟的金融规则体系、制度体系、产品体系、服务体系与沿线国家对接，并培养当地金融业青年人才队伍，共同打造“一带一路”金融大动脉。

二、中国与“一带一路”沿线国家青年金融投资合作面临的主要挑战

（一）“一带一路”国际金融合作面临系列结构性深层次矛盾

近年来，受新冠疫情和西方国家经济刺激措施等影响，全球资本市场波动加剧，欧美主要国家开启“负利率+量化宽松”政策操作，全球流动性过剩导致“一带一路”相关国家货币贬值，引发外资流入减缓、资金供应不足等风险。大国博弈风险外溢性不断显现，国际贸易投资风险向金融合作领域传导，部分国家出台限制性经济金融法规，增加“一带一路”金融合作的成本和中资金融机构国际化拓展的合规压力。部分西方发达国家滥用国际金融治理规则，侵害发展中国家权益，比如，世界银行和国际货币基金组织是国际金融规则的主要制定者，但美国拥有一票否决权；巴塞尔银行委员会在国际金融危机之后才纳入若干发展中国家，以往则是由西方发达国家主导金融监管规则制定。同时，由于沿线国家经济发展阶段不同，经济规模和金融基础设施的建设水平存在差别，相关金融合作尚缺乏统一规则标准。

世界经济复苏前景尚不明朗，新兴市场国家由于外债激增导致违约概率增加，中国境外债权潜在风险有所提升。特别是国际大宗商品价格波动加剧，发展中国家金融脆弱性暴露，流动性风险上升，偿债能力可能受到削弱，国别债务违约风险有所上升。

中国与沿线国家资金融通和货币结算规模不断扩大，跨境交易支付清算规则日益复杂，敢于开拓艰困市场且熟悉金融和科技的复合型、创新型青年人才队伍建设亟待进一步加强。

（二）“一带一路”金融科技合作发展不平衡不充分

总的看，中国、新加坡、韩国、印度、以色列、新西兰、波兰、俄罗

斯、马来西亚、泰国、印尼等沿线国家金融科技发展较快，其余沿线国家虽有一定基础，但是总体水平仍然不高。由于沿线国家数字基础设施建设水平参差不齐，标准不统一，缺乏行业领军企业，无法对传统金融机构和业务提供完整的数字技术服务，对金融科技的互联互通带来严峻挑战。数字普惠金融新业态中，数字支付交易规模最大且技术最为成熟，但是智能投顾、数字理财、网络借贷等其他业态发展较为滞后。金融科技在基础设施建设、国际产能合作、贸易畅通等资金密集型领域的应用场景也相对不多，业务规模有限。由于不少沿线国家缺乏金融科技创新试验和技术开发的载体平台，难以形成金融科技企业培育和集聚，并与当地金融机构、中国出海的金融机构和金融科技机构实现联动发展和务实有效合作。

另外，在科技与金融深度融合、金融科技迅猛发展的形势下，在增强金融体系适应性、普惠性的同时，可能使金融风险传导更加迅速、金融风险结构更趋复杂，给沿线国家金融安全带来挑战。在中国、东南亚、东亚等沿线国家和地区互联网金融兴起过程中，曾经出现一些人打着金融创新幌子从事非法集资、传销、诈骗等违法犯罪活动。

三、高质量推进中国与“一带一路”沿线国家青年金融投资合作的对策建议

（一）完善“一带一路”金融合作体系

强化涵盖沿线国家政策性金融机构、商业银行及丝路基金、亚投行、世界银行、亚洲开发银行、金砖国家新开发银行等多边金融机构的金融合作与投资保护长效机制，推动金融机构广泛选育青年人才，搭建青年人才成长平台。加强规则对接和标准联通，建立跨境投融资信息共享平台，规范跨境金融风险管理体系，提高金融服务的科学性、合理性与安全性，为金融业青年人才创新创业提供底座支撑。遵循债务可持续原则，沿线国家要建立差序原则与容错机制，鼓励投融资双方青年执行团队创新股权投资、PPP 项目融资、债券融资等模式和机制，构造多元、包容、可持续的融资体系，提高投融资决策科学性和债务管理水平。

（二）促进金融业青年人才创新创业

中资金融机构在“一带一路”沿线国家业务、网点布局时，要派遣年富力强、爱岗敬业、能力突出的骨干青年员工“传帮带”，加速人才属地化进程，构建中方与当地人才相结合的高绩效团队。中国有关政府部门要按照《外商投资法》《优化营商环境条例》等法律法规，为沿线国家金融机构在华开展业务提供便利和支持，尤其是在青年人才选育用留和人才政策落实等软环境建设提供支持。引导中国与沿线国家重点合作项目设立投融资专门机构，聘用具有创新合规意识和业务能力的青年金融人才，量身设计投融资模式，实现项目高效开展。

（三）支持中国金融科技企业“走出去”

中国有关政府部门要把握中国金融科技与金融业数字化转型的总体优势，扶持一批应用场景丰富、技术领先、熟悉金融规律和具备国际市场开发能力的金融科技龙头企业，推动中国金融科技企业参与“一带一路”金融基础设施建设和场景服务，以及为中国与沿线国家的产能合作、国际贸易、跨境电商、跨境商旅等国际经济合作提供金融互联互通服务。举办具有国际影响力的金融科技展览会议，扩大“一带一路”金融科技朋友圈。

（四）加强丝路青年金融人才培养和智库建设

沿线国家高校、智库、社会组织的青年研究人员要积极开展一线调研，深入研究与“一带一路”资金融通密切相关的基础性、应用性、综合性课题，建立“一带一路”金融合作相关的法规政策库、投融资模式与案例库等可供广泛参考借鉴的业务指南、基础资料数据库。加强培养金融复合型、金融创新型、金融科技型紧缺人才，重点提高从业者金融专业能力和参与国际事务、跨国商务、跨文化沟通等方面的能力。

结 语

当前，世界百年未有之大变局加速演进，世界之变、时代之变、历史之变的特征更加明显。当今世界，团结和分裂、合作和对抗两大价值导向与政策取向的博弈较量日益突出，和平赤字、发展赤字、安全赤字、治理赤字都在加剧，经济全球化遭遇逆流，高通胀、高债务、低增长的营商环境使得全球经济复苏重振步履蹒跚，部分西方国家固守冷战思维，大搞集团政治，挑动对立对抗，强推单边制裁，粗暴干涉别国内政，大搞颠覆渗透，动辄发动战争，世界动荡，冲突不断，严重危害世界和平稳定和各国民生福祉。据相关国际组织专家预测，2023 年全球将有近 3.4 亿人需要人道主义援助，1.17 亿人流离失所，至少 4500 万人面临挨饿的危机。

十年来，在习近平新时代中国特色社会主义思想的指引下，中国着力推进高水平对外开放，积极参与全球治理，为应对百年未有之大变局提供中国方案，展现大国担当，成为世界经济增长的主要动力源。2023 年是“一带一路”倡议提出十周年。截至目前，“一带一路”建设硕果累累，共建“一带一路”成为深受欢迎的国际公共产品和国际合作平台，涵盖世界上 2/3 的国家和 1/3 的国际组织，带动全球国际合作“范式”效应显著。中国深度融入一个新的巨大的国际体系之中，形成更大范围、更宽领域、更深层次对外开放格局。

世界多极化、经济全球化、文化多样化、社会数字化深入发展，新一轮科技革命和产业变革正在重构全球创新版图、重塑全球经济结构，和平与发展仍然是全球发展的主流。放眼下一个十年乃至更长的时间，共建

“一带一路”将为中国和世界打开更多机遇之窗。

中共二十大报告将关于“一带一路”建设的表述由之前的“推进‘一带一路’建设”变为“推动共建‘一带一路’高质量发展”。政策沟通更强调宏观战略、规划布局、政策标准和重大项目的整合、对接与合作；设施联通更强调兼顾经济效益、社会效益、政治稳定性、安全风险、可持续发展等综合因素；贸易畅通更强调经贸合作互利共赢和模式创新，提升双多边投资贸易规模质量；资金融通更强调完善长期、稳定、可持续、风险可控、债务可负担的多元化投融资体系；民心相通更强调构建文明互鉴、文化铸魂，与开放合作深度融合，相互促进的人文交流新格局。

中共二十大报告旗帜鲜明地宣示，中国致力于推动构建人类命运共同体，坚持经济全球化正确方向，共同营造有利于发展的国际环境。这为中国参与全球治理提供了根本遵循。一个国家的未来，在青年。奋勇争先、不怕吃苦、志存高远、挺膺担当，新时代中国青年用青春的能动力和创造力激荡起民族复兴的澎湃春潮，用青春的智慧和汗水打拼出一个更加美好的中国。同样，有理想、敢担当、能吃苦、肯奋斗是新时代丝路青年的底色。习近平主席在2023年新年贺词中指出：年轻充满朝气，青春孕育希望。广大青年要厚植家国情怀、涵养进取品格，以奋斗姿态激扬青春，不负时代，不负华年。

为此，我们建议：

第一，民心相通是推动“一带一路”建设的根基。文化铸魂，以“三交”（交流、交往、交融）促文化自信与价值认同，共建丝路青年命运共同体的文化基因。促进丝路青年对话交流、互学互鉴。鼓励丝路青年学习、翻译、传播习近平新时代中国特色社会主义思想等新发展理念，引导丝路青年赴中国各类知名文化旅游景区、文化遗产保护地、非物质文化遗产传承基地、爱国主义教育基地、党史国史教育基地、民族团结进步教育基地、青少年科技教育实践基地、科普教育基地等旅游、参访、研学、交流，推动更多丝路青年了解中华民族历史、中国共产党党史、新中国史、改革开放史、社会主义发展史及中国新时代十年的伟大变革等。广泛开展内容丰富、形式多样的人文交流活动和项目，重点在文化、艺术、教育、体育、旅游、科技等领域进一步开展交流合作，培养更多高素质的知华、友华、亲华的丝路青年和具有国际视野、国际主义精神的中国青年。发挥示范性民间交流平台作用，有关部门进一步支持丝路青年论坛打造丝路青年对话交流、合作创业、政策沟通、民心相通的国际化民间交流高端平台。发挥专业性舆论传播作用，有关部门进一步支持《丝路百科》杂志打造覆盖“一带一路”沿线国家的全媒体矩阵，在促进世界和平与发展，推动构建人类命运共同体中传播“丝路青年好声音”、讲好“丝路青年好故事”，为提升中国的话语权和影响力贡献青年力量。发挥智库研究的决策参考作用，将丝路青年主题纳入有关社会科学、国际合作的课题研究，有关部门支持《“一带一路”青年发展报告》、丝路青年发展指数等丝路青年主题的智库研究，促进智库成果转化。

第二，政策沟通是推动“一带一路”建设的关键。系统梳理中国有关青年发展以及青年参与中国式现代化进程的法规政策规划和创新措施，为“一带一路”沿线国家提供中国智慧、中国方案。广泛倡导和建设青年友好型城市、青年友好型社会和青年友好型国家，推动更多丝路青年参与相关法律法规和政策规划的调研、设计、论证，有关法律法规和政策规划要体现青年权利、青年价值、青年责任和青年任务。尤其是要促进“一带一路”沿线国家青年法规政策的有效对接，充分保障丝路青年的合法权益，有效促进丝路青年就业创业，引导丝路青年参与和分享“一带一路”建设红利。见微知著，要把共商共建共享原则落到实处和细处，将青年议题引入双边合作、三方合作、多边合作等各种机制中，推动设立丝路青年交流合作的国别机制、区域机制，发布“一带一路”青年发展（合作）倡议，提高国际合作的协同性和实效性。统筹发展与安全，践行中国提出的全球发展倡议、全球安全倡议，保障丝路青年的生命安全和身体健康。

第三，设施联通是推动“一带一路”建设的基础。以高质量、可持续、抗风险、价格合理、包容可及为标准，以互联互通为目标，继续推进陆上、海上、空中、网上互联互通。弘扬工匠精神、奋斗精神和国际主义精神，培养更多高素质丝路青年工程师，敢于将青年工程师放到基础设施建设的关键岗位、重要节点、攻坚任务中。发挥“一带一路”建设样板项目的引领示范作用，重视本地基础设施建设青年人才的选育用留，为沿线国家锻造百年精品工程和培养高质量基建人才。

第四，贸易畅通是推动“一带一路”建设的动力。坚定不移地支持和坚持多边贸易体制，加强双边和第三方市场合作，推进建设经济走廊、经贸产业合作园区，建设中欧班列、陆海新通道等国际物流和贸易大通道。沿线国家政府要为投资者、市场主体营造市场化、法治化、国际化的营商环境，促进贸易投资自由化和便利化，反对保护主义、单边主义和其他不符合世界贸易组织规则的措施，推动沿线国家进一步开放市场。支持丝路青年外贸人发挥创新意识，在贸易数字化和数字贸易化浪潮中勇于突破，大力发展数字贸易和跨境电商，推动建设丝路青年人才集聚的数字自贸港等创新平台。引导数字世界的丝路青年投身数字经济就业创业，促进沿线国家数字基础设施提档升级和数字经济赶超发展。推动广交会、进博会、服贸会等全球贸易合作展会为丝路青年参展参会提供便利优惠，设立青年主题活动，扩大在丝路青年中的影响力和参与度。

第五，资金融通是推动“一带一路”建设的引擎。推动在沿线国家建设多元化融资体系和多层次资本市场，支持有关金融机构、多边金融机构、国际金融机构开展合作，包容和鼓励青年金融家产品创新、服务创新、模式创新、机制创新和科技创新，为“一带一路”建设项目提供多元化和可持续的融资支持、金融服务，以及要素优化配置支持。拓宽融资渠道，降低融资成本，更好地发挥开发性金融的作用，支持多边金融机构、沿线国家金融机构参与跨境投融资合作，鼓励开展第三方市场合作、三方合作及 PPP 项目，让金融合作惠及更多丝路青年及其创办的企业。在金融机构在“一带一路”沿线国家市场布局的进程中，支持青年人才勇挑重担、敢于创新，开发针对丝路青年就业创业和生活消费的定制金融产品服务。推广中国在金融科技和数字普惠金融发展的成熟经验，鼓励丝路青年为提高金融质效勇于开展原始创新、应用创新、平台打造和生态构建。

参考文献

1. 中华人民共和国国务院新闻办公室:《新时代的中国国际发展合作》，人民出版社 2021 年版。

2. 中华人民共和国国务院新闻办公室:《新时代的中国青年》，人民出版社 2022 年版。

3. 于洪君、史志钦主编:《2021 年“一带一路”青年发展报告》，人民出版社 2022 年版。

4. 本刊评论员:《在共建“一带一路”高质量发展中展现青春担当》，《中华儿女》2022 年第 6 期。

5. 陈红娜:《“一带一路”产能合作面临的新形势及应对》，《重庆理工大学学报》2021 年第 3 期。

6. 达巍、周武华:《人文交流：开创中国与世界关系的全新空间》，《神州学人》2022 年第 5 期。

7. 董霞:《从共青团百年对外交往历史中汲取智慧力量　书写新时代青年外事工作新篇章》，《中国共青团》2022 年第 11 期。

8. 耿建忠:《境外农业园区，本地化挑战与可持续发展之路》，《城市中国》2020 年第 2 期。

9. 韩松、曾鑫:《从全球最大银行到最大全球银行：中国工商银行的国际化之路》，《当代金融家》2014 年第 5 期。

10. 季志业等:《“一带一路”九周年：形势、进展与展望》，《国际经济合作》2022 年第 5 期。

11. 江宁:《在世界的裂变中聆听合作的足音》，《环球人物》2023 年第 3 期。

12. 李红婷:《打造面向东盟的粮食产业链，广西再发力》，《中国—东盟博览》2023 年第 2 期。

13. 梁文艳:《中阿（联酋）产能合作示范园青年突击队：沙漠深处一抹中国红》，

《中华儿女》2021年第19期。

14. 刘华等:《推动"数字丝绸之路"发展　构建全球数字合作新格局》,《中国网信》2022年第7期。

15. 刘英:《保险业:为"一带一路"建设护航》,《中国外汇》2019年第10期。

16. 马箭飞:《国际中文教育开创新局面》,《神州学人》2022年第1期。

17. 聂祖国:《多方合作撑起"梦想之桥"》,《瞭望》2022年第8期。

18. 尚娜娜:《心相通,路平坦:以文化交流促进"一带一路"国家民心相通》,《红旗文稿》2018年第7期。

19. 王文、徐天启:《可持续融资　助力"一带一路"高质量发展》,《丝路瞭望》2022年第11期。

20. 肖齐家:《"用事实说话"是灵丹妙药——对话人福马里医药股份有限公司董事长兼总经理李文胜》,《中国投资》2021年第7期。

21. 许博文等:《中老铁路青年攻坚团队:跨越山河,匠心筑通途》,《中国青年》2022年第16期。

22. 叶淑兰等:《"一带一路"建设中的共青团工作及其面临的挑战》,《青年学报》2019年第2期。

23. 张华、宋明顺:《标准助推"一带一路"资金融通》,《中国金融》2021年第4期。

24. 赵汉琪:《李铮:扎根中亚南亚,讲好基建故事》,《中华儿女》2021年第8期。

25. 郑刚、刘金生:《"一带一路"战略中教育交流与合作的困境及对策》,《比较教育研究》2016年第2期。

26. 中国建筑集团有限公司:《"一带一路"上的中国建造》,《中国新闻发布》2022年第11期。

27. 中国人民银行国际司课题组:《以绿色金融合作支持"一带一路"建设》,《中国金融》2021年第22期。

28. 朱以财、刘志民:《"一带一路"高校战略联盟的生成与价值实现路径》,《黑龙江高教研究》2022年第7期。

29. 白波、吴娜:《成绩斐然　前景可期　"一带一路"迎来十周年:推动全球共同发展》,《北京日报》2023年2月9日。

30. 北京师范大学人文与社会科学高等研究院课题组:《世界青年眼中的中国文化"投影"——"一带一路"相关12国青年中国文化认知调研》,《光明日报》2021年1月21日。

31. 蔡越坤:《"数说"中国金融十年之变》,《经济观察报》2022年10月22日。

32. 陈嘉音:《吹响青春号角各行业青年突击队建功第五届进博会》,《中国青年报》

2022年11月4日。

33. 程佳:《对外文化和旅游交流合作这十年:引领文明交流互鉴,为世界文明发展进步汇聚力量》,《中国文化报》2022年10月15日。

34. 崔艳宇:《55.7%受访青年确认“一带一路”对未来生活选择影响大》,《中国青年报》2017年6月15日。

35. 丁建臣、周芮帆:《“一带一路”金融合作 高质量发展的路径选择》,《光明日报》2021年4月27日。

36. 杜俊华:《在青少年心中种下传统体育的“种子”》,《光明日报》2021年8月11日。

37. 范慧琴、朱萍:《积极发展国际中文教育事业》,《人民日报》2022年12月27日。

38. 高晓峰:《青少年成为体育强国健康中国重要力量》,《中国教育报》2022年12月27日。

39. 龚鸣等:《数字经济蓬勃发展 中国机遇世界共享》,《人民日报》2022年8月29日。

40. 韩中谊:《在中国式现代化进程中贡献青春力量》,《佛山日报》2022年11月22日。

41. 郝立鹏:《有序推进数字普惠金融发展》,《人民日报》2023年1月13日。

42. 侯露露等:《为推动构建人类命运共同体贡献青春力量》,《人民日报》2022年5月18日。

43. 胡冰川:《国内粮食“不够吃”?未来中国农业国际合作将呈新特征》,《中国日报》2021年3月1日。

44. 胡春艳:《鲁班工坊“出海” 让世界读懂中国》,《中国青年报》2022年9月5日。

45. 黄培昭:《钟情中国当代文学译介的雅拉·密斯里——近距离感受当下中国脉动》,《人民日报》2020年6月21日。

46. 黄志刚:《加快构建一带一路金融国际合作新体系》,《中国社会科学报》2021年4月20日。

47. 贾平凡:《中国高科技领域持续创新突破》,《人民日报(海外版)》2022年12月5日。

48. 姜国权、李一飞:《在服务“一带一路”中彰显中外合作办学担当》,《中国教育报》2022年10月27日。

49. 姜宣等:《消除数字鸿沟,拉动双边贸易,中非共同打造数字丝绸之路》,《环球时报》2022年10月31日。

50. 焦扬:《智库联盟为“一带一路”建设贡献更多智慧》,《光明日报》2020年1

月 8 日。

51. 靳永锋:《以科学繁荣发展造福各国人民》,《人民日报》2022 年 12 月 25 日。

52. 李晨阳:《中欧科技合作开启平等互惠新纪元》,《中国科学报》2015 年 11 月 4 日。

53. 李嘉宝:《"一带一路"项目彰显中国基建实力》,《人民日报(海外版)》2023 年 1 月 2 日。

54. 李金霞:《武术"云"推广 不断扩大武术国际影响力》,《中国体育报》2022 年 10 月 31 日。

55. 李书磊:《增强实现中华民族伟大复兴的精神力量》,《人民日报》2022 年 11 月 10 日。

56. 李晓红等:《发展数字贸易 打造建设贸易强国的"新引擎"》,《中国经济时报》2022 年 12 月 27 日。

57. 李月美、孙敬鑫:《智力丝绸之路建设的进展与思考》,《人民画报》2021 年 8 月 23 日。

58. 李子晨:《高精尖、绿色化成高质量出海关键词》,《国际商报》2022 年 12 月 26 日。

59. 梁明:《跨境电商显示巨大市场活力》,《经济日报》2022 年 10 月 30 日。

60. 梁云鹏、吕晓明:《境外农业,筑起雪城食品跨境加工产业链"基石"》,《牡丹江日报》2019 年 5 月 7 日。

61. 林金辉:《这十年,中外合作办学交出满意答卷》,《中国教育报》2022 年 9 月 29 日。

62. 林子涵:《"一带一路"日益成为科技合作创新之路》,《人民日报(海外版)》2022 年 12 月 12 日。

63. 林子涵:《中国"数字丝绸之路"创造新机遇》,《人民日报(海外版)》2022 年 10 月 10 日。

64. 刘畅:《阿里巴巴:平台效应助力"一带一路"》,《新京报》2019 年 4 月 24 日。

65. 刘倩、马鑫:《2023 共建"一带一路":十年征程再出发》,《光明日报》2023 年 1 月 11 日。

66. 刘伟:《绘就中俄科创新篇章——〈2020—2025 年中俄科技创新合作路线图〉详解》,《科技日报》2021 年 11 月 18 日。

67. 刘垠、操秀英:《十年砥砺奋进 中国科技彰显高质量底色》,《科技日报》2023 年 1 月 3 日。

68. 刘早、李婕茜:《国家电网公司:高质量开展国际业务 服务共建"一带一路”》，《国家电网报》2022 年 10 月 14 日。

69. 陆舟：《分享“中国经验”的科技培训班》，《人民画报》2019 年 5 月 13 日。

70. 吕珂昕、张震宇：《加强农业科技合作　共促全球粮食安全》，《农民日报》2023 年 1 月 17 日。

71. 买天：《中德青年以对话凝聚共识，以合作实现共赢——做推动现代农业发展的“新青年”》，《农民日报》2021 年 10 月 25 日。

72. 潘玥：《新时代中俄教育合作有哪些新特点》，《中国教师报》2022 年 11 月 9 日。

73. 彭训文：《数字经济为创业青年搭台》，《人民日报(海外版)》2022 年 8 月 10 日。

74. 彭训文：《一带一路缘何深受青年青睐》，《人民日报(海外版)》2019 年 4 月 1 日。

75. 苏雁：《柬埔寨西哈努克港工商学院职教跟随产业“走出去”——江苏职业教育“一带一路”沿线国家办学观察》，《光明日报》2019 年 5 月 14 日。

76. 隋鹏飞：《中非农业科技合作坚持“授人以渔”》，《人民日报》2022 年 10 月 18 日。

77. 孙继成、杨纪荣：《从晏子到麦家　“解密”中国文化——访英国汉学家、韩国首尔国立大学教授米欧敏》，《中国社会科学报》2019 年 2 月 14 日。

78. 孙亚慧、林焕新：《开放合作　广建国际教育“朋友圈”》，《人民日报(海外版)》2022 年 12 月 19 日。

79. 孙壮志、郭晓琼：《高质量共建“一带一路”》，《经济日报》2022 年 10 月 13 日。

80. 涂端午：《打造好“一带一路”教育行动升级版》，《中国教育报》2022 年 4 月 14 日。

81. 王林：《推动服务贸易发展的主力军　青年站在服贸会“C 位”》，《中国青年报》2021 年 9 月 8 日。

82. 王培莲：《新时代高铁青年：让中国梦提速》，《中国青年报》2021 年 5 月 13 日。

83. 王琪：《打造中国—中东欧国家教育合作高地　推进高水平教育对外开放》，《宁波晚报》2022 年 6 月 30 日。

84. 王绍军：《中国戏曲如何由“走出去”到“走进去”》，《文艺报》2021 年 3 月 15 日。

85. 王诗培：《丝路大学迎来首位中国副校长》，《中国旅游报》2022 年 10 月 17 日。

86. 王烨捷：《进博会，让世界看到“中国青年”》，《中国青年报》2021 年 11 月 11 日。

87. 许培源、程钦良：《国际科技合作赋能“一带一路”建设》，《中国社会科学报》2020 年 11 月 4 日。

88. 薛梅：《新时代　新石油　一带一路主力军》，《中国石油报》2022 年 10 月 16 日。

89. 闫月勤：《中国高校“出海”如何行稳致远》，《中国教育报》2022 年 5 月 5 日。

90. 闫韫明、邹松：《中非职业教育——为中非友好合作增添新的内涵》，《人民日报》2022 年 2 月 15 日。

91. 严圣禾:《“一带一路”国际马拉松系列赛打响第一枪》,《光明日报》2016 年 12 月 5 日。

92. 杨晶:《加快构建青年参与共建“一带一路”新格局》,《中国青年报》2022 年 6 月 2 日。

93. 杨雪、廖丹:《戏曲青年朝气蓬勃唱响青春之歌》,《光明日报》2022 年 5 月 4 日。

94. 姚建彬:《文学走出去——向世界讲好中国故事》,《人民日报》2022 年 7 月 19 日。

95. 姚明峰、颜欢:《中国阿根廷务实合作不断深化》,《人民日报》2022 年 2 月 19 日。

96. 叶玲:《建丝路学院　讲浙江故事　服务“一带一路”——浙江建设职业技术学院高质量探索丝路学院发展新内涵》,《中国教育报》2023 年 1 月 16 日。

97. 尹希宁、张敏:《从幕后到台前,年轻人这样“打开”服贸会》,《中国青年报》2022 年 9 月 1 日。

98. 于涛:《为海外青年讲好中国故事》,《学习时报》2022 年 4 月 1 日。

99. 于泳:《保险业深度服务“一带一路”》,《经济日报》2022 年 4 月 11 日。

100. 俞懿春等:《中非职业教育合作前景广阔》,《人民日报》2022 年 8 月 28 日。

101. 袁虹衡等:《奥运未来之星在青奥起航　节俭高效展现中国能力》,《北京晚报》2014 年 8 月 29 日。

102. 袁鲁霞:《“一带一路”倡议带热“丝绸之路学术带”》,《人民画报》2020 年 6 月 11 日。

103. 袁于飞:《“国际杰青计划”:科技人文交流的桥梁》,《光明日报》2019 年 4 月 12 日。

104. 翟崑:《“一带一路”新青年:使命与担当》,《人民画报》2019 年 2 月 2 日。

105. 张佳欣:《从“授人以鱼”到“授人以渔”　技术转移架起“一带一路”跨国合作新桥梁》,《科技日报》2020 年 9 月 15 日。

106. 张建会:《开放合作　互利共赢　构建体育对外交往新格局——〈“十四五”体育发展规划〉体育对外交往内容解读》,《中国体育报》2021 年 11 月 5 日。

107. 张蕊:《制造业这十年:我国持续保持世界第一制造大国地位》,《每日经济新闻》2022 年 10 月 13 日。

108. 赵刚:《科技创新助推　“一带一路”行稳致远》,《人民画报》2022 年 6 月 7 日。

109. 赵晖:《中华短视频刷亮海外朋友圈》,《光明日报》2022 年 4 月 13 日。

110. 赵婷婷:《揭秘服贸会背后的青春力量》,《北京青年报》2022 年 9 月 1 日。

111. 郑煦:《金融合作为民生项目“加油”》,《人民画报》2022 年 12 月 21 日。

112. 郑雨楠:《广交会打开香港青年新世界大门，在广州为动漫迷打造创作平台》,《南方都市报》2021 年 10 月 13 日。

113. 周翰博等:《为共建“一带一路”贡献青春力量》,《人民日报》2022 年 5 月 9 日。

114. 周围围:《“一带一路”上的青春公益力量》,《中国青年报》2022 年 11 月 10 日。

115. 朱玥颖、尚凯元:《“将一带一路建成创新之路”——记首届“非洲青年科技人员创新中国行”》,《人民日报》2019 年 5 月 8 日。

116. 朱玥颖等:《为构建中非命运共同体贡献青春力量》,《人民日报》2022 年 1 月 18 日。

117. 庄雪雅:《河钢集团塞尔维亚钢铁公司中方管理团队——奏响多瑙河畔的“钢铁交响曲”》,《人民日报》2022 年 7 月 19 日。

专题报告

专题一
共建“一带一路”背景下丝路青年高质量发展评估体系研究

刘洋①、杨东平②、黎川③

2023年是习近平主席提出共建“一带一路”倡议十周年。十年来，面对世界经济复苏前景持续低迷的百年未有之大变局，以及新冠疫情、地缘政治等挑战，中国与相关各方一道，坚持共商共建共享原则，深化互利共赢合作，取得实打实、沉甸甸的建设成就。作为中国扩大对外开放的重大举措，共建“一带一路”符合世界发展需求，顺应国际社会期待，始终保持强大韧性和旺盛活力，开启中国与全球经济发展的新篇章，成为当今世界规模最大的国际合作平台和最受欢迎的国际公共产品，在促进有关国家和地区经济增长、推动全球共同发展的作用愈加重要。十年来的辉煌成就充分表明，“一带一路”大家庭“朋友圈”越来越大，合作质量越来越高，发展前景越来越好。

习近平主席在国内外多个场合强调青年在“一带一路”建设中的积极作用。“每一代青年都有自己的际遇和机缘，都要在自己所处的时代条件

---

① 刘洋，研究员，北京师范大学政府管理研究院副院长，中国国际经济合作学会数字经济工作委员会专家委员会主任。

② 杨东平，丝路青年论坛副主席，丝路百科杂志社执行社长。

③ 黎川，丝路青年论坛研究人员。

下谋划人生、创造历史。青年是标志时代的最灵敏的晴雨表，时代的责任赋予青年，时代的光荣属于青年。”从这个意义上说，“一带一路”就是这一代青年人的际遇和机缘、责任与光荣。十年来，丝路青年勇担使命，踔厉奋发，在“一带一路”的“和平”“繁荣”“开放”“创新”“文明”这五个维度上建言献策、投身实干，成为政策沟通、设施联通、贸易畅通、资金融通、民心相通的先锋队、排头兵和主力军。

值得关注的是，有关丝路青年参与“一带一路”建设的效能评估相对较少，对青年友好型国家 / 城市建设的数据支撑不足。在“一带一路”建设进入高质量发展新阶段，要精准测度和把握丝路青年发展的人文、产业、贸易、科技、民生等宏观环境和机制条件，进而为法规政策出台、制度机制设计、双多边合作优化提供决策参考。

基于此，丝路国际智库交流中心、丝路青年论坛、丝路百科杂志社组建联合课题组，对“一带一路”建设背景下丝路青年高质量发展现状进行多维度、多层次的评估。该研究从 2022 年 11 月启动，邀请诸多政策参与者、专业研究者、青年工作实践者、丝路青年进行多轮讨论，经过理论梳理、指标构建、数据采集、测算核校等过程，系统全面评估“一带一路”沿线国家 / 城市青年发展的现状、特色、趋势及存在的问题挑战。

一、国内外有关青年发展的评价体系综述

从国际上看，联合国大会以“参与、发展与和平”为主题，首次将 1985 年定为“国际青年年”，提示国际社会更加注重青年在世界上发挥的重要作用，特别是他们对经济社会发展的潜在贡献。由此，青年发展日益成为各国关心的重要议题。1995 年联合国发布《2000 年及其后世界青年行动纲领》（WPAY），为在国际和国家层面促进青年发展提供政策框架和实践指导方针，并列举出 10 个青年优先发展领域。进入 21 世纪后，WPAY 的优先领域扩展到 15 个，联合国关于青年发展的相关行动倡议也不断出台。

英联邦秘书处是较早对青年发展进行国际比较的组织，在 2013 年

发布第一版全球青年发展指数（YDI），2016 年、2020 年分别进行更新。YDI2020 指数涵盖健康与幸福感、教育、就业与发展机会、平等与包容、政治与公民参与、和平与安全 6 个领域，每个领域对应 3—7 项指标，共设置 27 项具体指标。

青年进步指数（YPI）由欧洲青年论坛委托社会进步促进会开展研究，分析框架基于该促进会 2013 年发布的社会进步指数。第一版 YPI 指数发布于 2018 年，2021 年进行更新。YPI2021 指数主要围绕基本人类需求、幸福基础、发展机会 3 个维度的 12 个发展领域，每个领域设置 3—5 项指标，共设置 58 项具体指标。

国际青年发展指数由中国青少年研究中心、中国国际青年交流中心、清华大学青少年德育研究中心、北京大学中国国情研究中心联合课题组研究发布，确定健康与生活、教育与文化、就业与创业、家庭与社会、公共参与 5 个一级指标，每个一级指标对应 3—4 项二级指标，共设置 17 项二级指标。2021 年国际青年发展指数排名前 10 位的国家依次是新加坡、挪威、比利时、丹麦、冰岛、澳大利亚、以色列、巴林、科威特、奥地利，均为“一带一路”沿线国家，其中有 4 个亚洲国家、5 个欧洲国家、1 个大洋洲国家。按照国际货币基金组织的分类标准，前 10 名中有 8 个发达国家、2 个发展中国家。

二、《共建“一带一路”背景下丝路青年高质量发展评估体系》介绍

（一）现有国际青年发展指数的不足

大部分国家青年发展指数多以发达国家青年为研究样本，聚焦在青年发展环境和青年成长实效进行评估，可以直观呈现该国青年发展现状，但“一带一路”沿线大部分国家为发展中国家和欠发达国家，单纯依靠自身滚动式发展难以实现复苏振兴，因而传统青年发展评估体系并不能完全揭示共建“一带一路”等跨国合作和国际公共产品对青年发展的带动性。

（二）《共建"一带一路"背景下丝路青年高质量发展评估体系》（1.0版）设计考量及指标体系

《共建"一带一路"背景下丝路青年高质量发展评估体系》（1.0版）所定义的青年是联合国教科文组织、世界卫生组织等国际组织确定的16—45岁的人群。该评估体系以"一带一路"沿线国家/城市为评估对象，吸收联合国《世界青年行动纲领》《关于青年政策和方案的里斯本宣言》《青年2030：联合国青年战略》以及中国《中长期青年发展规划（2016—2025年）》等政策内容，借鉴人类发展指数（HDI）、全球青年发展指数（YDI）、青年进步指数（YPI）、国际青年发展指数、浙江省青年发展综合指数等指标体系，兼顾数据权威性、可得性和可比较性，突出高质量发展诉求和标准，从丝路青年参与"一带一路""五通"建设的成效来呈现青年基本需求、成长机会、可持续发展等不同维度的现状，进而确定青年参与政策沟通、青年参与民心相通、青年参与贸易畅通、青年参与设施联通、青年参与资金融通等5个一级指标，每个一级指标对应若干项二级指标，共确定20项二级指标。

表　共建"一带一路"背景下丝路青年高质量发展评估指标体系（1.0版本）

序号	一级指标	二级指标	指标说明	指标权重
1	青年参与政策沟通	青年专项法规政策出台及实施效能	评估国家/城市是否出台青年友好的专项法规政策，以及实施情况。	5
2		双边、多边合作机制中明确青年内容和青年项目	评估国家/城市在与其他国家/城市的双多边合作机制中是否列明青年项目，以及实施情况。	5
3		青年组织成立与运行效能	评估国家/城市是否成立青年组织，以及其参与"一带一路"建设的效能。	5
4	青年参与民心相通	双边、多边青年文化交流项目实施情况	评估国家/城市是否开展双边、多边青年文化交流项目，以及标志性项目实施效能。	5

续表

序号	一级指标	二级指标	指标说明	指标权重
5	青年参与民心相通	青年文艺交流合作效能	评估国家/城市是否开展戏曲、书法、影视、演出、文学等领域文艺交流合作，以及标志性项目实施效能。	5
6		青年网络文化交流合作效能	评估国家/城市是否利用互联网和数字科技开展文化交流合作，以及标志性项目实施效能。	5
7		中外合作办学质量	评估国家/城市与中国（或者中国有关城市与沿线国家）的中外合作办学质量。	5
8		高校开展“一带一路”交流合作效能	评估国家/城市驻地高校开展“一带一路”人才培养、留学生教育、科研、智库等合作成效。	5
9		“一带一路”主题的赛事活动规模和影响力	评估国家/城市是否开展“一带一路”主题的赛事活动，以及赛事产生的经济社会效益。	5
10		青年科技创新交流合作成效	评估国家/城市是否开展以青年科技工作者为主体的科技创新交流合作，以及标志性项目实施效能。	5
11		青年旅游交流合作成效	评估国家/城市是否开展“一带一路”旅游合作，以及推进青年旅游项目合作、青年旅游人才培养、国际旅游业青年人才占比等。	5
12	青年参与贸易畅通	丝路电商发展成效	评估国家/城市发展丝路电商的市场主体、从业者、经营业态、交易额等规模与质量。	5
13		数字基础设施建设及数字化普及	评估国家/城市数字基础设施建设进展、互联网普及率和青年渗透率、数字经济发展规模和质量等。	5

续表

序号	一级指标	二级指标	指标说明	指标权重
14	青年参与贸易畅通	外向型制造业发展及青年创业就业成效	评估国家/城市外向型制造业主要指标和竞争力，青年在制造业创业就业的成效。	5
15	青年参与设施联通	“一带一路”基础设施建设重点项目吸纳本地青年就业	评估国家/城市有关“一带一路”基础设施建设重点项目选育本地青年的效能。	5
16		青年人才在“一带一路”重点基础设施项目的作用	评估国家/城市有关“一带一路”基础设施建设重点项目中管理层、业务骨干的青年占比及其发挥作用情况。	5
17		“一带一路”重点基础设施项目对当地青年发展的促进作用	评估国家/城市“一带一路”标志性基础设施项目对当地青年的影响及其促进就业创业、民生改善的作用。	5
18	青年参与资金融通	参与“一带一路”建设的金融机构国际化青年人才队伍建设成效	评估国家/城市驻地金融机构参与“一带一路”建设成效，以及国际化青年人才选育用留机制。	5
19		“一带一路”重点金融合作项目中的青年人才作用	评估国家/城市有关“一带一路”重点金融合作项目的主要负责人、业务骨干、技术骨干的青年占比及其作用。	5
20		数字普惠金融发展情况	评估国家/城市数字普惠金融发展成效，驻地金融机构、科技公司参与“一带一路”数字普惠金融合作的成效。	5

备注：

（1）采取百分制的方式进行评价。考虑到专家实际评估的可行性和后续指标调整完善的灵活性，1.0 版本的评估指标体系的每个二级指标的权重均为 5 分，专家评估的级差为 0.1 分。

（2）“青年参与政策沟通”有二级指标 3 个、总权重为 15 分，“青年参与民心相通”有二级指标 8 个、总权重为 40 分，“青年参与贸易畅通”有二级指标 3 个、总权重为 15 分，“青年参与设施联通”有二级指标 3 个、总权重为 15 分，“青年参与资金融通”有二级指标 3 个、总权重为 15 分。“青年参与民心相通”的权重最高，体现了丝路青年在民心相通的独特作用和重要价值，每个年龄阶层的丝路青年均能够参与相关项目。而在政策沟通、贸易畅通、设施联通、资金融通等领域，丝路青年的参与更体现在权益保障和就业创业创新等效能上。

（三）共建“一带一路”背景下丝路青年高质量发展评估方法

采取德尔菲法（专家调查法）的方式进行评估。通过收集指标测算数据，由项目组评估专家进行分别评分，并形成最终一致意见。数据来自上年度“一带一路”沿线国家政府部门统计数据和国际组织的官方公开数据。如遇原始数据缺失或者不完整，采取原始数据缺失值插补、标准化无量纲处理、抽样调查等方式完成基础数据储备。

三、共建“一带一路”背景下中国大陆重点城市丝路青年高质量发展评估结果和建议

（一）评估结果

课题组以中国大陆的4个直辖市和27个省、自治区的省会城市为评估对象，采用《共建“一带一路”背景下丝路青年高质量发展评估指标体系》（1.0版）进行评价，评出“2022年丝路青年友好型城市十强”。

表　2022年丝路青年友好型城市十强

排名	城市	得分	丝路青年友好型城市的主要特色
1	北京	88.5	北京是国际文化交流中心，在“一带一路”青年文化交流中形成一批示范项目和品牌工程。作为中国首都和大部分央企、跨国公司的总部所在地，北京青年参与“一带一路”“五通”建设呈现人员多、项目多、成效好的特色，并且成为不少好做法、好经验的策源地和推广中心。
2	上海	86	上海是国际金融中心、贸易中心，为丝路青年参与“一带一路”贸易畅通和资金融通提供广阔舞台，也为设施联通提供坚实支撑。上海国际平台、国际组织、国际项目集中，青年文化交流合作同样较为热烈。
3	深圳	83.8	深圳是中国改革开放的创新策源地和全球知名的国际大都市，为丝路青年参与贸易畅通、资金融通和设施联通提供创新创业平台，粤港澳大湾区建设也为深圳推进国际青年人文交往提供更大空间。

续表

排名	城市	得分	丝路青年友好型城市的主要特色
4	西安	82.5	西安是丝绸之路经济带的重要节点城市，且有深厚的历史底蕴，举全市之力参与“一带一路”建设，尤其是在青年人文交流打造一系列品牌项目，形成长效机制，并延伸到其他领域实现点线面的梯次突破和推进。
5	杭州	81.5	杭州营商环境良好，在共同富裕示范区建设中吸引大量丝路青年才俊创新创业，在丝路电商、数字经济、外贸、数字普惠金融、人文交流、科技创新、旅游等领域与“一带一路”沿线国家达成大量合作，并惠及丝路青年就业创业。
6	广州	81	广州是具有国际影响力的开放城市，在贸易畅通方面为丝路青年就业创业创新提供广阔平台，并由此延伸到其他领域，与深圳一起共筑粤港澳大湾区核心优势。
7	青岛	80.6	青岛是传统的沿海开放城市和RCEP中心节点城市，青年友好是其城市重要特点。尤其是在贸易畅通、政策沟通等方面，青岛着力引育丝路青年人才，形成制度机制、平台载体等示范经验。
8	重庆	80	重庆是全球面积最大、人口最多的城市，内陆开放高地建设和融入“一带一路”建设是其核心战略，且以腹地市场优势和国家战略牵引，加之宜居宜业宜商宜游的城市品质打造，对丝路青年的吸引力不断增强。
9	厦门	79	厦门是东南沿海重点开放城市和21世纪海上丝绸之路节点城市，开埠历史悠久，营商环境和宜居环境适宜丝路青年创新创业。
10	武汉	77.8	武汉是中部地区经济最发达城市，科教、区位、交通优势较显著，是中国高校和在校大学生最多的城市，有利于文化、教育、科技等领域的民心相通。

（二）建设丝路青年友好型城市对策建议

1.“五通”领先是丝路青年友好型城市的坚实基础

青年发展具有较强的综合性、系统性，单一经济发展水平难以完全决定当地青年发展水平，因而促进青年高质量发展需要多方面协同发力。从2022年丝路青年友好型城市十强看，普遍是千万级人口规模的青年人力资源富集城市，拥有深厚的历史文化底蕴、优越的宜居宜业环境和强大的联通力，是中国开放程度最高、经济活力最强的城市，在青年国际事务、文化教育方面拥有话语权。以青年“民心相通”带动经济、贸易、金融、基础设施建设、民生保障和改善、扶贫减贫等领域全方位国际交往，是上述城市打造“一带一路”中心城市和丝路青年友好型城市的特色路径。同时，在全球产业变革和技术革新中，要深刻把握青年人才对产业绿色化、数智化转型，引领产业跃迁升级，构建区域产业创新中枢，促进对外贸易快速复苏的关键作用，优化中外青年“同城同标”发展环境，鼓励丝路青年成为创新创业的排头兵和主力军。

2. 为丝路青年学习、就业、创业和生活提供良好环境

有关城市要构建促进中外青年优先发展、协同发展的组织保障、政策保障和机制保障，营造全社会关心帮助青年的浓厚氛围，完善青年就业创业扶持政策，兜底保障青年合法权益，让丝路青年扎根城市、融入城市、造福城市成为自觉行动。

追求高品质生活日益成为丝路青年的共识态度，因而城市管理者要将居住生活成本是否可负担、文化休闲公共空间是否便利可及、生产生活环境是否绿色环保、身心是否健康等指标作为丝路青年友好型城市建设的重点任务。

加强文化、教育、科技、体育、旅游等领域的人文交流，提升丝路青年人文素养，培养更多知华友华亲华的丝路青年，引导丝路青年以更加自信的姿态彰显“一带一路”建设的凝聚力。

专题二
青年公共外交助力“一带一路”建设

张国斌①

推进“一带一路”建设需要全社会的参与，作为政府外交的有力补充，公共外交在推进“一带一路”建设中同样发挥重要作用。习近平主席指出，要重视公共外交，广泛参加国际非政府组织的活动，传播好中国声音，讲好中国故事。青年是中国公共外交中非常重要的一环，通过人文交流有力丰富了公共外交的内容和形式，青年群体对彼此国家的态度认知，甚至会影响两国关系走向，因此，重视青年在推进公共外交，助力“一带一路”建设中的作用，非常重要。

青年在人文领域公共外交的作用和实践

随着越来越多的企业和民众走出国门、走向世界，以及越来越多的外国企业和人员来到中国，中国与世界之间交流呈现前所未有的密切联系，仅 2019 年，中国公民出境旅游人数就达 1.55 亿人次，持续位居世界第一

① 张国斌，中国人权研究会常务理事，察哈尔学会副理事长，中国前驻法国斯特拉斯堡总领馆总领事。

位。公共外交在每一位对外交往的公民，每一个对外交往的社会组织中以各种形式开展进行，同时也带动着“一带一路”理念走向世界，并深入人心。

虽然受新冠疫情影响，近三年出境人数大幅下降，但随着后疫情时代的到来，可预见国际交往将迅速得以恢复和发展。“一带一路”秉持古丝绸之路形成的丝路精神，同样是文化交往之路，青年群体通过不断开展文化艺术交流，可帮助“一带一路”沿线国家与中国不断加深彼此了解。

在众多以文化艺术交流形式践行公共外交的青年群体之中，来自宁夏的著名旅法画家袁小楼是我非常熟知的一位，他以绘画为桥梁，不断向来自中法两国乃至全世界的人们展示着东方的艺术与思考。2013 年，袁小楼和一位来自法国东北部阿尔萨斯省的著名画家克里斯蒂安·帕赫，共同以侵华日军南京大屠杀为主题，分别以不同的艺术风格，从不同的角度创作出《暴行》和《南京不哭》两幅画作，引起极大轰动。《暴行》画面还原了那些天发生在南京城的悲剧，冷色调的画作无声地控诉着日军的暴行，斑斓的油彩凝结着帕赫对南京那份深沉的情感，《暴行》此前还有另外一个名字——《解脱》，希望能唤起更多人牢记历史，守护和平。《南京不哭》大型主题油画以“屠杀”“救赎”“重生”三个篇章构图，作品在阐述战争残酷的同时，揭示人性的善与恶、美与丑，以及对和平的呼吁与追求。帕赫和袁小楼两位画家的画作完成以后，分别作为礼品捐赠给侵华日军南京大屠杀遇难同胞纪念馆。如今这两幅画作静静地摆在纪念馆里，既是对逝去同胞的缅怀和纪念，也是对世界和平的守望和期待。以袁小楼和帕克为代表的文化艺术交流对推动中法两国关系发展是富有成效的，这种以青年艺术家为代表的典型，不仅有亮点，还有传承，值得不断推广和发扬。

青年参与“一带一路”智库建设的实践探索

除了文化艺术领域，青年学者通过智库平台开展学术研发和交流，在不同场合努力讲好中国故事，阐述中国立场，积极展现真实、立体、全面的中国，不断提高中国国家形象，服务“一带一路”建设战略和对外开放大局。

国际知名的外交与国际关系智库察哈尔学会自创立以来，汇集数百位青年专家学者，通过开展系列主题研讨会、组织出访与交流、出版快讯与季刊等多种方式，践行公共外交，推动“一带一路”建设。

例如，中国人民大学国际关系学院外交学系教授、察哈尔学会高级研究员王义桅就“一带一路”出版多本著作，如《世界是通的——“一带一路”的逻辑》当选央视2016年度好书，其从大历史、大未来角度解读了“一带一路”的逻辑，堪称“21世纪新全球化宣言”，获林毅夫、胡鞍钢、李稻葵等名家倾情推荐，并被翻译成多个语种，发行世界多个国家和地区；察哈尔学会国际咨询委员会委员赵启正教授根据中国基本国情、特点，对“公共外交”提出定义，定义为“面对外国公众，以文化的交往或日常的往来为主要方式，在交往中表达本国文化、国情和政策”，也得到不少学者的认可；清华大学社会科学学院副院长赵可金在《公共外交的理论与实践》提出，“公共外交是一个国家为了提高本国知名度、美誉度和认同度，由中央政府或者通过授权地方政府和其他社会部门、委托本国或者外国社会行为主体通过传播、公关、媒体等手段与国外公众进行双向交流，开展针对另一个国家民众的外交活动，以澄清信息、传播知识、塑造形象进而更好地服务于国家利益的实现。”

2017年4月，正值中毛建交45周年，我时任察哈尔学会秘书长，带领察哈尔学会青年代表团一行来到毛里求斯为察哈尔学会非洲总部揭牌。而此行更大的目标，则是以察哈尔学会作为中国民间独立智库的身份，通过与毛里求斯大学的交流座谈会、与毛里求斯中国文化中心的“一带一路”研讨会等系列活动，连接更多中毛智库资源，续写中毛友谊新篇章。我本人也代表察哈尔学会表示，将向毛里求斯大学提供奖学金名额，并向毛里求斯孔子学院捐赠有关中国治国理政、“一带一路”倡议进展以及有关中国文化的图书，促进中国与毛里求斯研究机构的交流与合作。

新冠疫情严重影响了世界各国人民正常的经济社会活动，危及人员生命健康安全。各国依据自身专业性判断，采取各种形式抗击疫情，并取得不同效果。其中，东亚尤其是中日韩三国在这次抗击疫情过程中，运用不同的方法和模式，效果明显，短期内基本抑制了疫情的大范围蔓延，携手抗疫的成功既让三国更加紧密地站到一起，也为世界抗击新冠疫情树立了典范。2020 年 6 月，为从不同角度倾听更多声音，察哈尔学会特组织中日韩三国青年开展线上沙龙，倾听三国留学生如何看疫情时期及疫情后的三边关系。本次沙龙由察哈尔学会研究员、山东政法学院新加坡研究中心主任范磊主持，邀请到多位来自中日韩三国的青年学生，分别围绕“中日韩国内现状：疫情影响、政治、社会、文化与个人”，“中日韩青年视角下的三边关系”两个议题进行了发言和讨论。

中国青年开展公共外交的价值和展望

中国青年走出去，积极开展公共外交，无论对自身成长还是对“一带一路”的建设，乃至对中国及全世界的和谐发展，都起到有力的推动作用。

首先，中国青年走出去是社会发展的必然趋势。随着中国经济文化的快速发展，人口素质不断提高，中国对外开放的大门越开越大，新时代中国青年通过留学、务工、旅游、考察等方式，以前所未有的深度和广度认识世界、融入世界，在对外交流合作中更加理性包容、自信自强，全方位、深层次地学习借鉴其他国家的有益经验和文明成果。出国留学是中国青年了解世界的重要途径。1978 年，中国选派出国留学人员仅 800 余名；2019 年，超过 70 万人出国深造，40 多年来各类出国留学人员累计超过 650 万人；1978 年回国留学人员仅 248 人，2019 年超过 58 万人学成回国，40 多年来回国留学人员累计达 420 余万人。与此同时，大批中国青年通过旅游、考察、商务、劳务等方式走出国门、感知世界，中国青年认识世界的渠道更加广阔、国际视野不断拓展。

其次，中国青年走出去也是国际形势发展的需要。当今国际形势复杂多变，一方面中国在解决全球性问题中发挥越来越重要的作用，我们需要不断思考如何与更多国家有效开展深入交流与对话，如何为国际社会贡献中国智慧、中国方案以及带有中国烙印的公共产品，中国的国际话语权及世界感召力也在这一过程中快速增长。与此同时，中国发展水平与发展模式的影响力也辐射到很多发达与发展中国家和地区。美国学者弗朗西斯·福山在其新作《政治秩序与政治衰败》一书中部分论及中国模式的有效性及中国治理经验的世界性意义。中国需要更好地发出声音，国际社会同样需要更多地了解中国，中国青年作为社会力量中最积极、最有生气的力量，既是国家的希望，也是民族的未来，在推进“一带一路”建设，促进中外合作与交流中发挥着独一无二的作用。

第三，中国青年走出去也是“一带一路”倡议推进与发展的需求。“一带一路”是一条友谊之路，是一条发展之路，是一条共赢之路。虽然我们一再对“一带一路”倡议进行解读和推广，但不可否认，很多国家和地区依然对“一带一路”没有清晰的认识，同时在激烈的国际角逐中，在部分声音的曲解和阻挠下，“一带一路”倡议的推进还面临着很多困难与挑战。当今时代，和平与发展是主流，在互利共赢的大势下，“一带一路”是提振国际经济发展、应对经济危机的有效方案。中国青年走出去，积极与各国开展对话，让更多的国家与地区了解“一带一路”，参与“一带一路”，这是时代赋予的历史使命。察哈尔学会积极组织青年学者群体开展公共外交活动，为扩大“一带一路”影响力贡献力量。2017 年 4 月，我携察哈尔学会代表团赴非洲开展公共外交活动，在毛里求斯设立办事处，通过交流与介绍，毛里求斯决定加入“一带一路”倡议。

当然，由于国际形势等各方面因素的不断发展变化，中国青年在践行公共外交，走出去的过程中，同样面临着很多困难与挑战。首先是自身组织建设与走出去的规模水平不足。我们还需要更多有组织的国际青年群体交流活动，为中国青年走出去创造条件。其次是国际形势的复杂多变，中国青年走出去也要受到地区与国际关系的影响。国际关系良好，我们与国外青年群体间的互动就可以更流畅，反之一系列交流活动会受干扰而暂停，当然，在一定情况下，越是政府间关系的僵硬，越是需要青年群体发挥作用。

察哈尔学会始终致力于维护东北亚地区的和平与稳定，2016 年，受到韩国萨德问题的影响，两国关系迅速转冷，随之而来的是两国政治、经济、文化上的冰冻期，给两国都造成了很大损失，尤其是韩国经济上对中国的依赖性比较大，萨德问题也引起了很多韩国民众的反对。在两国政府对话减少，民间交流降低的情况下，察哈尔学会积极开展公共外交活动，通过智库外交、学院外交、艺术外交等，将中国人民的合理诉求向韩国各个阶层和领域传达，同时也倾听韩国方面的声音和想法，努力摸索符合两国人民利益的解决办法，并取得了一系列成果。

此外，中国青年走出去也容易受到当地社会文化风俗的影响。不同国家和地区有着不同的风俗传统习惯和思维方式，这就需要进一步提升青年群体的礼仪文化素养，知礼明礼行礼，在任何地方展示中国青年的优秀形象。

中国青年践行公共外交，助力“一带一路”建设对策建议

第一，中国青年需要有大视野。敢为天下先，要愿意走出去，敢于走出去。随着国家的快速发展与国际地位的不断提高，中国青年应具备充足的底气，在全球化进程中，在不同的国际舞台发出中国声音。

第二，中国青年要有大担当。中国作为世界第二大经济体、第一大贸易国、第一大外汇储备国，220 多种工业产品产量全球第一，是 120 多个国家和地区的最大贸易伙伴，尤其是随着“一带一路”倡议的展开，中国逐步走近世界舞台中央。中国青年“走出去”在数量与水平也应更上一层楼，展现负责任大国青年的格局和担当。在积极推进“一带一路”建设的同时，踊跃参与承担全球气候变化、环境保护、资源消耗以及解决人类所面临的困境的责任。

第三，中国青年要有大智慧。当在宣介“一带一路”倡议，传播中国发展成果受到其他因素的干扰和挑战时，要有应对挑战的智慧。在抗击新冠疫情的过程中，中国取得举世瞩目的成果，但在国际舆论中，西方主要

媒体及其影响控制下的其他媒体却歪曲事实，对中国抗疫成果进行虚假报道。在此情况下，我通过为非洲国家青年媒体官员来华学习培训班授课的机会，与他们建立了良好友谊，并将真实报道中国抗疫成果、发展成果的相关新闻转发这些青年官员，这些新闻报道最后通过很多非洲国家的官方媒体向全世界进行了报道。

总而言之，在可预见的未来，中国青年走出去，通过践行公共外交，在更大范围、更高水平地参与国际竞争与合作已经成为必然的趋势。我们希望，未来中国青年走出去将实现质量并进、内外兼修，通过开拓创新与互利共赢助力“一带一路”建设，共同为中华民族的伟大复兴破浪扬帆，保驾护航。

专题三
青年国际组织人才参与“一带一路”制度化建设研究

崔守军[1]、王妃[2]

随着“一带一路”建设的逐步推进，中国与国际组织签署的合作文件数量不断增加、涉及合作领域不断拓宽，“一带一路”的制度化建议已成为新时期发展的重要方向。而与此同时，中国国际组织人才的缺口不断加大，难以支撑“一带一路”制度化发展，培育具有高素质专业技能的青年国际组织人才成为当务之急。

一、青年国际组织人才在“一带一路”制度化中的基础作用

根据联合国大会、世界卫生组织和中国国务院《中长期青年发展规划（2016—2025年）》文件、国家统计局等机构对青年的界定，本文认为年龄在15—44岁之间的人群都可视为青年。而在“一带一路”沿线的大部分国家，10—24岁的群体数量约占全国总人口的五分之一，是社会的重要组成部分。这意味着青年必须是“一带一路”重要的参与者与受益者。

① 崔守军，中国人民大学国际关系学院教授、国际组织学院副院长。
② 王妃，中国人民大学交叉科学研究院助理研究员。

青年国际组织人才的特殊性在于，青年是受教育的主体、传播主体、国际人才流动的主体和生产性经济的主体，他们本身有极大的能力参与国际公共事务的决策，可以形成广泛意义上的一般性行动纲领，并产生极大的示范效应。

其一，对于受教育主体而言，“一带一路”建设需要大量非通用语人才和专业管理人才的迫切性甚至超过对资金和技术的需求，为了弥补这个极具挑战且需要知识内化的缺口，必须加强青年教育，特别要重视国际化人才的开发和实施人才本土化战略。

其二，从传播主体来看，15—24岁的青年是实现连通性的驱动力，目前全世界75%的青年能够使用互联网，他们也因此承担着跨国信息交流的功能与责任。

其三，青年人才占据了全球人才流动的绝大部分比重，目前全球人才中心正从欧美向亚洲扩散，从而与“一带一路”建设的地理范围有高度的重叠。

其四，青年人才是生产性经济的主体。青年人才已成数字技术创新和数字经济发展的主力军，而广泛领域的技术迭代周期与知识更新周期加快，更需要青年的参与。从中国的紧迫性来讲，针对本国国际组织人才匮乏，立足青年国际组织人才的培养是最具长远效果与战略意义，契合“一带一路”高质量可持续发展的目标。

二、青年国际组织人才参与“一带一路”制度化建设的一般性路径

（一）自上而下（国家推动）的路径

形成了以“国家推进‘一带一路’建设工作领导小组”为决策核心，相关部门与地方政府为组织核心，邀请非政府组织与行业组织为重要参与方，以建立政府间国际组织（IGO）或公私伙伴关系（PPP）组织形式的主要路径特征。

从青年参与的具体路径来看，主要包括以下三个渠道：一是在“一带

一路”既有的倡议与项目下，将青年国际组织人才直接嵌入当前的既有机制、合作网络，作为原有项目下设的一个功能分支。比如，“一带一路”能源合作伙伴关系下设了高校（青年）工作组会议；中国生态环境部和国际合作伙伴发起的“一带一路”绿色发展国际联盟下设了青年组织。二是组织召开以青年相关主题的论坛与非正式机构，如召开“一带一路”青年发展高峰论坛等。三是从青年国际组织人才培育使命出发，专门设立中国教育发展战略学会国际胜任力培养专业委员会，有针对性地培养“一带一路”对外急需各类语言、专业技术和管理人才，有计划地培养选拔优秀人才到国际组织任职。

比较突出的成果是在跨区域青年国际组织人才参与方面，金砖国家间多层级的政府间组织参与“一带一路”制度化建设。如，由金砖国家工商理事会发起设立的“‘一带一路’金砖国家‘技能护照计划’”，旨在促进金砖国家之间技能标准的协调统一，建立中国标准输出的通道，培养国际化、综合素质高的属地化产业工人，赢得中国在金砖国家及“一带一路”国家工程建设中的话语权。此外，中国国家能源局依托“一带一路”能源合作伙伴关系合作网络高校（青年）工作组组长单位的资源平台优势，联合世界能源大学联盟，举办了金砖国家青年能源峰会暨国际能源青年大会，致力于在国际舞台上讲好绿色、低碳、可持续发展的中国故事，搭建先进能源技术交流的渠道。

（二）自下而上的参与路径

以民间社会组织（CSO）与非政府组织（NGO）为主导，主要内容体现在教育交流、学术交流、文化艺术交流、网络交流等活动。虽然整体交流的规模和频率远低于政府路径，但发挥的作用不可替代，是“一带一路”适应特定区域与国情、机制化效力落地的重要资源，是最需要青年国际组织人才参与的重要路径。如，中国境外商务项目园开设的基于项目施工、安外安全知识管理培训的“鲁班学院”，旨在推动行业间交流，并让当地群众更好地了解中国。此外，中华全国青年联合会举办 2022 年“一带一路”青年故事会，也在立足于青年国际组织人才的传播主体的作用，讲好中国故事。还有，全球能源互联网组织旨在推动中国标准走向世界，助力碳达峰、碳中和目标。

（三）“对接”成为“一带一路”在自身机制化过程中吸纳青年国际组织人才的最具中国特色的路径

例如，与联合国机构或者区域性组织建立合作小组；为推进促进“一带一路”参与国家落实联合国2030年可持续发展议程，“一带一路”绿色发展国际联盟（BRIGC）与联合国环境规划署（UNEP）联合举办“一带一路”基础设施可持续发展专家研讨会，启动了青年专家学者的研究工作，促进减排专业知识的交流与增进，联合国官员也直接参与到了“一带一路”项目建设之中。

三、青年国际组织人才参与“一带一路”制度化建设的趋势与政策建议

（一）青年国际组织人才参与“一带一路”制度化呈现出以语言文化为基础，以科技合作为重点领域，以互联网为重要平台的建设趋势

第一，以语言为基础的文化交流与教育机制是青年国际组织人才参与“一带一路”的重要支点。“一带一路”贯穿亚、欧、非三大洲，涵盖了世界九大语系的不同语族和语支，官方语言超过60种，由此带来的语言使用的繁杂性是“一带一路”制度化建设的重大挑战。首先，需要建立以语言为基础的教育与交流机制，应提高沿线主要官方语言（如阿拉伯语与俄语等）以及汉语的使用程度，将其作为“一带一路”的常规化制度建设的一部分。尤其是汉语使用比例相对较低，将不利于青年国际组织人才对于“一带一路”的深入理解和真实参与。

第二，科技合作成为青年国际组织人才参与“一带一路”制度化建设的重要领域。科技是“一带一路”实现高质量发展和可持续发展的重要驱动，国际科技合作对推进“一带一路”制度化建设具有重要的战略意义。“一带一路”大多数沿线国家和地区尚处在工业化初期阶段，面临着紧迫的经济、社会、环境等发展问题。中国与大多沿线国家的产业结构差异大，互补性强，从科技合作入手进行组织建设，无疑将得到“一带一路”国家的广泛支持与高度认同。青年国际组织人才可以通过自身专业知识融入“一

带一路”制度化建设，在科技领域进行国际合作，建立沿线科技成果转化网络，并进而助力打造海外人才高地。如中国科技部在北京举办了以“创新、合作、人才”为主题的科技人才服务“一带一路”建设峰会，中科院组织建立了“一带一路”沿线国家公共健康和服务对话机制、“‘一带一路’自然灾害风险与综合减灾国际研究计划”等项目。

第三，互联网平台极大增强青年国际组织人才参与“一带一路”的深度与广度，增强青年国际人才交流的效果。互联网与社交媒体的平台效应已使其成为国际舆论与话语权争夺的焦点，由于社交媒体具有的实时性、互动性、广泛性特点，针对其主要用户青年群体，广泛发动青年参与“一带一路”线上活动，将最直接面对公民社会，传播中国的文化与价值，通过网络传播与人际传播打破原有的传播格局，实现更大范围的信息流动，防止因为西方话语垄断造成对“一带一路”的污名化。

（二）更好促进青年国际组织人才参与“一带一路”制度化建设的建议

首先，加强“一带一路”自身的制度化建设。对于现有的机制化与制度化困境，要分清楚制度建设的层次，在区域与次区域层次，“一带一路”签署的协议仍旧以双边为主，而不是基于传统的以“规则”为基础的多边机制形式。要充分发挥“一带一路”本身的特色，通过目前第三方市场合作的方式，不断扩大合作范围，建立围绕自身建设框架形成的标准体系，实现从软约束到硬约束的转变。针对不同青年国际组织人才的参与路径特点，在全球层面，要利用现有平台优势；在跨区域面，要充分利用既有的、当地政府间与非政府间国际组织，发掘本土化专业青年人才，形成“一带一路”制度化建设的层次性。

其次，构建制度认同与制度规范。制度认同指的是成员国对组织的议程、目标、组织文化等组织核心特质本身的认同，其影响着组织的构成原则、基本目的、主要功能、决策模式与发展方向。如果“一带一路”制度化建设中能培育起制度认同，将有利于“一带一路”组织化的可持续，培育共同的发展理念，吸引广大青年国际组织人才参与制度化建设。

最后，进一步构建以青年为主题的国际组织人才培养体系，建立青年国际组织人才服务“一带一路”的长效机制，让“一带一路”成为青年国际组织人才就业与实现理想、大展拳脚的有效平台。

四、结语

随着“一带一路”建设迎来与国际组织签署合作文件的大爆发时期，制度化要求逐步提上日程，培育具有高素质专业技能的青年国际组织人才，成为“一带一路”建设的当务之急。加大青年国际组织人才的参与力度不但有利于增强“一带一路”相关国际机制的认可度，同时也有利于维护和扩大其代表国的参与意愿和利益诉求，从而实现“一带一路”建设的可持续发展。此外，青年在实践中作为受教育、国际传播、国际人才流动和生产性经济的主体，更能形成国际公共事务的一般性纲领与议程。

专题四
打造中阿利益共同体和命运共同体：中国与阿拉伯国家在共建“一带一路”的征程上踔厉前行

罗兴武[①]

十年间，阿拉伯国家积极响应和支持习近平主席提出的“一带一路”倡议，阿盟22个成员国中已有21个阿拉伯国家同中国签署“一带一路”合作文件，双方在能源、基础设施等领域实施了200多个大型合作项目，惠及双方近20亿人，中阿在共建“一带一路”的征程上踔厉前行，取得了丰硕成果。

一、中阿共建“一带一路”符合双方共同意愿

2014年6月，习近平主席在中阿合作论坛第六届部长级会议开幕式上提出，中国同阿拉伯国家因为丝绸之路相知相交，是共建“一带一路”的天然合作伙伴。中阿双方应该坚持共商、共建、共享原则，打造中阿利益共同体和命运共同体。构建以能源合作为主轴，以基础设施建设、贸易和投资便利化为两翼，以核能、航天卫星、新能源三大高新领域为突破口的“1+2+3”合作格局。习近平主席的这番讲话，为新时代中阿共建“一

① 罗兴武，中国前驻利比亚、约旦大使。

带一路”指明了方向和路径，提供了根本遵循。

与此同时，阿拉伯国家领导人、政府高官对共建“一带一路”纷纷表示热情支持和高度赞赏。例如，埃及总统塞西说：“埃及是最早支持‘一带一路’倡议的国家之一，希望借鉴中国的发展经验，发挥埃及的区域优势，用好苏伊士运河工业园区，共同拓展欧洲、中东、非洲市场。”沙特国王萨勒曼说：“沙方支持中国‘一带一路’倡议，愿深化同中方在贸易、投资、能源、教育、科技、信息安全等领域合作。”卡塔尔艾米尔塔米姆说：“卡塔尔十分希望进一步发展对华关系，深入开展战略性沟通，在共建‘一带一路’框架内，加强两国能源、投资、数字经济、人文、基础设施建设等各领域互利合作，不断推动卡中战略伙伴关系取得新发展。”约旦国王阿卜杜拉二世表示：“约旦愿与中方深化共建‘一带一路’合作，推动能源、基础设施领域重大项目建设，共谋发展繁荣。”阿方领导人的这些表态，充分反映出阿拉伯国家同中方共建“一带一路”的强烈愿望。

二、中阿是共建“一带一路”的天然合作伙伴

（一）友谊深厚，基础牢固

新中国成立后的70多年里，中国和阿拉伯国家在争取民族独立、实现民族振兴的道路上肝胆相照、风雨同舟，在经济全球化浪潮中同甘共苦、合作共赢，在国际风云变幻中患难与共、团结守正，凝聚成“守望相助、平等互利、包容互鉴”的中阿友好精神。尤其是近年来，中阿双方不断加强高层往来，就发展双边关系和共同关心的国际和地区问题进行磋商，不断增进的政治互信和深厚友谊，为中阿在各个领域的合作打下牢固基础。

近年来，中国提出的“全球发展倡议”和“全球安全倡议”得到阿拉伯国家的支持和响应，包括17个阿拉伯国家在内的100多个国家支持全球发展倡议，包括12个阿拉伯国家在内的60多个国家加入“全球发展倡议之友小组”。2021年，中国和阿盟签署《中阿数据安全合作倡议》，阿拉伯国家成为全球首个与中国共同发展数据安全倡议的地区。

新冠疫情发生以来，中国和阿拉伯国家风雨同舟、守望相助，在疫苗研用、联防联控、经验共享、医疗药品等方面高效合作，为全球抗疫合作树立典范。沙特国王萨勒曼是第一个致电习近平主席支持中国抗疫的外国元首，阿联酋全球第一高楼哈利法塔打出“武汉加油”等巨幅灯光标语，埃及三大世界文化遗产披上中国红，卡塔尔航空为中方抗疫开辟“绿色通道”。阿盟是世界上第一个集体自主发声支持中国抗疫的区域性组织。阿拉伯国家向中国捐赠了上千万只口罩等急需医疗用品。中国向8个有紧急需求的阿拉伯国家派出医疗专家组，同22个阿拉伯国家和阿盟、海合会举行60多场卫生专家视频会议，分享中国诊疗经验和防控方案。截至2022年10月，中国已向阿拉伯国家提供超过3.4亿剂疫苗。

（二）经贸合作，优势互补

部分阿拉伯国家长期遭受战乱、动乱影响，经济下滑，但人力资源和自然资源丰富，特别是石油和天然气的探明储量分别约占世界的54%和44%。而中国经过40多年的改革开放和快速发展，已跃升为世界第二大经济体、第一大工业国、第一大货物贸易国、第一大外汇储备国，对世界经济增长的贡献率达30%左右，在核能、航空、通信、互联网、高铁、基础设施建设等方面进入世界先进行列，“中国制造”质量上乘、科技先进、性价比高，而中国油气资源大部分依靠进口。中阿在上述方面形成的巨大反差和各自优势，正好为双方提供了优势互补、互通有无的机遇。

（三）安全合作，互有需要

中国和阿拉伯国家都面临着暴力恐怖势力、宗教极端势力、民族分裂势力这“三股势力”的威胁，共同打击这“三股势力”成为双方的共同使命。中国一直主持公道和正义，做中东安全稳定的促进者、发展繁荣的合作者、团结自强的推动者。中国向阿拉伯国家提供3亿美元援助，用于执法合作、警察培训项目。中国维和官兵在苏丹、黎巴嫩、南苏丹、索马里、西撒哈拉、中东停战监督组织等7个任务区及联合国总部执行维和任务。迄今，中国海军已派出42批舰艇编队，在亚丁湾、索马里海域累计完成1500余批次护航任务，中国还参与了6个阿拉伯国家的扫雷行动。

2017年，中国在吉布提建立的海外第一个后勤保障基地正式投入使用，增强了中国提供安全公共产品的能力。

（四）人文交流，互学互鉴

中国和阿拉伯国家都有着灿烂的文化、古老的文明，对人类文明的进步与发展做出宝贵贡献，双方都重视中道平和、忠恕宽容、自我约束等价值观念，反对孤芳自赏、唯我独尊、封闭隔阂、互相对抗，提倡文明对话，以文明交流超越文明隔阂，以文明互鉴超越文明冲突，以文明共存超越文明优越。通过交流互鉴，一起挖掘民族文化传统中积极处世之道同当今时代的共鸣点，相互从对方文明中寻求智慧、吸取营养，用实际行动驳斥部分西方国家散布的“文明优越论”“文明冲突论”“文明终结论”，让人文交流互学互鉴成为增进双方人民友谊的桥梁。

三、中阿共建“一带一路”取得显著成果

（一）政策沟通不断加强，政治互信日益加深

不论阿拉伯国家大小、强弱、贫富和社会制度不同，中国政府均本着“求同存异，和而不同”的原则，加强同阿拉伯国家的合作，积极构建包括高级别联合委员会、经贸联委会在内的多层次、多渠道政府间宏观政策沟通交流机制，与12个阿拉伯国家建立全面战略伙伴关系或伙伴关系。中阿合作论坛是推动中阿关系发展的重要引擎，论坛框架下已建立起17项合作机制。

面对百年变局和世纪疫情交织、世界不稳定不确定因素增多的复杂国际形势，中阿双方坚定维护公平正义，坚决捍卫联合国宪章宗旨和原则，维护以联合国为核心的国际体系和以国际法为基础的国际秩序。2021年，中方提出实现中东安全稳定的五点倡议、解决叙利亚问题的四点主张和落实巴以“两国方案”的三点思路，这些倡议和举措充分体现了中国负责任的大国担当。2022年12月，中阿、中海、中沙“三环峰会”在沙特首都利雅得成功召开，峰会发表和通过多份重要文件，双方签署几十项合作协议，成果丰硕，充分体现了中阿关系的深度融合和高度的政治互信。

（二）设施联通扎实推进，务实合作充满活力

中国积极推动“一带一路”倡议与阿拉伯国家的发展战略相对接，一大批公路、住房、电站、基础设施、能源、航空航天、造船、医疗卫生和科技等重大合作项目落地生根。例如，中沙联合投资100亿美元在沙特延布新建的炼油厂已投产，由中铁建修建的从沙特麦加到麦地那全长450公里的铁路已竣工；中国主题商城——巴林“龙城”于2015年9月落成开业，已有500多家中国企业入驻；天津泰达建设的中埃苏伊士经贸合作区一、二期项目持续推进，共吸引136家企业入驻，实际投资额超过15.11亿美元，累计销售额超过33.96亿美元，直接提供就业岗位5000余人，带动就业约5万人；中国企业总承包的世界上最大单体光伏电站——阿联酋宰夫拉太阳能电站已实现并网发电，每年减排二氧化碳240万吨；中国投资32亿美元修建的中国—阿曼杜库姆产业园，占地近12平方公里，是中国在阿拉伯国家建设的最大产业园；中国同沙特、阿尔及利亚、突尼斯、阿联酋、埃及、伊拉克等国开展北斗卫星导航系统合作；等等。

（三）贸易合作日益紧密，不断迈上新台阶

2021年，中阿双向直接投资存量达到270亿美元，比10年前增长2.6倍；中阿贸易额达到3303亿美元，同比增长约37%，比10年前增长1.5倍；2022年前9个月，中阿贸易额达3192.95亿美元，同比增长35.28%，接近2021年全年水平。2021年中国从阿拉伯国家进口原油2.65亿吨，占同期中国原油进口总量的51.6%。另外，中国石化同卡塔尔国家能源公司签署了世界上为期最长的27年、价值600亿美元的液化天然气购销协议。

海合会国家能源资源富集，石油、天然气储量分别占全球的30%、20%，是世界经济的能源宝库。中国保持海合会第一大贸易伙伴和第一大石化产品出口国地位。2021年，双方贸易额逆势增长44%，突破2300亿美元，中国从海合会国家进口原油突破2亿吨大关。中国前十大石油进口来源国中，海合会国家占据四席。

尽管受到新冠疫情影响，2021年第五届中阿博览会仍然在宁夏银川成功举行。这是首次以线上为主、线下为辅的博览会，总计签约277个、备忘录协议54个，计划投资和贸易总额达1566.7亿元，展现出中阿经贸合作的强大韧性和旺盛活力。

（四）金融合作步伐加快，资金融通充满生机

中国先后同阿联酋和卡塔尔签署等值 350 亿元人民币的双边本币互换协议，分别授予两国 500 亿元人民币和 300 亿元人民币的 RQFII（人民币合格境外机构投资者）额度，在两国开设人民币清算业务，设立共计 200 亿美元的共同投资基金，人民币在阿拉伯国家支付货币中所占份额持续增加。由中国国家开发银行牵头成立的中国—阿拉伯国家银行联合体是中阿首个多边金融合作机制，创始成员包括埃及国民银行、黎巴嫩法兰萨银行、摩洛哥外贸银行、阿联酋阿布扎比第一银行等阿拉伯国家银行机构，中方提供首期 30 亿美元中阿金融合作专项贷款，助力合作国经济社会发展。截至目前，中国国家开发银行在埃及、阿曼、阿联酋、科威特、沙特等阿拉伯国家贷款余额近 85 亿美元，支持了一批石化、电力、电信、金融等领域重点项目。

中国银行在阿联酋、巴林和埃及设立分行，中国工商银行在除阿曼外的海合会其他 5 个阿拉伯国家设立营业机构，中国国家开发银行在埃及、阿联酋、巴林、摩洛哥设立办事处，中国农业银行和中国出口信用保险公司分别在迪拜设立分行和办事处。埃及、阿联酋、沙特、卡塔尔、摩洛哥等阿拉伯国家的银行机构在中国设立多家分行、办事处。

中国联合阿拉伯国家共同实施产能对接行动，设立 150 亿美元的中东工业化专项贷款，向中东国家提供 100 亿美元商业性贷款、100 亿美元优惠性质贷款，促进阿拉伯国家工业化进程。9 个阿拉伯国家成为亚投行创始成员国和成员国，亚投行已向阿拉伯国家有关项目贷款总额达 6.63 亿美元，阿联酋哈斯彦燃煤电站是丝路基金在中东投资的首个项目。

（五）人文交流活跃，内容丰富多彩

中阿在青年、宗教、政党、新闻、教育、文化、卫生和广播影视等领域开展了丰富多彩的合作。截至目前，中国同 22 个阿拉伯国家全部签署文化合作协定，同大多数阿拉伯国家签署教育交流与合作协定。10 年来，中国为阿拉伯国家培训各类人才 2.5 万，向阿拉伯国家提供约 1.1 万个政府奖学金名额，派出医疗队 80 批次、医疗队员近 1700 人次。

近年来，阿拉伯国家正掀起一股“中文热”，阿联酋、沙特、埃及、突尼斯4个阿拉伯国家宣布将中文纳入国民教育体系，15个阿拉伯国家在当地开设中文院系，13个阿拉伯国家建有20所孔子学院、2个独立孔子课堂。14个阿拉伯国家成为中国公民出境旅游目的地国，10个阿拉伯国家给予中国公民免签或落地签。中国同7个阿拉伯国家开通直航，每周往来航班增至近200架次，每年人员往来达100多万人次。

四、中阿共建“一带一路”前景广阔

2022年12月，习近平主席在中阿、中海、中沙“三环峰会”上提出中阿共同推动“八大共同行动”和中海在“五大重点领域”合作等一系列重要举措，为推动新时期中阿关系发展、携手共建“一带一路”描绘了新蓝图，注入了新动力。当前，百年变局加速推进，世界进入新的动荡变革期，中东地区正在发生新的深刻变化。不管前进的征程上遇到什么困难和挑战，中阿都是共建“一带一路”的天然合作伙伴，需要进一步弘扬丝路精神，同舟共济，攻坚克难，在共建“一带一路”新征程上踔厉前行，携手构建面向新时代的中阿利益共同体和命运共同体。

专题五

为“一带一路”建立永恒友谊：中马青年民心相通的历史渊源、十年探索和展望

祝伟文[①]

“一带一路”倡议提出已迈入十周年，马来西亚是最早支持和参与“一带一路”的国家，双方合作成果丰硕，中国也一直成为过去十年马来西亚最大的贸易伙伴国。“互相尊重、有商有量、常沟通、保持弹性”是中马成功合作的重要因素。十年来，越来越多的中资企业来到马来西亚，以马来西亚作为辐射东盟的基地，因为马来西亚无论在投资环境、亲商的政策、人才资源、文化多元等优势，让中资企业倍感亲切。同时，在两国政府的支持与推动下，许多中资企业参与马来西亚多项大型基础设施建设。值得一提的是，中资企业不但带来资金，也带来先进的技术与管理经验，为马来西亚创造更多的就业机会。

马来西亚与“一带一路”历史渊源

马来西亚与“一带一路”渊源可以从600年前，中国明朝航海家郑和

① 祝伟文，马来西亚青年团结运动（青团运）永久名誉总会长。

七下西洋，五次停留在马六甲的事迹说起，那是古代海上丝绸之路的一段重要历史，也是马来西亚人认识中国的开始。到了21世纪的今天，马来西亚各民族仍然对郑和当时展开海上丝绸之路所展现的和平、包容、互鉴、共赢的精神表示赞扬。

自从中国国家主席习近平提出“一带一路”倡议以来，对于马来西亚官方与民间总体而言是非常支持与配合的。以马六甲为例，曾经遭受西方殖民，从葡萄牙、荷兰到后来的英国，再加上二战时期日本侵略统治的三年八个月，但郑和停留了五次却没有殖民马六甲的企图，也是时下马来西亚人给予中国“尊重主权”“合作共赢”“不侵略”最正面的看法。

“一带一路”倡议与郑和下西洋的精神具有相似之处，促进各国贸易畅通、带动各国实现经济计划、资源高效配置、开拓深层合作，共同打造开放、包容、惠及区域经济合作和文化交流的架构，为世界和平发展创造新力量。

在马来西亚落地的标志性“一带一路”项目

在众多基础设施项目中，两国双园、东海岸铁路项目等成为高质量共建“一带一路”的标志性项目，而在教育发展上的厦门大学马来西亚分校也是一项“突破性”的合作，造福了更多马来西亚莘莘学子。

两国双园是中马两国政府落实的两个具有重要意义的国际园区，一个是在中国广西的钦州，称为中国—马来西亚钦州产业园；另一个则在马来西亚彭亨州的关丹，称为马来西亚—中国关丹产业园，这两个园区开创“两国双园”的合作模式，正在打造先进制造业基地与文化生态新城。在两国领导人的大力推动下，“两国双园”获得中马两国有关企业的互相投资，尤其是马来西亚—中国关丹产业园改造成深水码头，加上海上丝绸之路沿线国家组织港口联盟的加持，实现了海陆并进。

另外一项正如火如荼展开的标志性工程项目是马来西亚东海岸铁路（简称“东铁”），连接马来西亚半岛东海岸的关丹港与位于西海岸马六甲海峡的巴生港，将为东海岸经济发展带来巨大效益。虽然马来西亚政治局势于2018年、2020年与2022年分别出现变化，2018年上任的希望联盟政府因为财政预算、成本效益等问题，决定暂时搁置该计划项目。而于2019年4月，经过马来西亚铁路衔接公司（MRL）与中国交通建设股份有限公司协商后，双方签订补充协议，决定重启东铁建设，对路线做出调整，并减少车站，将建筑成本从原先的655亿令吉减至440亿令吉。2021年，该项目又再一次更新，南部路线维持第一版的线路走向，北部线路维持第二版的缩减，线路长度最终调整为665公里，造价502亿令吉，2027年底将完工投入服务。

东铁项目建设期间经过停工、调整与修改，并顺利继续施工，是因为数位马来西亚首相（总理）高度重视“一带一路”建设为马来西亚带来的发展机遇和经济效益，也印证了两国领导人保持高度沟通，秉持相互尊重的原则共同解决问题。

马来西亚华人社会积极响应“一带一路”

华人占马来西亚总人口的23%，是马来西亚第二大族群，祖籍多数来自福建、广东、广西与海南，以从商为主，且具备颇高的经济地位。在“一带一路”的倡议下，许多华商大力支持与响应，深化与中国的贸易往来以及开拓更多的项目合作，棕榈油、榴莲、毛燕等马来西亚特色商品大量销往中国市场。

华人社团、华人青年社团长期以来发挥着代表马来西亚华人的群体力量，继承弘扬中华民族的传统文化和价值内涵。马来西亚中华大会堂总会（华总）、马来西亚中华总商会（中总）、七大乡团、八大华青、马中总商会、马中友好协会以及众多的血缘性、地缘性华人社团等，对“一带一路”倡议持肯定态度，发挥了文化传播、民心沟通和舆论导向等多种积极作用。

不可或缺的“民心相通”

诚如中国国家主席习近平曾言道：“国之交在于民相亲，民相亲在于心相通。”为延续丝路精神，中国积极推动政策鼓励人文交流，民心相通被视为“一带一路”倡议中不可或缺的一环。笔者于2018年4月13日率领四十名华裔青年领袖代表与中国驻马来西亚原任大使白天进行交流，白天大使充分肯定八大华青在马来西亚华裔青年社会中所发挥的重要作用，鼓励青年社团继续大力参与构建和谐华社，并团结其他族裔青年，为促进马来西亚族群融合和助力中马友好作出更多贡献。

我们希望中国除了经济与工商领域以外，能够落实更多文化交流、学术交流、青年互动、大学生交换计划，促成更多中马小微企业、创新企业在新科技、新产品、智能制造项目上的合作。过去十年，在“一带一路”倡议的带动下，中马两国开展了多个青年合作项目，比如，每年举办的马来西亚华裔青年领袖赴华考察团、“一带一路”青年论坛、冬令营、夏令营、赴华参加侨领研习班等等。笔者曾随时任马来西亚青年及体育部副部长沈志强到北京参加“亚洲文明大会”，拜访“丝路青年论坛”，“丝路青年论坛”秘书长杨东平也多次到访吉隆坡考察访问，这是“一带一路”倡议为青年人文交流提供的契机。

曾经有一名马来友族同胞参加了大专生赴华学习考察团，实地了解中国的发展与进步，也有机会与西安的回民交流生活，现在他成为说好中国故事的青年使者。2019年，在“马来西亚青年领袖友好丝路行”中，马来西亚青年领袖亲身到中国了解中国文化、文明和文化遗产，开拓交流的窗户，随后中国青年则到马来西亚交流，在与马来西亚青年的交流中，中国青年充分感受到马来西亚人民的热情、多元种族社会与真实的面貌，各族之间能够和谐相处，互相包容共同建立一个美好的国度。这些好口碑都是发自青年内心的感受。

另一方面，新冠疫情前到访马来西亚考察交流的中国青年代表团也不在少数，包括来自清华大学社团骨干培养计划学生领袖参访团、青年企业家商务考察团、青少年文化艺术交流团等。

马中友好协会积极推动两国民间友好往来，安排在马来西亚的中国留学生深入社区，到原住民和马来村庄，让留学生更深入了解马来社会的文化与生活习俗。

2018年在吉隆坡盛大举行的“共建美好未来”主题图片展，分为“砥砺奋进·神州天地”“一带一路·丝路荣光”“友好互利·共享繁荣”三个章节，吸引许多华校学子前去参观，一窥中国提出“一带一路”倡议后的丰硕成果。

中企实现青年梦

马来西亚中车轨道交通装备有限公司是中国铁路装备首个海外制造基地，涵盖生产、组装、测试、维护保养、翻新等业务，位于霹雳州巴都牙也，厂区占地面积307亩，公司84%的员工以及92%的一线作业人员为马来西亚员工。

2015年7月，中车马来西亚公司正式投产，马来西亚由此成为东盟第一个拥有轨道交通装备产品制造能力的国家。马来西亚交通部与中车公司签订十三列混合动力建车组、九列现代超级动车组的购销合同，这是马来西亚中车轨道交通装备公司实现当地营销的第一单。马来西亚的火车由马来西亚人自己造，这个梦想已经实现。本地员工维贾·库马尔曾经接受媒体访问时表示，他从小就喜欢火车，在中车公司短时间内从一名普通员工成长为车间主任，看到自己参与制造的列车驶上轨道和投入营运，实现了儿时的火车梦。中车在马来西亚雇用90%本地员工的举措，不但带动马来西亚的就业机会，也在技术输出方面提升马来西亚技术人员的素质。

厦门大学马来西亚分校高质量培养青年人才

厦门大学是第一所由华侨创办的中国大学，创办人陈嘉庚是当时马来亚著名的华侨领袖、企业家、教育家、慈善家。据马来西亚陈嘉庚基金联合主席陈友信拿督介绍，1913 年开始，陈嘉庚在家乡与第二故乡马来西亚兴办小学、中学、师范学校等，并于 1921 年 4 月 6 日独资创办厦门大学。

厦门大学马来西亚分校是中国教育部批准的境外办学重点项目，得到马来西亚政府和华社的大力支持。开办迄今，招生数量和课程数量快速增加，已有近 6000 名来自全球 30 多个国家和地区的学生在分校学习。2022 年，厦门大学马来西亚分校与陈嘉庚基金携手举办“马中青年嘉庚精神交流会”，汇聚两国青年一同学习嘉庚精神。厦门大学马来西亚分校校长王瑞芳教授介绍，鉴于家族渊源、语言到饮食文化，厦门和南洋华人之间有着天然的、历史的特殊联系，加上陈嘉庚在东南亚华人的崇高威望，百年来吸引许多华裔青年到厦门大学深造。

作为弘扬嘉庚精神为主要目标的综合性机构，马来西亚陈嘉庚基金相继创办“陈嘉庚文化中心委员会”“陈嘉庚纪念馆”“嘉庚学堂”，举办“陈嘉庚精神奖”，致力于策划展览、举办学术与推广活动、培养人才、支援教育工程等，让丝路青年认识陈嘉庚与厦门大学。

疫情见真情

新冠疫情大流行期间，中马两国政府和人民患难与共，守望相助，一方有难，八方支援。在疫情暴发初期，马来西亚政府与华社积极筹集医疗资源援助武汉，向中国捐赠 100 万美元、1800 万只医用手套和 15 吨食品。随后，中国通过政府和私人渠道向马来西亚捐赠口罩、个人防护设备和呼吸机等医疗用品，从广州派遣一支医疗专家团队分享他们应对疫情的经验。

马来西亚是首个同中国签署政府间新冠疫苗合作协议和达成疫苗接种互惠安排的国家，双方开展疫苗生产、研发、试验、采购等全方位合作，成为两国携手抗击疫情的亮点。中国一共累计捐赠350万剂科兴疫苗给马来西亚，也是马来西亚获得的第一批疫苗供应，此举体现了两国“遇山一起爬、遇沟一起跨”的深厚情谊。中国在迅速控制其疫情后，便积极帮助包括提供疫苗、防疫物资等给马来西亚等国家。在自身人口基数巨大、疫苗供应十分紧张情况下，中国对所有向中方提出疫苗合作需求的国家都作出积极回应，为全球抗疫做出重要贡献，充分体现了中国的担当。相信在后疫情时代，中马全面战略合作伙伴关系将不断巩固、深化提升，这符合两国人民的共同愿望和利益。

结　语

在“一带一路”合作的大框架下，中马两国在政治、经贸、人文、青年等领域的交流合作成果丰硕，成为可信赖的朋友和可靠的伙伴。笔者相信未来十年两国在“一带一路”倡议下依然大有可为，两国青年增进了解、互学、互鉴、互访、交流、合作，创造更多宝贵机遇，继续成为中马友好的民间使者，“民心相通”永恒发展，实现人类命运共同体。

专题六
共建“一带一路”倡议十周年：发展中国家的新机会①

帕利塔·科霍纳②

中国国家主席习近平于2013年发起“一带一路”倡议，十年来，通过中国的巨额投资，一大批公路、铁路、港口、公共卫生、数字经济等项目已经建成，或者正在完成的过程中，涉及亚洲、非洲、欧洲等众多国家，促进了沿线国家的经济联系、互联互通和贸易畅通，成为一个巨大的经济发动机，预示着人类更繁荣的共享未来新时代。

值得关注的是，在“一带一路”倡议提出和实施的过程中，得到了不少国家和人士的赞扬，认为跨越多个大洲的发展中国家从中国的慷慨援助中得到受益机会，即：中国利用其巨额盈余资金，在沿线国家建设、购买或租赁港口、机场、高速公路和其他基础设施等战略资产。不过，也有一些批评声音认为，此举会导致贫穷国家陷入“债务陷阱”。实践证明，“一带一路”建设过程中不断吸纳关于环境保护、当地文化传承、少数民族权利保障等意见，对有关项目进行调整优化，不少沿线国家建成公路、铁路、住房、港口等，当地经济得以升级，人民生计得以改善，甚至一些经

① 备注：本文根据作者英文稿进行翻译和整理。

② 帕利塔·科霍纳，斯里兰卡驻华大使，斯里兰卡前常驻联合国代表，斯里兰卡前外交大臣。

济停滞或者倒退多年的贫穷国家开始重新向前发展。

扎根于历史的古丝绸之路

“一带一路”被描述为历史上的古丝绸之路的现代演变。在中国汉朝（公元前206年—公元220年）向西扩张期间，新生的古丝绸之路开始繁荣起来，这在很大程度上给曾经难以管理的西域带来了汉朝的帝国秩序。汉朝帝国使者张骞受命探索西域地区的未知土地，寻找潜在的贸易机会和盟友。而后，中国商人看到了在西域地区建立贸易网络和创造财富的机会，在今天的中亚国家（阿富汗、哈萨克斯坦、吉尔吉斯斯坦、塔吉克斯坦、土库曼斯坦和乌兹别克斯坦），以及今天的南亚国家（印度、巴基斯坦）开拓双向贸易，这些贸易路线绵延4000多英里，并囊括欧洲、中东等地区。中国的丝绸、瓷器、玉、纸等商品流通到古丝绸之路沿线国家，中国从沿线国家获得黄金、银和其他金属、象牙、玻璃等商品。从两千年前的古丝绸之路发展可以看出，如今广泛流传的“全球化”概念在当时就出现了。比如，中亚地区将发达的东西方市场连接起来，带来巨大财富；文化、宗教也在古丝绸之路的贸易合作中得以传播和融合，佛教等宗教沿着古丝绸之路向东传播。

中国成为全球经济强国

中国于2001年加入世贸组织，并受益于全球化带来的贸易顺差。中国近年来迅速增长的财富和盈余，是促成“一带一路”倡议诞生的重要因素。此外，中国在过去40多年改革开放取得的经济社会成功，为“一带一路”建设奠定了基础。今天，中国已经成为仅次于美国的世界第二大经济体，投资建设了全球规模最大的公路和铁路网络，通信系统与西方发达国家同样先进，现代城市纷纷建成。中国高质量的公共资产投资刺激了互联互通、经济增长和社会凝聚力，中国经济社会成功使得国民对国家及其治理体系、中国特色社会主义充满自豪感。中国已经消除了绝对贫困，超过一半的人口进入中等收入群体。

中国已经形成具有自身特色的经济发展方式，即：以人为中心的协调发展，政府精心制定五年发展规划，并认真贯彻，并在实施过程中加强监测，一旦出现失误，立即纠正；近年来的反腐运动也产生了巨大正面影响；中国人民具有纪律性、责任感等特点。上述因素结合在一起，把一个贫穷国家发展为经济、技术和军事强国。可以说，中国重新绘制了世界贸易版图，使得中国处于中心地位，“一带一路”建设已影响世界上60%以上的人口和大约35%的全球经济。世界银行估计，“一带一路”建设可以促进参与国的贸易流动增加4.1%，削减全球贸易成本的1.1%—2.2%，到2040年，“一带一路”建设可能每年使全球GDP增加7.1万亿美元。

“一带一路”建设的价值

凭借强大的经济影响力、自信心和抵御国际欺凌的能力，中国积极寻求本国工业的全球合作机会、本国财富的全球投资机会，为那些被部分欧美发达国家忽视的发展中国家带来发展机会。中国的投资没有任何附加条件，也没有任何公开或秘密的政治干预，旨在共建共同繁荣的“一带一路”。同时，共建“一带一路”并非只是中国投资，还包含来自多个国家、国际银行的投入，比如，俄罗斯金融机构与中国公司合作，共同在东欧地区投资建设基础设施。

截至目前，“一带一路”建设的投资额是惊人的，中国已经在亚洲、非洲和拉丁美洲共投资了约1万亿美元，一些沿线国家广泛受益。分析人士估计，迄今为止最大的是投资总额620亿美元的中巴经济走廊，完成和实施了22个第一阶段的优先级项目，旨在解决阻碍巴基斯坦发展的能源短缺、交通基础设施缺乏等问题。

2022年，“一带一路”建设的投资多由私营企业主导，例如宁德时代和阿里巴巴，而建筑工程则主要由国有企业主导。未来的合作热点可能有五种项目类型：新技术（如电池）、基础设施（如管道、公路、铁路）、信息和通信技术（如数据中心）、资源开发的交易（如石油、天然气）和战略性高价值项目（如铁路）。

斯里兰卡受益于共建“一带一路”

以斯里兰卡南部的汉班托塔港为例，该港口的建设资金来自中国，后来以11.2亿美元的价格租给了中国和斯里兰卡合营的汉班托塔国际港口集团。20年前，建设汉班托塔港港口的可行性研究报告由来自加拿大、丹麦的两家公司编制完成，均建议该项目是可行的。据估计，每年有36000艘船航行到汉班托塔港南部，在汉班托塔港尚未建成前，斯里兰卡只有一个主要港口——科伦坡港，但科伦坡港无法服务如此规模的物流，且主要处理集装箱业务，因而长期无法满足市场需求。

斯里兰卡政府曾经与世界银行、西方国家、印度接触，要求为汉班托塔港项目提供援助，但遭到拒绝。后来，斯里兰卡转向中国，经过多次谈判达成合作，中国进出口银行的资金以非常有利条件提供。汉班托塔港口建设投资不能被描述为债务—股权交换或为换取港口控制权而取消债务。

斯里兰卡政府将汉班托塔港70%的股权租赁给中国招商局集团，99年的租金为11.2亿美元，但该租金并没有用来直接偿还港口建设产生的债务，而是用来加强斯里兰卡的外汇储备和偿还一些短期外债。汉班托塔港30%的股权由斯里兰卡港口管理局拥有，其商业运营由中国招商局集团和斯里兰卡港口管理局共同处理，而斯里兰卡政府仍保留汉班托塔港的所有权。如今，汉班托塔港成为重要的转运港口，在2019年吞吐量达到100万吨，中石化、斯里兰卡海运服务公司、斯里兰卡Laugfs控股公司等企业在该港口均有布局。可以说，斯里兰卡债务问题不是中国造成的，主要原因在于财政赤字持续存在，历届斯里兰卡政府从国际市场借款，导致债务难以及时偿还的恶性循环。

“一带一路”建设并不局限于基础设施建设

2020年，世界震惊于对中国动员政府资源、医疗设施和技术力量，高效应对新冠疫情，控制了可怕的病毒。中国派遣医疗队伍协助其他国家应对疫情，提供了大约20亿剂疫苗，其中包括2亿剂免费疫苗。中国提出将疫苗作为不受知识产权限制的公共产品。斯里兰卡受益匪浅，中国向斯里兰卡运送了2600万剂疫苗。斯里兰卡能够应对疫情，甚至向游客重新开放，很大程度归功于中国的慷慨，将被斯里兰卡人民长期铭记。

新冠疫情期间，2000多名斯里兰卡学生正在中国接受高等教育，被迫回国。如今，他们几乎都回到中国高校。中国许多地方都表示有兴趣接纳斯里兰卡学生赴当地高等教育机构学习。这对于中斯两国民心相通是很好的方式。

在斯里兰卡，共建“一带一路”倡议下的投资包括汉班托塔港、马塔拉机场、高速公路、科伦坡港口城市、科伦坡莲花池表演艺术中心和莲花塔等项目建设。其中，莲花表演艺术中心由中国政府提供510万美元建设，由北京市建筑设计研究院设计，建筑灵感来自12世纪由帕拉克拉马巴胡国王建造的位于波隆纳鲁瓦的莲花池；莲花塔是南亚最高塔，高350米，由一家中国公司建造，设计灵感来自《莲花经》。

联合国环境规划署前执行主任埃里克·索尔海姆在接受《中国日报》采访时表示：“我们应该寻找双赢的合作机会，而不是把一切都视为政治竞争。”总的看，共建“一带一路”倡议的目标是为人民创造一个共同繁荣的世界，一个更美好的世界。因此，中国与沿线国家通过应用国际标准，确保透明度，承担社会责任，将会持续实现发展目标。

专题七
“一带一路”十周年青年工作综述

史志钦[①]、池昊函[②]

“青年强，则国家强。”青年是未来的领导者，是促进“一带一路”沿线各个国家加强友好关系的关键。“一带一路”倡议提出十年以来，中国青年培养和提升了自身的责任感和全球视野，承担起了“民心相通”的责任，有理想、敢担当、能吃苦、肯奋斗，为实现人类命运共同体做出了贡献，为促进各国人民民心相通奉献了力量。

一、“一带一路”倡议实践中，青年群体的独特性及重要作用

（一）青年群体的独特性为“一带一路”注入活力

青年人朝气蓬勃，对新鲜事物和环境感兴趣并充满期待，更容易在沟通交流中打破障碍，成为“一带一路”实践中促进各个国家加强友好关系的关键。

一是青年群体创新能力强。青年具有较强的创新能力和创业精神，能够为“一带一路”倡议注入新的活力和动力。他们可以利用新兴技术和

---

① 史志钦，清华大学“一带一路”战略研究院执行院长，清华大学智库中心副主任，丝路百科杂志社执行总编辑。

② 池昊函，清华大学“一带一路”战略研究院院长助理。

新型商业模式，探索创新的发展路径，为实现“一带一路”倡议的目标作出贡献。

二是青年群体语言能力优秀。青年具有优秀的语言能力和跨文化交流能力，能够作为桥梁和纽带，促进“一带一路”沿线国家之间的交流和合作。他们可以通过参与文化交流和语言培训等活动，促进文化交流和理解。

三是青年群体国际视野广。青年具有国际化视野和全球化思维，能够为“一带一路”倡议的国际化发展提供支持。他们通过参与国际合作和服务跨国企业等，拓展自己的国际视野，了解不同国家和地区的文化和发展模式，提高自身的全球化思维能力。

四是青年群体代际传承强。青年是社会的未来和希望，具有代际传承的重要作用。中国青年可以通过参与“一带一路”倡议的实践活动，传承和发扬中华文化，推动中华文化走向世界，外国青年则在这一过程中受到中国文化价值观念的熏陶，增进与中国青年的了解和认同。

（二）青年群体在“一带一路”倡议实践中发挥重要作用

青年群体是“一带一路”建设的重要参与者，无论是海外建设项目还是国际文化交流，他们都积极融入并作出独特贡献。

首先，青年群体在“一带一路”倡议实践的各个领域作出贡献。一方面，他们是各类基层项目的推动者，积极参与到基础设施建设、文化交流、创新创业等方面；另一方面，他们是“一带一路”建设的知识普及者，通过各种形式向外界传递中国的声音，宣传中国的文化、历史和成就。

其次，青年是“一带一路”倡议下广泛交流合作的主要力量。青年在“一带一路”建设中通过参加国际性的交流和合作活动，增强与其他沿线国家的了解和友谊，促进共同发展。他们在各个领域通过多种方式加深各沿线国家的文化、经济和人文交流，为各方的互利合作创造了良好的氛围和环境。

再次，青年是“一带一路”倡议实践中创新创业的推动者。在“一带一路”建设中，青年积极参加创新创业，促进新技术、新产品、新业态发展。他们通过不断创新，提高了沿线国家的技术水平和产业竞争力，带动了各国的发展和进步。

最后，青年是“一带一路”倡议实践中责任意识的倡导者。在“一带一路”建设中，青年肩负起重要的责任，积极倡导“和平、合作、开放、共赢”的理念，推动共建“人类命运共同体”，呼吁各方加强沟通、协作，为共同发展创造良好的国际环境。

二、中国青年在参与“一带一路”倡议的实践中不断成长

在践行“一带一路”倡议的实践中，中国青年通过参与基础设施建设、文化交流、志愿服务和创新合作等多种形式，积极推动中国与沿线国家和地区的合作交流，为推动共同发展和繁荣贡献力量。

（一）参与基础设施建设：在创新创造中展现青春风采

中国青年积极参与科技研究，在工程设计、施工和管理等方面提供技术支持和服务，在积极参与“一带一路”沿线国家和地区的基础设施建设项目中推动知识共享、跨国创新。

在世界最长的全预制桥梁——文莱淡布隆跨海大桥建设中，中国建筑青年创新研发不落地移动施工钢平台，实现“桩上打桩、梁上运梁”的“空中施工”工艺，做到全程不落地施工、机械设备“零着陆”，解决了工程环保要求的“世界级”难题，这在世界范围尚属首次。

2021 年 9 月 1 日，以色列海法新港如期开港，这是我国企业首次向发达国家输出“智慧港口”先进科技和管理经验。中国建筑青年在建设过程中因地制宜采取了很多在当地首次采用的技术和工艺，如高智能化的桥吊及轨道吊控制操作系统、船舶岸上供电系统、独具以色列标准要求特色的消防泡沫炮和消防水幕系统等，为自动化港口“智慧大脑”的运行提供了基础保障。

（二）开展文化交流活动：在互融互鉴中增进友谊互信

中国青年通过举办文艺演出、文化展览、传统手工艺品展示等文化交流活动，加深与沿线国家和地区之间的了解和认同，增进沿线国家和地区之间的友谊和互信。

在马来西亚，中国建筑积极推进校企合作，与苏丹阿兹兰沙大学合作建立“中马建筑技术职业教育发展中心”，面向中方员工开展马来语培训，面向属地员工开展建筑水电专业培训等覆盖超 1000 人次。与拉曼大学联合举办中外青年对话会，与马来西亚国立大学等当地多所高校合作开展学生实习项目，受邀参与马来亚大学“创新开放日”等，青年员工和当地师生积极参与，在心与心的交流对话中汇聚青春共识。

在印度尼西亚，中国建筑青年充分尊重当地习俗，结合开斋节、圣诞节等为 136 名印尼籍员工持续送上节日祝福。每逢中国传统节日，中外青年一起举办贴春联、猜灯谜、包饺子等民俗体验活动，在互动交流中实现彼此交心、文化交融。

（三）开展公益与志愿活动：在志愿服务中彰显责任担当

中国青年作为志愿者参与了许多“一带一路”倡议相关的公益活动。他们在教育、医疗、环境保护等领域开展服务活动，提供帮助和支持，为沿线国家和地区的发展和民生改善贡献力量。

中国建筑青年在埃及开展“红海行动—海滩清洁战”海洋保护活动，对 Sokhna 海滩的塑料、废弃布料和金属废弃物等进行分类拾捡、处理，吸引 30 余名中埃青年员工参加，过程中还吸引了部分当地居民加入。属地员工 Amr 说：“这是我第一次见到，也是第一次参与由一个外国企业开展的海洋保护活动，对我们国家的环境保护很有意义。”

在菲律宾、巴基斯坦、马来西亚、印尼、阿尔及利亚、莫桑比克等地遭遇山火、洪水、台风等灾害时，中国建筑出动装载机、挖机等各类机械设备，派出青年志愿者，帮助当地民众抢救物资、扑灭山火、清理道路、疏导洪水等，并积极捐赠食物、矿泉水、衣物等救灾物资，帮助当地居民渡过难关。从帮助巴基斯坦当地学校修缮水渠，再到帮助厄瓜多尔圣埃伦娜民众解决灌溉和饮水问题，中国建筑青年积极为沿线国家和地区社会民生贡献绵薄之力。

在伊提哈德铁路沿线存在多个阿联酋国家级生态保护区。铁路线将巴卡阿苏卡陆地自然保护区北端割裂，使得濒危物种翎领鸨和刺尾飞蜥的保护工作和沿线生态环境保护受到挑战。中国建筑青年通过对区域内生态现状进行细致调查、耐心分析、制定方案，成功南迁并扩建了生态保护区，保证了濒危物种的正常生存环境。同时，他们在铁路线下修建了70个涵洞便于动物穿行，开发了50公顷的翎颌鸠觅食区，种植了750株阿拉克树及1600株热带植物灌木，以实际行动践行着“人与自然和谐相处”的发展模式。中国建筑连续两年获得被誉为中东“绿色奥斯卡”、公认为“阿拉伯地区可持续发展标杆”的阿拉伯企业社会责任大奖。

（四）带动创业创新：在助力当地发展中致力互利共赢

中国青年积极参与创新创业、企业合作等“一带一路”沿线国家和地区的多维合作，帮助沿线国家和地区培养了大量技能型人才和管理人才，提高了本地劳动者技能水平，带动就业与收入提升。

在阿尔及利亚南北高速项目建设中，中国建筑青年编制多语种培训教材，通过实习生观摩学习、系统培训等措施，培养属地化员工技术骨干，传授先进施工经验，帮助他们成长为掌握高速公路建设各种技术的建筑工人。项目建设过程中，中国建筑累计聘用了逾万名属地员工，极大地带动了当地就业。其中，很多人购置了新家具、盖了新房子，还有人买上了小汽车，生活水平稳步提升。

肯尼亚内罗毕供水管线项目大力推进雇员本土化，实施“一对多”方案，组建了13支带教队伍，开展技术培训活动，累计帮助当地500多个年轻人实现了从零基础到建筑产业工人的蜕变。海外职工王约翰和青年工程师于春雨就是其中典型的一对。为让王约翰尽快掌握技能，于春雨为他开设了测量带教课程。通过连续65天的学、练，王约翰掌握了水准仪的标准使用流程和正确使用方法。六年的相处，二人也建立了亦师亦友的深厚情谊。

三、丝路青年关注涉及“一带一路”建设的热点

丝路青年在“一带一路”实践中了解中国、感受中国、爱上中国，在这个过程中，可以看到一些关键词成为他们关心的热点。

（一）构建人类命运共同体

多米尼克青年黛莉亚·杜克雷认为，“一带一路”倡议不仅让很多国家很多人重新认识了古丝绸之路的伟大历史意义，还对人类命运共同体理念形成了广泛的共识。如今，共建“一带一路”倡议成为全世界众多国家实现新发展的机遇。

（二）中国式现代化

摩洛哥青年阿明认为，中国的发展模式为发展中国家提供了一条以中国方式实现现代化的新道路。中共二十大报告明确的中国式现代化，不仅包含公认的现代化特征，也包含中国的特色。中国经济的持续发展和技术独立是中国现代化的标志，现代化建设立足国情，以人民的利益为先。今天的中国式现代化道路，是一条推动构建人类命运共同体的和平发展道路，具有新的标杆意义。

（三）中国共产党

佛得角青年达妮塔·伊冯·罗穆阿尔多·利马认为，中国取得今天这样的成就，不是偶然的，最根本的原因是有中国共产党的坚强领导。这是中国共产党始终以人民为中心，坚持为民族谋复兴、为人民谋幸福的奋斗结果。她认为，中国共产党最重要的成功经验就是自力更生，中国的经济发展主要依靠的是人民的力量，是依靠自己的能力发展壮大的。

（四）中华文化

尼日利亚青年阿米娜·加吉认为，中国的文化和旅游资源非常丰富，北京更是一座历史文化深厚的旅游城市。著名的中国长城令人叹为观止，历经几千年风雨仍巍然屹立，这本身就是中国人民辛勤智慧和认真负责的一个标志，使人不禁追溯和回忆中国悠久、光辉的历史。她从中国获得的价值观将永远对她有益，她希望有更多人能体验中华文化。如果我们都努力为彼此创造价值，我们的世界会更好。

（五）“一带一路”

喀麦隆青年苏勒·马努认为，“一带一路”倡议使青年受益匪浅。青年是“一带一路”合作的生力军，但同时面临多重共同挑战，如全球变暖、人口老龄化等。青年人必须继续保持开放的心态，从不同的独特经历中相互学习。现在，最终共同发展的力量在于青年这一代人，各国青年要以合作的心态共同承担起这个使命和责任。

（六）交流合作

加纳青年穆萨·弗林蓬认为，随着中国在诸多领域的崛起，他相信中加两国之间的交流合作将更加广泛、更加深入，特别是在技术、创新和创业领域。加纳正在崛起成为非洲的经济中心，他相信，如果我们深化教育交流，两国将在很多方面受益。

（七）教育

贝宁青年诺言认为，在教育领域的合作和探讨可以深化中贝两国各层次关系，增强彼此的了解和友谊。文化和教育是贝宁与中国合作的决定性动力，因为许多来自贝宁的年轻人选择在中国继续他们的教育。他相信，在两国国家领导人和政府的大力支持下，中贝两国青年将继续深入了解彼此的文化，共同携手为“一带一路”建设作出更多贡献。

四、丝路青年未来在“一带一路”发展中的机遇和空间

（一）数字经济

一是促进数字技术合作，青年可以通过创新创业，推动数字技术的研究和发展，促进数字技术在各个领域的应用和推广；二是推进数字贸易，青年可以通过数字化营销、电子商务等手段，积极参与数字贸易，促进各国之间的贸易往来和经济合作；三是推进数字基础设施建设，青年可以通过参与数字基础设施建设，推动数字技术在各个领域的应用和发展。

（二）绿色环保

一是推广可再生能源，青年可以通过举办绿色环保主题活动、组织可再生能源技术交流会议等方式来提高社会对可再生能源的认识和使用率；二是开展环境保护项目，青年可以在污染治理、水资源保护、植树造林等方面开展项目；三是推动绿色投资，青年通过推广绿色投资理念、介绍绿色金融产品等方式，吸引更多投资者参与绿色环保领域的投资；四是倡导绿色生活方式，青年可以绿色出行、减少浪费、推广环保产品等，引

领更多人加入绿色环保的行列中。

（三）医疗卫生

一是医学研究和技术创新，青年医学专家可以开发智能医疗设备，提高医疗效率，降低医疗成本，促进医疗卫生科技的交流和合作；二是基层医疗服务，青年医生可以开展义诊，为欠发达国家居民提供帮助；三是医疗卫生人才培训，青年医疗专家可以开展医疗卫生人才培训，帮助沿线国家医护人员提高技能水平；四是医疗卫生资源共享，青年技术专家可以建立医疗卫生信息平台，促进跨国医疗卫生合作，促进中外医疗卫生机构的交流和合作。

（四）教育科技

一是推广在线教育，青年可以借助移动互联网、5G等技术，帮助沿线国家的民众获得高质量的教育资源；二是创新教育模式，青年教育工作者可以探索新的教育模式，如游戏化教学、人工智能辅助教学等，为沿线国家的教育事业注入新的活力；三是推进科技转移，青年技术人才可以帮助沿线国家推进科技转移，为他们带来更先进的科技和技术；四是合作研发，青年技术人才可以参与到跨国合作的研发项目中，共同研究和开发符合沿线国家需求的技术和产品。

（五）旅游文化

一是旅游交流，青年可以参与组织或参加跨国青年旅游交流活动，利用互联网和社交媒体平台推广旅游资源，提高沿线国家的旅游知名度和吸引力；二是文化传承，青年可以通过学习和传承本国传统文化，向沿线国家介绍本国文化和历史，参与跨国文化艺术交流活动，向沿线国家展示各自文化的魅力和艺术水平；三是旅游服务，青年可以在旅游行业就业创业，提供优质的旅游服务，创新旅游产品，开发具有本地特色和吸引力的旅游线路，推广旅游目的地；四是旅游管理，青年可以参与旅游管理工作，推广绿色旅游理念，利用信息技术和数字化手段提高旅游管理和服务水平。

后记

本书以“我们这十年：青年梦想、青年使命、青年担当与青年作为”为主题，以习近平主席在“一带一路”国际合作高峰论坛开幕式演讲中提出的“一带一路”建设目标——和平之路、繁荣之路、开放之路、创新之路、文明之路为指引，结合丝路青年参与“一带一路”建设的深度和广度，以共建“一带一路”的首个十年为时间维度，分领域为读者描绘了一幅波澜壮阔的“一带一路”青春画卷。全书系统总结分析了丝路青年参与“一带一路”建设的主要成就、典型案例和风险挑战等，为丝路青年了解、参与、共建“一带一路”提供了翔实系统的方向和路径指南，对国内外有关政府部门、企事业单位、非营利组织、青年组织、新闻媒体等更好推进“一带一路”青年交流合作和推动共建“一带一路”高质量发展提出了对策建议。

国家命运与个人前途休戚相关，民族振兴与个体发展紧密相连。深入推进“一带一路”建设，共同构建人类命运共同体，需要靠一代又一代丝路青年的接续奋斗。朝气蓬勃、昂扬奋进，丝路青年有着大担当和大作为，正如习近平主席指出，“奋斗是青春最亮丽的底色”，丝路青年要有“锐意创新的勇气、敢为人先的锐气、蓬勃向上的朝气”，“勇于创业、敢闯敢干，不断开辟事业发展新天地”。《“一带一路”青年发展报告》编委会也将持续记录、研究丝路青年奋斗史和发展史，为“一带一路”建设提供更多时效性、针对性、高质量的智库成果。

需要说明的是，本书在编写过程中，参考借鉴了一些学者、专家、机构的研究实践成果和资料数据，在此表示真诚感谢。请相关版权所有人与本书编委会联系（邮箱：158950711@qq.com），以便致奉谢意和薄酬。如有争议内容，也请有关人员及时与我们联系，本书再版时将予以调整。

由于时间仓促和编撰者知识面有限，本书编写错误与疏忽之处在所难免，希望各位读者及时给我们反馈意见。我们也非常愿意与读者就丝路青年发展各项议题进行广泛深入的交流、探讨和合作。

责任编辑：池　溢
装帧设计：胡欣欣

图书在版编目（CIP）数据

"一带一路"十周年青年发展报告 / 于洪君，史志钦 主编 . — 北京：人民出版社，2023.7

ISBN 978－7－01－025772－3

I. ①一…　II. ①于…　②史…　III. ①青年－发展－研究报告－中国　IV. ① D669.5

中国国家版本馆 CIP 数据核字（2023）第 114496 号

"一带一路"十周年青年发展报告

YIDAI YILU SHIZHOUNIAN QINGNIAN FAZHAN BAOGAO

于洪君　史志钦　主　编
杨东平　刘　洋　执行主编

人民出版社 出版发行
（100706　北京市东城区隆福寺街 99 号）

北京九州迅驰传媒文化有限公司印刷　新华书店经销

2023 年 7 月第 1 版　2023 年 7 月北京第 1 次印刷
开本：710 毫米 ×1000 毫米 1/16　印张：22　插页：3
字数：320 千字

ISBN 978－7－01－025772－3　定价：72.00 元

邮购地址 100706　北京市东城区隆福寺街 99 号
人民东方图书销售中心　电话（010）65250042　65289539